集めるごとに運気アップ！

御朱印でめぐる京都の神社

週末開運さんぽ

三訂版

御朱印、頂けますか？のひと言からはじまる幸せ

もともと、お寺で納経をしたときに、
その証として授与していた御朱印。

今では参拝の証として、
気軽に頂けるようになり、
最近では女性を中心に
集める人が増えています。

集めてみたいけれど
なんだかハードルが高そうで
踏み出すのをためらっていませんか？

大切なのは感謝の気持ちとマナー。
（マナーは本書で詳しくお伝えします！）

この本と御朱印帳を
持って出かければ
もっと楽しくなる！
もっと幸せになる！！

本書では、御朱印がすばらしい、
御利益がすごい、と評判の高い
京都の神社を約1500社のなかから
徹底リサーチし、厳選しました。

取材を通じて、すばらしい神社と
御朱印にたくさん出会いました。

結婚や出会い、金運、仕事運……。
参拝や御朱印集めがきっかけで
幸せになった方の話を神社の皆さんから
たくさん教えてもらいました。

初めてでも
「御朱印、頂けますか?」と
勇気を出して、ひと言を。
きっと神様と御朱印が、幸せを
運んでくれることでしょう。

本書の楽しみ方

御朱印集めが楽しくなる情報と運気アップの秘訣を詰め込みました。初めての方は第一章から、ツウの方は第三章から読むのがおすすめ。もちろん御朱印をぱらぱら眺めるのも◎です。

全国天満宮総本社　北野天満宮（京都市上京区）

目次 御朱印でめぐる京都の神社 週末開運さんぽ 三訂版

002 「御朱印、頂けますか？」のひと言からはじまる幸せ

006 **私の御朱印の歩き方 吉岡 淳さん**

008 京都 神社のお祭り＆花＆限定御朱印カレンダー

012 京都 神社 INDEX

第一章 まずはここから！ 神社の御朱印入門

014 御朱印ってナニ？／神社の御朱印の見方

016 **個性がキラリ 御朱印ギャラリー**

022 京都の神社 Interview

024 ファースト御朱印帳をゲットしよう！

025 **御朱印帳コレクション**

030 デビュー前に教えて！ もっと知りたい御朱印Q&A

032 お作法講座 いざ！ 御朱印を頂きに

034 開運さんぽに行く前におさえておくべき！ 神社の基本

036 知っておきたい『古事記』と神様

040 神様との縁結びチャート

041 行きつけ神社の見つけ方！

042 キーワードで知る神社

第二章 週末御朱印トリップ

046 **【日帰りコース1】**
人生に必要な御利益を
1日で全部頂く最強ルート
伏見稲荷大社／市比賣神社／
平安神宮／御金神社／北野天満宮

051 **【日帰りコース2】**
すてきな出会いを引き寄せる！
良縁祈願♡縁結び集中プラン
貴船神社／賀茂別雷神社（上賀茂神社）／
下鴨神社／河合神社／安井金比羅宮／地主神社

056 **【日帰りコース3】**
神社＆絵になるスポットがたくさん！
嵐山エリアではんなり開運さんぽ
松尾大社／月讀神社／梅宮大社／
電電宮／櫟谷宗像神社

060 **【1泊2日コース】**
「お伊勢さん」のルーツをたどる
京都北部で元伊勢参りドライブ
元伊勢内宮 皇大神社／天岩戸神社／
元伊勢外宮 豊受大神社／元伊勢 籠神社・眞名井神社

第三章 御利益別！ 今行きたい神社

Part1 総合運

066 **★総合運★絶対行きたいオススメ神社 2選**
石清水八幡宮（八幡市）／吉田神社（京都市左京区）

068 文子天満宮（京都市下京区）／綾戸國中神社（京都市南区）

069 粟田神社（京都市東山区）

070 大石神社（京都市山科区）

071 大豊神社（京都市左京区）／建勲神社（京都市北区）

072 熊野若王子神社（京都市左京区）

073 高台寺天満宮（京都市東山区）／御霊神社（福知山市）

074 水火天満宮（京都市上京区）

075 崇道神社（京都市左京区）／日向大神宮（京都市山科区）

076 平岡八幡宮（京都市右京区）

077 藤森神社（京都市伏見区）

078 満足稲荷神社（京都市左京区）

079 神楽岡 宗忠神社（京都市左京区）／由岐神社（京都市左京区）

Part2 縁結び

082 **★縁結び★絶対行きたいオススメ神社 3選**
今宮神社（京都市北区）／大原野神社（京都市西京区）／
梨木神社（京都市上京区）

085 相槌神社（八幡市）／縣神社（宇治市）

086 愛宕神社（京都市右京区）

087 出雲大神宮（亀岡市）／浦嶋神社（伊根町）

088 京都大神宮（京都市下京区）／鷺森神社（京都市左京区）

089 武信稲荷神社（京都市中京区）

090 八大神社（京都市左京区）

091 平野神社（京都市北区）

092 わら天神宮（京都市北区）

Part3 金運

094 ★金運★絶対行きたいオススメ神社 2選
折上稲荷神社(京都市山科区)/金札宮(京都市伏見区)

098 恵美須神社(京都市東山区)

099 九頭竜大社(京都市左京区)

100 車折神社(京都市右京区)

101 金刀比羅神社(京丹後市)

102 繁昌神社(京都市下京区)/若一神社(京都市下京区)

Part4 美容◆健康

104 ★美容・健康★絶対行きたいオススメ神社 3選
御髪神社(京都市右京区)/護王神社(京都市上京区)/
若宮八幡宮(京都市東山区)

107 新熊野神社(京都市東山区)/新日吉神宮(京都市東山区)

108 熊野神社 衣笠分社(京都市北区)/玄武神社(京都市北区)

109 御香宮神社(京都市伏見区)/五條天神宮(京都市下京区)

110 御靈神社(上御霊神社)(京都市上京区)/
西院春日神社(京都市右京区)

111 山王宮日吉神社(宮津市)

112 下御霊神社(京都市中京区)

113 剣神社(京都市東山区)

114 三宅八幡宮(京都市左京区)

115 隼神社(京都市中京区)/元祇園 梛神社(京都市中京区)

116 與杼神社(京都市伏見区)/六孫王神社(京都市南区)

Part5 仕事◆学業

118 ★仕事・学業★絶対行きたいオススメ神社 3選
宇治上神社(宇治市)/菅原院天満宮神社(京都市上京区)/
豊国神社(京都市東山区)

122 合槌稲荷神社(京都市東山区)/宇治神社(宇治市)

123 大田神社(京都市北区)

124 御辰稲荷神社(京都市左京区)

125 花山稲荷神社(京都市山科区)

126 菅大臣神社(京都市下京区)/長岡天満宮(長岡京市)

127 出世稲荷神社(京都市左京区)

128 青龍妙音弁財天(京都市上京区)/吉祥院天満宮(京都市南区

129 錦天満宮(京都市中京区)

Part6 レア御利益

132 ★レア御利益★
絶対行きたいオススメ神社 2選
城南宮(京都市伏見区)/
大将軍八神社(京都市上京区)

134 首途八幡宮(京都市上京区)/
京都霊山護國神社(京都市東山区)

135 京都熊野神社(京都市左京区)/
須賀神社(交通神社)(京都市左京区)

136 晴明神社(京都市上京区)/
高松神明神社(京都市中京区)

137 飛行神社(八幡市)

138 離宮八幡宮(大山崎町)/
靈明神社(京都市東山区)

COLUMN

044 これを知っていれば、神社ツウ
境内と本殿様式

080 まだまだあります! 編集部オススメ! 授与品
～おみくじ&絵馬コレクション～

092 まだまだあります! 編集部オススメ! 授与品
～刀剣お守り編～

096 運がよければ頂ける!
京都御苑で参拝したいおすすめ神社
厳島神社(京都市上京区)/白雲神社(京都市上京区)/
宗像神社(京都市上京区)

130 まだまだあります! 編集部オススメ! 授与品
～御利益別に見る授与品～

139 ツウに聞く! 御朱印の頂き方

140 御朱印&神社Information

本書をご利用になる皆さんへ

※本書に掲載の神社はすべて写真・御朱印の掲載等許可を頂いています。掲載許可を頂けなかった神社は掲載していません。

※掲載の神社のなかには神職が少なく、日によっては対応が難しい神社や留守の神社、書き置きで対応している神社などもあります。あらかじめご了承ください。

※本書のデータはすべて2024年11月現在のものです。参拝時間、各料金、交通機関の時刻等は時間の経過により変更されることもあります。また、アクセスやモデルプランなどにある所要時間はあくまで目安としてお考えください。

※神社名・神様の名称・施設名等は各神社で使用している名称に準じています。

御朱印めぐりを きっかけに出会う 京都の神社の魅力

タレントとして活躍し、京都のよさや魅力をPRするさまざまな活動を続けている吉岡淳さん。お着物姿がきりりとすてきです。幼少の頃から地元のお寺や神社に親しみ、歴史上の人物が大好きなことから、趣味として始めたのが京都の寺社の御朱印めぐり。その魅力についてうかがいました。

撮影地：粟田神社

吉《よし》岡《おか》 淳《じゅん》さん PROFILE

1982年、京都府に生まれ、現在も京都府住まい。映画出演、舞台出演を経て戦国イベントやゲーム会社の戦国ゲームのイベント出演などを中心にタレントとして活躍中。「藤木屋創業祭着物男子フォトコンテスト」2年連続グランプリ受賞、11月15日きものの日PRサポーター認定第一号、2019年西陣織展審査員、東山花灯路文化庁京都移転PR、丹後王国アンバサダーなど京都を中心にインフルエンサーとしても活動中。

歴史好きがきっかけで御朱印と出会う

京都に生まれ育ったこともあって、小さいときから、寺社仏閣をめぐるのが大好きでした。戦国武将や幕末の志士、源平、南北朝などの歴史上の人物にもとても興味があって、ゆかりの寺社を訪ねたり、史跡を訪れたりして、お参りをしていたんです。記念品など歴史グッズを集めていたのですが、あるとき、寺社では御朱印を頂けることを知って、それからすっかり御朱印めぐりにハマることに。歴史上の人物のゆかりの神社やお寺にお参りに出かけて、その存在を間近に実感することができた証、そんな記録が美しい御朱印として残っていくことに魅力を感じました。

5歳で御朱印デビュー 地元神社で御朱印めぐり

御朱印デビューは幼稚園の年長組だった5歳のとき。お寺の幼稚園だったので、遠足で近所の大文字山に登った証として、全員が御朱印を頂くことができたんです。うれしかったな。

本格的に御朱印めぐりを始めたのは、２０１４年のこと。伏見稲荷大社（P.46）にお参りしたときに御朱印を頂いて、それ以来夢中になりました。僕のお宮参りの神社だった八坂神社、3歳のときにお祭りで稚児大将を務めた思い出のある新日吉神宮（P.107）、隣の町内に住んでいたので境内が友達との遊び場だった豊国神社（P.121）など、慣れ親しんでいた神社さんにも、改めてお参りして御朱印を頂くようになって、ご

新日吉神宮の祭りで稚児大将を務めた3歳の吉岡さん

縁がさらに深まるようでありがたくて楽しくて……。気がついたら、2年後の2016年には、御朱印帳が18冊目に！　御朱印を授与頂いたお寺が138寺、神社が57社。そのほとんどが京都です。

レアな御朱印と日付にこだわり

今夢中になっているのは、年に1日だけなど、期間や枚数が限定のレアな御朱印を頂くこと。それと、僕の大好きな歴史上の人物ゆかりの寺社で、御命日や誕生日、出来事などの日付で、御朱印を頂くのにもこだわっています。

旧暦の8月18日は慶長3(1598)年に伏見城にて亡くなられた太閤豊臣秀吉公の御命日。秀吉公を祀る豊国神社では、それにちなみ、新暦で同じ日にあたる9月18日に例大祭が行われるのですが、この日にだけ、後陽成天皇宸筆の勅額の文字が記された「豊国大明神限定御朱印」が授与されるのです。

僕がお参りした2015年の例大祭では、この御朱印が限定100体の授与。朝6時頃に出かけたところ、すでに並んでいる人たちがいて、僕は列の8番目。おかげさまで無事に御朱印を頂くことができましたが、後ろには100人以上の人達がずらりと並んでいて驚きました！

京都には歴史ある神社があって、それぞれに御由緒があって、季節のお祭りがあって、地元の人たちの崇敬を受けています。御朱印を頂くことをきっかけに、京都の神社をお参りして、京都のよさや風情を楽しむ旅をしてくださる方が増えると、とてもうれしいですね。僕は京都が大好きですから。

まだまだ知りたい！

Q お気に入りの神社は？

A 源氏をはじめ、名だたる戦国武将がお参りした石清水八幡宮(P.66)。刀剣にまつわる御朱印を拝受できる粟田神社(P.69)や藤森神社(P.77)、建勲神社(P.71)もお気に入りです。

Q お気に入りの御朱印は？

A 豊国神社。毎月18日の月命日に御朱印を頂くと、秀吉公の家紋の御印が金色に。御命日にあたる9月18日には限定の特別御朱印も授与されます。

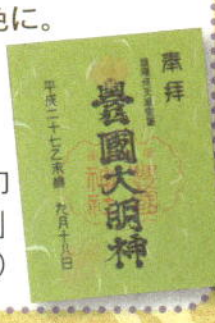

御命日限定特別御朱印
「豊国大明神限定御朱印」
（写真は2015年）

吉岡さんのMy御朱印はこちら！

写真左は豊国神社で、月命日(毎月18日)限定の金色「五七の桐」印が

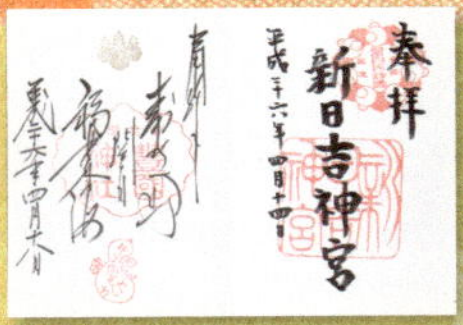

写真右は吉岡さんが稚児大将を務めた新日吉神宮の御朱印

刀剣や戦国武将ゆかりの神社がお気に入り。写真右は北野天満宮(P.50)の宝刀展記念の御朱印帳、中は建勲神社、左は藤森神社の御朱印帳です

京都 神社のお祭り&花&限定御朱印カレンダー

京都の神社で催されるお祭りや神事の開催日と、
限定御朱印が頂ける期間、花の見頃がひと目でわかるカレンダーです。
こちらで紹介しているのはほんの一部。
詳細は神社にお問い合わせください。

1月

1/1 ～ 15　新年　限定御朱印
（隼神社／ P.17・115）

1/1 ～ 15　新年
（元祇園 梛神社／ P.17・115）

1/1　若水祭
（日向大神宮／ P.75）

1/2 ～ 4　筆始祭・天満書
（北野天満宮／ P.50）

1/4　蹴鞠はじめ
（下鴨神社／ P.54）

1/5　初あがた祭（子供神輿巡幸）
（縣神社／ P.85）

1月1/7　若菜神事
（貴船神社／ P.51）

1/7　七種神事
（御香宮神社／ P.109）

1/8 ～ 12　限定御朱印あり
十日ゑびす大祭（初ゑびす）
（恵美須神社／ P.98）

1/9 ～ 11　出世えびす祭
（粟田神社／ P.69）

1/10　初金比羅祭
（安井金比羅宮／ P.55）

1/15　粥占祭
（出雲大神宮／ P.87）

1/15　どんと焼
（武信稲荷神社／ P.89）

1/20　湯立神楽
（城南宮／ P.132）

2月

2/2 ～ 3
節分祭
（須賀神社・
交通神社／
P.135）

2/2 ～ 4　節分祭
（吉田神社／ P.67）

2/3　追儺式・節分祭
（金札宮／ P.95）

2月節分当日　節分祭並追儺式
（藤森神社／ P.77）

2月節分当日　節分星祭
（大将軍八神社／ P.133）

2/4　自刃命日祭
（大石神社／ P.70）

2月第1午の日　初午祭
（満足稲荷神社／ P.78）

2/11　紀元祭
（出雲大神宮／ P.87）

2/11　つるぎ御弓始祭
（剣神社／ P.113）

2/11　初午祭
（花山稲荷神社／ P.125）

2/11　七草粥の日
（城南宮／ P.132）

2/25　梅花祭
（北野天満宮／ P.50）

2/25　祈年祭（梅花祭）
（菅原院天満宮神社／ P.120）

3月

3/3　ひいな祭り
（市比賣神社／ P.47）

3/3　桃花神事
（賀茂別雷神社（上賀茂神社）／ P.53）

3/3　天照大神御鎮座記念祭
（元伊勢 籠神社・眞名井神社／ P.63）

3月第1日曜　梅《うめ》・産《うめ》祭
（梅宮大社／ P.58）

3/9　雨乞祭
（貴船神社／ P.51）

3/13　後白河天皇祭（聖忌祭）
（新日吉神宮／ P.107）

3月中旬　梅花祭
（長岡天満宮／ P.126）

3/22　籠宮御鎮座記念祭
（元伊勢 籠神社・眞名井神社／ P.63）

限定御朱印

季節や月ごとに変わる
限定御朱印
石清水八幡宮→ P.16・66
京都大神宮→ P.16・88
八大神社→ P.18・90
宇治上神社→ P.19・118

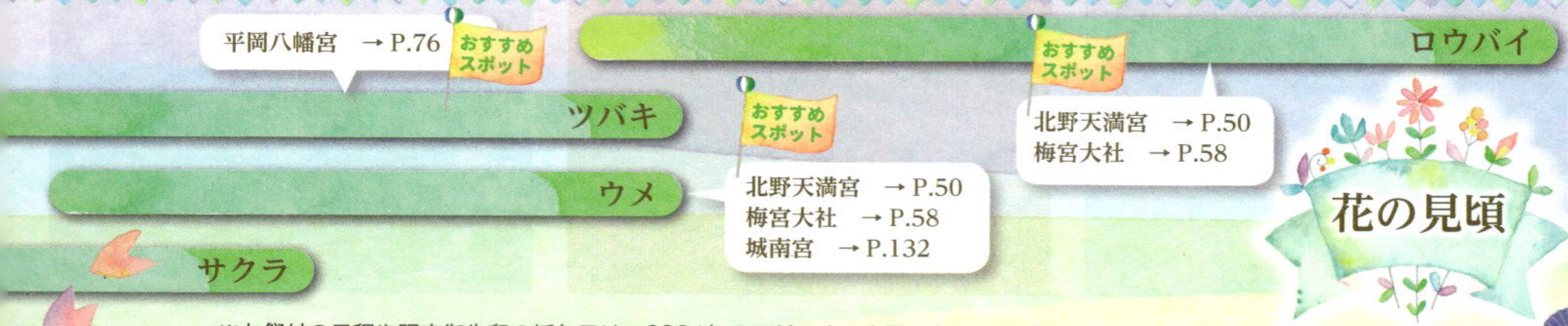

※お祭りの日程や限定御朱印の授与日は、2024年の日付です。変更になることがありますので、各神社にお問い合わせください

4月

4/2　例祭
（松尾大社／P.56）

4/4　護王大祭
（護王神社／P.105）

4/10　春祭
（大田神社／P.123）

4/10　桜花祭
（平野神社／P.91）

4月第2日曜　方除大祭
（城南宮／P.132）

4/12　水口播種祭
（伏見稲荷大社／P.46）

4月第2日曜　賀茂曲水宴
（賀茂別雷神社（上賀茂神社）／P.53）

4月第2日曜　やすらい祭
（今宮神社／P.82）

4月第2日曜　玄武やすらい祭
（玄武神社／P.108）

4/17　例祭
（御香宮神社／P.109）

4月第3日曜直前の木曜～第3日曜　文子天満宮祭
（北野天満宮／P.50）

4月第4日曜　春季例大祭
（神楽岡 宗忠神社／P.79）

4/29　藤花祭
（西院春日神社／P.110）

5月

5/3　流鏑馬神事
（下鴨神社／P.54）

5/4～5　例祭（さんよれ祭）
（鷺森神社／P.88）

5/5　賀茂競馬
（賀茂別雷神社（上賀茂神社）／P.53）

5/5　例大祭 地主祭り（神幸祭）
（地主神社／P.55）

5/5　氏子祭（神幸祭）
（八大神社／P.90）

5/1～5　藤森祭
（藤森神社／P.77）

5/8　例大祭
（満足稲荷神社／P.78）

5月第2日曜
御例祭（さつき祭）
（武信稲荷神社／P.89）

5月第2日曜　新日吉祭
（新日吉神宮／P.107）

5月第2日曜　神幸祭
（宇治神社／P.122）

5/15　賀茂祭（葵祭）
（賀茂別雷神社（上賀茂神社）・下鴨神社／P.53・54）

5月第3日曜　嵯峨祭（神幸祭）
（野宮神社・愛宕神社／P.86）

5月第3日曜　例大祭・神幸祭
（恵美須神社／P.98）

5月第3日曜　三船祭
（車折神社／P.100）

5月第4日曜　嵯峨祭（還幸祭）
（野宮神社・愛宕神社／P.86）

6月

6/1　貴船祭
（貴船神社／P.51）

6/5　あがた祭
（縣神社／P.85）

6月第1土曜
西陣紋様尊行会奉祝祭
（今宮神社／P.82）

6月第1日曜　折上稲荷祭
（折上稲荷神社／P.94）

6/10　田植祭
（伏見稲荷大社／P.46）

6/15　紫陽花祭
（藤森神社／P.77）

6/30　夏越大祓式
（平安神宮／P.48）

6/30　夏越《なごし》の祓
日々の暮らしのなかでたまってしまった穢れや過ちを祓い、心身を清める神事です。多くの神社で6月末と12月末の年2回行います。清く正しく本来あるべき姿に戻り、新たな気持ちで半年を過ごしましょう。

ツツジ
下鴨神社　→P.54
梅宮大社　→P.58
おすすめスポット

フジ
城南宮　→P.132
おすすめスポット

大原野神社　→P.83
平野神社　→P.91
車折神社　→P.100
おすすめスポット
平安神宮　→P.48
石清水八幡宮　→P.66
水火天満宮　→P.74

アジサイ
藤森神社　→P.77
おすすめスポット

キキョウ

7月

7/1 ～ 31　祇園祭
（八坂神社・各山鉾町）

7/1 ～ 9/23　嵐山の鵜飼
（大堰川）

7/1　例祭
（建勲神社／ P.71）

7/7　恋愛成就七夕祭
（地主神社／ P.55）

7/7　貴船の水まつり
（貴船神社／ P.51）

7/9 ～ 10　夏季大祭
（金刀比羅神社／ P.101）

7/20　お涼み神楽
（城南宮／ P.132）

**土用入後初の日曜または祝日
元宮祭**
（伏見稲荷大社／ P.46）

7/31 ～ 8/1　千日詣夜祭
（愛宕神社／ P.86）

8月

**8月上旬
御手洗祭・七夕祭「棚機祭」**
（北野天満宮／ P.50）

8月第１日曜　鍛冶神社祭
（粟田神社／ P.69）

8/7　例大祭
（浦嶋神社／ P.87）

8/7 ～ 10　五条坂陶器まつり
（川端五条～東大路五条一体）

8/8　例大祭
（若宮八幡宮／ P.106）

8/10　除災招福祈願祭
（水火天満宮／ P.74）

8/16　京都五山送り火
（京都市内各所）

8/16　嵐山灯篭流し
（嵐山）

8月最終日曜　嵯峨天皇祭
（梅宮大社／ P.58）

9月

9月第１日曜　八朔祭
（松尾大社／ P.56）

9/9　重陽神事・烏相撲
（賀茂別雷神社（上賀茂神社）／ P.53）

9月第２日曜　御田刈祭
（大原野神社／ P.83）

9/14　奉灯祭
（平野神社／ P.91）

9/14 ～ 16　秋の大祭（放生会）
（三宅八幡宮／ P.114）

9/15　勅祭 石清水祭
（石清水八幡宮／ P.66）

9/15　秋の例祭（放生会）
（離宮八幡宮／ P.138）

**9月第３または第４日曜
萩まつり**
（梨木神社／ P.84）

中秋の名月の日　名月管弦祭
（下鴨神社／ P.54）

秋分の日とその前日　晴明祭
（晴明神社／ P.136）

9月第４月曜　櫛まつり
（安井金比羅宮／ P.55）

9月第３日曜　名刺財布感謝祭
（恵美須神社／ P.98）

アジサイ
おすすめスポット
晴明神社　→ P.136
キキョウ
ハギ
おすすめスポット
貴船神社　→ P.51
シュウカイドウ

12月

12月第1日曜　しまい大国祭
（地主神社／ P.55）

12/10　終い金比羅祭
（安井金比羅宮／ P.55）

12月第2日曜　冬至大祭
（神楽岡 宗忠神社／ P.79）

12/13　大福梅の授与
（北野天満宮／ P.50）

12/25　終い天神
（北野天満宮／ P.50）

12/31　大祓式・除夜祭
（愛宕神社／ P.86）

12/31　年越大祓式
（護王神社／ P.105）

12/31　年越しの祓
多くの神社では形代（人の形をした紙）で体をなで、息を吹きかけて体の穢れや罪を移したり、大祓詞（おおはらえのことば）を唱えたり、境内に作られた茅や藁の輪をくぐり、心身を清めます。

11月

11月上旬　三宿封じ火焚祭
（剣神社／ P.113）

11/1　亥子祭
（護王神社／ P.105）

11/3　秋季例大祭
（神楽岡 宗忠神社／ P.79）

11/8　火焚祭
（伏見稲荷大社／ P.46）

11/10　秋祭
（大田神社／ P.123）

11月第2または第3月曜
駪駪祭《しんしんさい》
（藤森神社／ P.77）
限定御朱印あり

11月第2日曜　御火焚祭
（武信稲荷神社／ P.89）

11月第2日曜　火焚祭
（花山稲荷神社／ P.125）

11/15　龍馬祭
（京都霊山護國神社／ P.134）

11/23　新嘗祭
（伏見稲荷大社／ P.46）

11/23　古代赤米新嘗祭
（元伊勢 籠神社・眞名井神社／ P.63）

11/23　火焚祭
（車折神社／ P.100）

11/24　秋季大祭
（九頭竜大社／ P.99）

11/25　新嘗祭
（菅原院天満宮神社／ P.120）

10月

10月上旬　神幸祭
（御香宮神社／ P.109）

10/1～5　ずいき祭
（北野天満宮／ P.50）

10/1　ネクタイ感謝焼納祭
（今宮神社／ P.82）

10/10　例大祭
（水火天満宮／ P.74）

10/14（スポーツの日）赤ちゃん初土俵入
（山王宮日吉神社／ P.111）

10/16　例大祭
（新日吉神宮／ P.107）

10月中旬　粟田祭
（粟田神社／ P.69）

10/19～20 二十日ゑびす大祭（ゑびす講）
（恵美須神社／ P.98）

10/19　船岡大祭
（建勲神社／ P.71）

10月第3日曜　笠懸神事
（賀茂別雷神社（上賀茂神社）／ P.53）

10月第3日曜　城南祭
（城南宮／ P.132）

10/22　時代祭
（平安神宮／ P.48）

10/22 鞍馬の火祭
（由岐神社／ P.79）
限定御朱印あり

10/25　抜穂祭
（伏見稲荷大社／ P.46）

花の見頃

紅葉
おすすめスポット
貴船神社　→ P.51
賀茂別雷神社
（上賀茂神社）　→ P.53
下鴨神社　→ P.54

おすすめスポット
平安神宮　→ P.48
賀茂別雷神社
（上賀茂神社）　→ P.53
梨木神社　→ P.84

サザンカ
おすすめスポット
城南宮　→ P.132

京都 神社 INDEX

本書に掲載している京都の神社を市区町別五十音順でリストアップ。
御朱印さんぽの参考にしてみてください。御朱印を頂いたら□にチェック✓しましょう！

伊根町
□浦嶋神社 87

宇治市
□縣神社 85
□宇治上神社 19、118
□宇治神社 122

大山崎町
□離宮八幡宮 138

亀岡市
□出雲大神宮 87、130

京丹後市
□金刀比羅神社 101

京都市

【右京区】
□愛宕神社 86
□梅宮大社 58
□車折神社 100
□西院春日神社 26、110
□平岡八幡宮 76
□御髪神社 104、130

【上京区】
□厳島神社 80、96
□首途八幡宮 134
□北野天満宮 50
□護王神社 80、105
□御靈神社（上御霊神社） 110
□白雲神社 97
□水火天満宮 74
□菅原院天満宮神社 26、80、120、130
□晴明神社 136
□青龍妙音弁財天 128
□大将軍八神社 133
□梨木神社 84
□宗像神社 97

【北区】
□今宮神社 21、82
□大田神社 123
□賀茂別雷神社（上賀茂神社） 53
□熊野神社 衣笠分社 108
□建勲神社 20、21、26、71
□玄武神社 80、108
□平野神社 80、91
□わら天神宮 25、92

【左京区】
□大豊神社 71
□御辰稲荷神社 124
□神楽岡 宗忠神社 79
□河合神社 54
□貴船神社 25、51
□京都熊野神社 25、130、135
□九頭竜大社 99
□熊野若王子神社 72
□鷺森神社 80、88
□下鴨神社 54
□出世稲荷神社 127
□須賀神社（交通神社） 18、135
□崇道神社 75
□八大神社 18、26、90
□平安神宮 48
□満足稲荷神社 78
□三宅八幡宮 114
□由岐神社 17、79
□吉田神社 67

【下京区】
□文子天満宮 68
□市比賣神社 47
□菅大臣神社 80、126
□京都大神宮 16、26、88
□五條天神宮 109
□若一神社 102
□繁昌神社 102、130

【中京区】
□下御霊神社 112
□高松神明神社 18、136
□武信稲荷神社 89
□錦天満宮 129
□隼神社 17、115
□御金神社 48
□元祇園 梛神社 17、25、115

【西京区】
□櫟谷宗像神社 59
□大原野神社 26、80、83
□月讀神社 57
□電電宮 59
□松尾大社 56

【東山区】
□合槌稲荷神社 122
□粟田神社 20、27、69
□新熊野神社 107
□新日吉神宮 107
□恵美須神社 98
□京都霊山護國神社 26、134
□高台寺天満宮 73、80
□地主神社 55
□剣神社 113
□豊国神社 92、121
□安井金比羅宮 55
□靈明神社 138
□若宮八幡宮 106

【伏見区】
□金札宮 18、95、130
□御香宮神社 16、25、109
□城南宮 132
□藤森神社 17、20、22、27、77、92
□伏見稲荷大社 46
□與杼神社 116

【南区】
□綾戸國中神社 68
□吉祥院天満宮 128、130
□六孫王神社 116

【山科区】
□大石神社 70
□折上稲荷神社 94
□花山稲荷神社 125
□日向大神宮 75

長岡京市
□長岡天満宮 126

福知山市
□天岩戸神社 61
□御霊神社 73
□元伊勢外宮 豊受大神社 62
□元伊勢内宮 皇大神社 60

宮津市
□山王宮日吉神社 111
□元伊勢 籠神社・眞名井神社 63

八幡市
□相槌神社 27、85、92
□石清水八幡宮 16、66
□飛行神社 137

第一章

まずはここから!

神社の御朱印入門

御朱印の見方から頂き方のマナーまで、御朱印デビューする前に知っておきたい基本をレクチャー。基礎知識を知っているだけで御朱印めぐりがだんぜん楽しくなります。

御朱印ってナニ？

御朱印は、もともとお経を納めた証に寺院で頂いていたもの。それがいつしか、神社でも、参拝によって神様とのご縁が結ばれた証として頂けるようになりました。ですから、単なる参拝記念のスタンプではありません。

御朱印の本来の役割って

御朱印はもともと、自分で書き写したお経を寺院に納め、その証に頂くものでした。寺院で「納経印」ともいわれているのはこのためです。いつしか、納経しなくても参拝の証として寺社で頂けるようになりました。お寺で始まった御朱印ですが、江戸時代にはすでに神社でも出されていたといわれています。

神社で御朱印を頂くってどういうこと

神社で御朱印を頂ける場所はお守りやお札の授与所がほとんどです。書いてくださるのは神職の方々。御祭神の名前や神社名が墨書され、神社の紋などの印が押されます。

　神社で御朱印を頂くというのはその神社の神様とのご縁が結ばれたといえるでしょう。決して記念スタンプではありません。ていねいに扱いましょう。

世界でひとつの御朱印との出合いを楽しみましょう

御朱印は基本的に印刷物ではありません。神職の皆さんがていねいに手書きしてくださる、世界にひとつのもの。ですから、墨書には書き手の個性が表れます。そのため、本書に掲載した御朱印と同じものが頂けるとは限りません。同じ神社でも書き手によって、頂くたびに墨書や印の押し方が違うからです。印も季節によって変わったり、新しいものに作り替えたりすることもあります。御朱印自体が頂けなくなることさえあるのです。二度と同じ御朱印は頂けない、それが御朱印集めの楽しみでもあります。

神社の御朱印の見方

白い紙に鮮やかな朱の印と黒々とした墨書が絶妙なバランスで配置されている御朱印。まさにアートを見ているような美しさがあります。では、いったい、墨書には何が書かれ、印は何を意味しているのでしょう。御朱印をもっと深く知るために墨書や印の見方をご紹介します。

御朱印帳を持ち歩くときは袋に入れて

神社によっては神社オリジナルの御朱印帳と御朱印帳袋を頒布している所があります。御朱印帳袋は御朱印帳を汚れから守ってくれ、ひとつあると御朱印帳を持ち歩くときに便利です。

賀茂別雷神社（上賀茂神社）（P.53）で授与される御朱印帳と御朱印帳袋。御朱印帳袋は色違いもあります。

社名の押し印

神社名の印です。印の書体は篆刻（てんこく）という独特の書体が多いのですが、なかには宮司自らが考案したオリジナルの書体の印もあります。

奉拝

奉拝とは「つつしんで参拝させていただきました」という意味です。参拝と書かれることも。

神紋

神社には古くから伝わる紋があります。これを神紋あるいは社紋といいます。神紋の代わりに祭神のお使いを表す印や境内に咲く花の印、お祭りの様子を表した印などが押されることもあります。

御朱印帳のサイズは「約16㎝×11㎝」が一般的で、ひと回り大きな「約18㎝×12㎝」などもありま

ジャバラ折り

御朱印帳はジャバラ折りが基本。表だけ使っても、表裏使っても、使い方は自由！

参拝した日にち

何年たっても、御朱印を見れば自分がいつ参拝したのか、すぐわかります。同時に日付を見るとその日の行動も思い出せるので、旅の記録にもなるでしょう。

社名など

中央には朱印の上に神社名が墨書されることが多く、社名のほかに御祭神の名前を書く場合もあります。また、朱印だけで神社名の墨書がない御朱印もあります。八百万神だけあって、史実の人名やおとぎ話の登場人物の名前が書かれることも。

表紙

神社ではオリジナルの御朱印帳を作っているところが多くあります。表紙には、社殿、境内、神紋や祭礼、御神木、花、紅葉など、その神社を象徴するシンボルがデザインされていることが多いです。

個性がキラリ 御朱印ギャラリー

御朱印は参拝の証であるだけではなく、祭神とのご縁を結んでくれるものです。
墨書や印に各神社の個性が現れた御朱印の数々を一挙にご紹介します。

素材や印に特色あり！　個性派御朱印

祭神や御利益などを表現するため、各神社が趣向を凝らすなかから生まれた
一風変わった御朱印。紙や印、素材がひと味違います！

春（3〜5月）の御朱印

桜と蝶

松と鳩

ここが刺繍！

梅と鶯（うぐいす）

こちらも刺繍です

石清水八幡宮　P.66

和紙の御朱印紙に花と動物を色鮮やかな刺繍で縫い込んだという珍しい趣向。「勅祭石清水祭」で奉納する12台の「御花神饌（おはなしんせん）」をモチーフにした御朱印です。季節ごとの花や生き物の組み合わせを意匠した刺繍入りの御朱印です。3ヵ月ごとに変わっていく四季ごとの期間限定です（各1500円）

［共通］墨書／洛南男山、八幡大神　印／奉拝、國寶（こくほう）、石清水八幡宮　●左上の植物と右下の動物の部分は和紙に直接刺繍されています

京都大神宮　P.88

ほんわかとしたイラストがかわいい「巫女さん」のキャラクターが大人気です。さまざまな種類の印があり、御朱印を頂く際に希望の印を選ぶことができます

墨書／奉拝　印／神紋の花菱（右）、巫女さん、雪、京都大神宮之印（右）、京都大神宮（左）　●雪の印は12月のみの季節限定です

御香宮神社

P.109

境内に湧く名水「御香水」をイメージした、美しい水玉模様の特殊和紙を使用した特別な御朱印（600円）です。吉祥紋とともに水の流れをデザインした御朱印帳（P.25）もあります

墨書／伏見桃山、御香宮　印／祭神神功皇后、伏水御香宮印、御香宮神社参拝之章　●通常の御朱印よりも「伏水御香宮印」のサイズが小さく、和紙の模様がよく見えます

季節や行事ごとに異なる限定御朱印

風物詩やお祭りなど、季節の特徴をモチーフに散りばめた期間限定の御朱印。

通常の御朱印とは違うカラフルで鮮やかな一体は、眺めるだけで幸せな気分になります。

干支

墨書／奉拝、ねがいごと ずっと みんなしあわせに、子、丑、寅、卯、辰、巳、午、未、申、酉、戌、亥、平和で豊かな年になりますように、椰神社　印／五瓜に唐花、左三つ巴の神紋、元祇園椰神社、椰神社宮司印　●1月1日から2月3日まで授与。写真はねずみ年の2020年版です

元祇園 椰神社 P.115

紹介している御朱印以外に夏越の大祓、祇園祭など、季節ごとに限定御朱印が頂けるとあって人気の神社です。境内に並び祀られる隼神社もあわせて参拝を（干支の特別御朱印1000円、それ以外は各500円）

新年

墨書／奉拝、椰大神　印／五瓜に唐花、左三つ巴の神紋、元祇園椰神社　●1月1日から1月15日まで授与。光沢のある銀紙に特別感があります

春

金書／奉拝　印／元祇園椰神社、Nagi-Shrine Kyoto Japan、元祇園椰神社社司印　●夜桜が美しい春の特別御朱印。写真は2019年春のものです。デザインは毎年変わります

新年

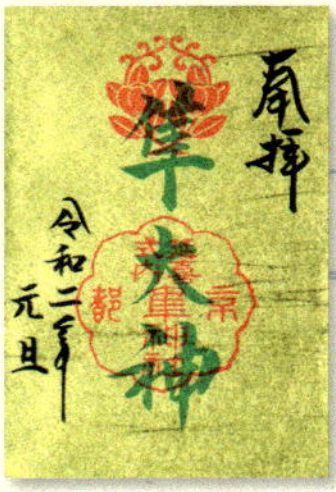

墨書／奉拝、隼大神　印／神紋、延喜式内・京都・隼神社　●1月1日から1月15日まで授与。新年らしい金紙がひときわ目を引きます

春

金書／奉拝、京都隼社　印／隼、桜、式内隼神社社務所、神紋、延喜式内・京都・隼神社、桜に隼、隼　●鮮やかな金文字と桜、隼の模様が華やか。写真は2019年春のものです。デザインは毎年変わります

隼神社 P.115

祭りや季節に合わせて印や用紙、デザインなどが異なるバラエティ豊かな限定御朱印が頂けます。授与数限定の御朱印もあります（新年の御朱印500円、春の御朱印1000円）

由岐神社 P.79

日本三大火祭のひとつに数えられる例祭「鞍馬の火祭」が執り行われる10月22日のみ授与されます。1年に一度しか頂けないかなりレアな御朱印です（通常御朱印とセットで1000円）

鞍馬の火祭

朱書／奉祝　天皇陛下御即位　墨書／例大祭　鞍馬の火祭、奉拝、由岐神社　印／由岐神社　●御朱印に描かれているのは青年が大松明を担ぐ例祭の様子。御朱印は書き置きです

藤森神社 P.77

勝馬と馬体安全、さらに勝運を祈願する祭事「駈駈祭」に合わせ、期間限定で頂ける御朱印です。駈駈祭は毎年11月に開催されます。特別御朱印の授与は3日間のみ（300円）

駈駈祭《しんしんさい》

墨書／奉拝、左馬　印／神紋、藤森神社　●中央に書かれているのは、馬の字を左右反転させた「左馬」という縁起のよい文字です

八大神社 P.90

大祭の様子が印で押された迫力ある見開きの御朱印や、季節ごとの祭礼の様子を表すイラストが描かれた期間限定の「彩り御朱印」があります（見開き800円、「彩り御朱印」各500円）

墨書／参拝、八大天王、京、一乗寺、祭禮　印／神紋、八大天王、5月の大祭の様子の印2種（神輿・剣鉾）　●八大天王は旧社号です。神職不在時は書き置きのみ

春（3～5月）

4月に執り行われる弓執り神事「神弓祭」と、5月5日の大祭に参加する踊子ホウキを持った「サンヨレ踊り子」

夏（6～8月）

巫女が熱湯を自分の身や参拝者に振りかける7月の「湯立祭」と、京都市無形文化財に指定されている8月の「鉄扇音頭」

秋（9～11月）

秋の実りに感謝し、重陽の節句を祝う10月の「栗御供祭」と、子供の健やかな成長を感謝する11月の「七五三詣祭」の福笹

冬（12～2月）

門松や伊勢エビなどの正月飾りと、奉納された人形や古いお守り・絵馬などを焼く「節分大祓神事」のお焼き上げ

[共通] 墨書／参拝、八大神社　印／神紋、八大神社、祭礼の様子　●色和紙に祭礼の様子が生きいきと描かれています。書き置きのみです

金札宮 P.95

月次祭が行われる毎月1日より10体限定で授与される記念御朱印。木札のお守り付きです。恵比須様の御朱印は恵比須祭（1月9～11日）限定で授与予定。いずれも書き置きのみ。朱印内容や台紙は変更あります（各1500円）

10体限定!

墨書／奉拝、天照大御神、白菊大明神、倉稲魂命、金札宮神社　印／菊の花、金札宮白菊神社之印、金札宮

墨書／奉拝、京都伏見、天照大御神、天太玉命、倉稲魂命、金札宮神社　印／菊の花、金札宮白菊神社之印、金札宮

墨書／金札恵比須、奉拝、宵恵比須　印／招福恵比須、恵比須、伏見・金札宮、菊の花、三つ巴

高松神明神社 P.136

御鎮座1100年を記念して授与される特別御朱印です。御朱印の紙の色は紫やピンクなど5色あります（500円）

金書／奉祝　墨書／髙松殿旧跡開運厄除の神、髙松神明神社　印／桜、高松神明神社之印、真田幸村、御鎮座千百年

須賀神社（交通神社） P.135

7月のみ1ヵ月限定で頂ける御朱印です。大きく描かれた稲穂が印象的。右下に押される金色の印は龍とキツネの2種類で、毎年変わります（500円）

墨書／奉拝　印／稲穂、白龍大明神、稲荷大明神、龍

7月限定!

全21種！　カラフルな季節の御朱印

花や紅葉など季節の移ろいを繊細な色和紙で表した、期間限定の御朱印です。
定期的に足を運んで、神社境内の四季の変化も一緒に楽しみましょう。

宇治上神社 P.118

移り変わる宇治の四季を表す色とりどりの和紙が美しい季節の御朱印。通常のものと同様、宮司さんが心を込めて一体ずつ手書きしています。年によって内容が変わることも。授与期間は「季節を司る神様しかお答えできません」という宮司さんの言葉もまた風流です。いずれも1日の頒布は枚数限定（各500円）

金書／宇治上神社、離宮大神　印／世界文化遺産、莵道稚郎子宮印、莵道離宮社印

春 ～桜・梅・藤・若芽～

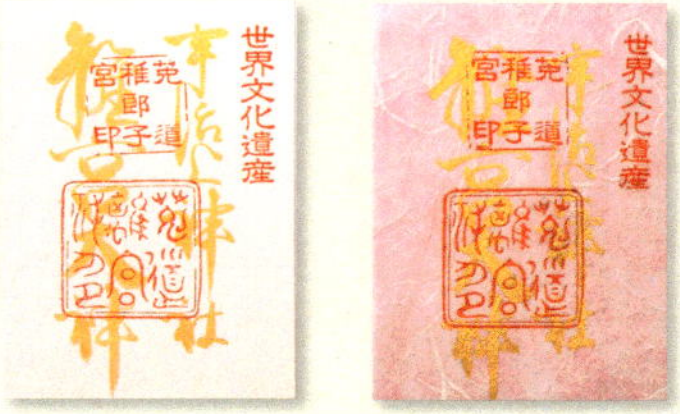

夏 ～清流・紺碧～

秋 ～秋色・紅葉～

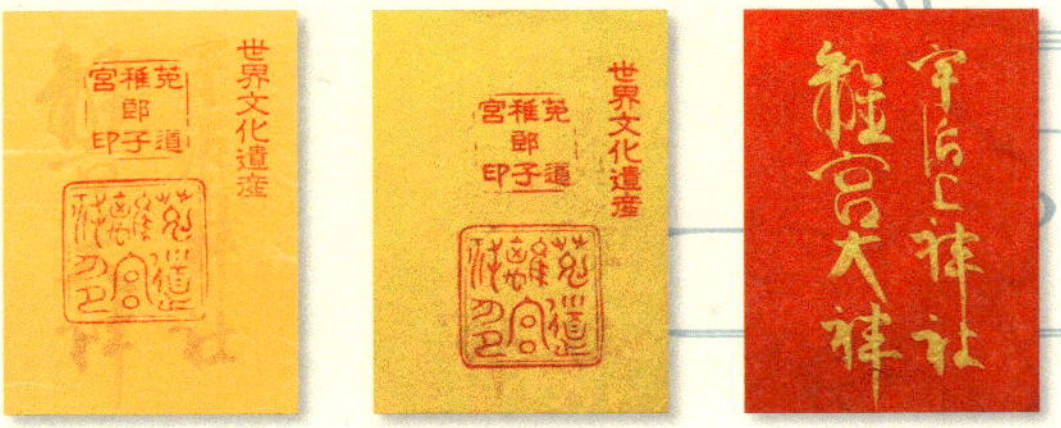

春は花、夏は空と水、
秋は紅葉と金木犀や
稲穂、冬は雪うさぎと
色和紙にそれぞれ
テーマがあります

冬 ～雪うさぎ～

純白

今、注目の刀剣がモチーフの御朱印

刀剣を擬人化したコンテンツのヒットにより、若い女性を中心に刀剣が大人気。
刀や剣にゆかりのある神社を訪ねて、特別な刀剣御朱印を集めてみませんか。

建勲神社 P.71

織田信長公にゆかりのある刀剣「宗三左文字」と「薬研藤四郎」の押型を中央に配置した迫力ある図柄の御朱印が頂けます。いずれも本能寺の変に際して最後まで信長公の手元にあったといわれる刀です。書き置きのみで、なくなり次第終了（300円、見開き600円）

＼令和2年版／

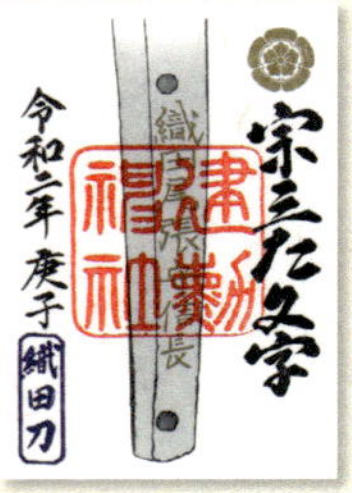

墨書／宗三左文字　印／織田木瓜紋、建勲神社、織田刀　●宗三左文字は本能寺で焼失を免れ、秀吉公、家康公、徳川宗家に伝わり、建勲神社創建にあたり徳川家から奉納されました

＼令和2年版／

＼令和元年版／

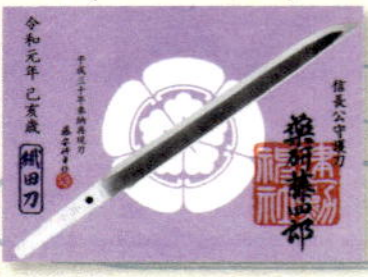

（左）墨書／薬研藤四郎　印／織田木瓜紋、建勲神社、織田刀　（右）墨書／薬研藤四郎、藤安将平作　印／信長公守護刀、建勲神社、平成三十年奉納再現刀、将平、織田刀　●本能寺で焼失したと伝わる薬研藤四郎ですが、再現刀（藤安将平刀匠作）が神社に奉納されたことから御朱印に配されています

刀剣ゆかりの神社はこちらもチェック！
相槌神社→P.85
豊国神社→P.121
合槌稲荷神社→P.122
花山稲荷神社→P.125

粟田神社 P.69

粟田神社で通年頂ける、末社である鍛冶神社の御朱印です。御祭神であるふたりの名工が作刀した「三日月宗近」と「一期一振」が、見開きを使って描かれた大胆な構図が目を引きます（各500円）

墨書／御祭神　三條小鍛冶宗近命作、三日月、京都三条粟田口、粟田神社境内御鎮座、鍛冶神社　印／三日月宗近、鍛冶神社　●三日月宗近は天下五剣のひとつに数えられる名刀です。国宝に指定されていて、東京国立博物館に所蔵されています

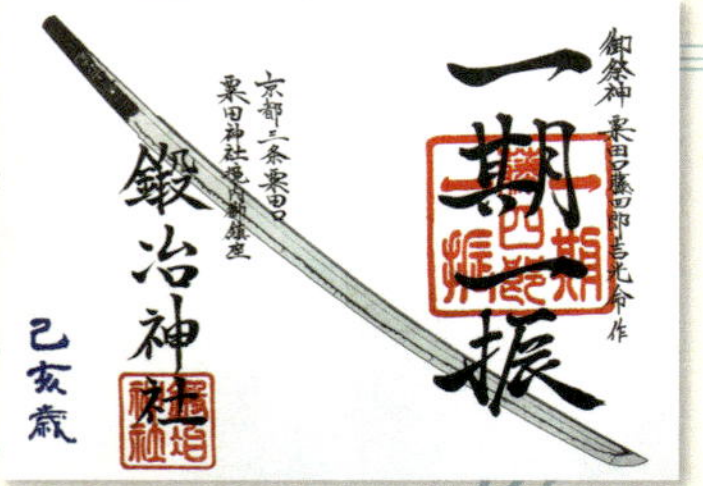

墨書／御祭神　粟田口藤四郎吉光命作、一期一振、京都三条粟田口、粟田神社境内御鎮座、鍛冶神社　印／一期一振・藤四郎、鍛冶神社　●短刀作りの名手・藤四郎が唯一作った太刀だったため、「一期一振（いちごひとふり）」と名づけられたとか

「京都刀剣御朱印めぐり」がアツい！

刀剣にゆかりのある京都の4つの神社「藤森神社」「粟田神社」「建勲神社」「豊国神社」で特別な刀剣御朱印を頂けます。4社は半日から1日で巡拝可能です。不定期で実施されていて、なくなり次第終了（しおり付き、1000円）。藤森神社の墨書は、皇室所有として宮内庁で管理されている太刀「鶴丸」。かつて神社の神事に使用されていたとされ、現在はその写しが神社に奉納されています。

＼特製のしおり／

藤森神社（→P.77）で頂ける御朱印

墨書／鶴丸国永　印／藤森神社　●鶴のイラストがあしらわれた華やかな御朱印。4社の御朱印を並べると刀のツバをモチーフにした図柄が表れます。写真は「京都刀剣御朱印めぐり」第10弾の御朱印

大迫力！　見開きで頂ける御朱印

紙を大きく使った御朱印は、まるで美しいアートのようです。
見開き御朱印用の御朱印帳を授与している神社もあります。

建勲神社 P.71

どちらの御朱印にも御祭神である織田信長公が理想とし、1567（永禄10）年から使用している「天下布武」の朱印が押されます。「敦盛御朱印」の「敦盛」とは、信長公ゆかりの仕舞を指します。神社の鎮座当初より盛大に行われている「船岡大祭」（10月19日）で奉納されます（各500円）

天下布武龍章御朱印

印／天下布武、信長公花押、天下布武（龍章）、織田木瓜紋、建勲神社　●御朱印帳に直接頂くか、書き置きを頂くかを選べます。右下に押された信長公の花押（サイン）にも注目を。麒麟の「麟」の字をモチーフとしています

敦盛御朱印

墨書／人間五十年　下天のうちをくらぶれば　夢まぼろしの如くなり　ひとたび生を得て　滅せぬもののあるべきか　敦盛　印／奉拝、天下布武、揚羽蝶、建勲神社　●「人間五十年～」は信長公が好んだ敦盛の一節とされています

たくさん集めて達成感を味わえる御朱印

御朱印ビギナーにおすすめなのが、テーマに沿った御朱印集め。
すべての御朱印を集められたら、御利益が倍増しそうです。

＼目指せ！　コンプリート！／

祇園祭で御朱印めぐり

京都の夏の風物詩といえる「祇園祭」。毎年7月1日から31日まで、1ヵ月にわたって神事が行われます。祇園祭の見どころのひとつが「動く美術館」と称される、豪華絢爛な山鉾です。山や鉾にはそれぞれ御利益があり、それぞれの御朱印が用意されています。御朱印を頂けるのは山鉾巡行前の宵山の3日間のみで、前祭（さきまつり）23基は7月14～16日、後祭（あとまつり）10基は7月21～23日。コンプリートしたときの達成感は格別です。御朱印は自身で印を押すところが多いですが、ひとつの鉾に行列ができる場合もあり、数年かけて集める人もいるとか。御朱印を頂く際の志納金をスムーズに納めるために100円玉を多めに用意しておくのがおすすめです。

今宮神社 P.82

神社の摂末社は十一社。すべてに朱印があります。縁起のよい宝船を記した台紙に、お参りしたしるしとして、自分で印を押すスタイル。初夢の日に、この紙を枕の下に入れて眠るとよいそう（800円）

十一社詣

右から、疫社、織姫社、八社、八幡社、大将軍社、日吉社、稲荷社、若宮社、地主社、月読社、宗像社

森に癒やされる「勝負」の神社

「勝負の時」を迎えたら訪れたい 勝運と馬の神社で開運の御朱印を！

京都の南、深草の里にある藤森神社は、勇壮な駈馬神事《かけうましんじ》で知られ、馬主や騎手、競馬関係者が勝負祈願に訪れることで知られる「勝運と馬の神社」。招福の「左馬」や「刀剣特別御朱印」などレアな限定御朱印を頂ける神社としても大人気。その魅力に迫ります。

藤森神社の詳しい紹介はP.77へ

第48代目宮司の藤森長正さんが、藤森神社の魅力について熱く語ってくださいました

豊かな森に鎮座する歴史ある古社は勝負の神様

JR京都駅から電車に揺られて約15分。京都南部の市街地にありながら、緑豊かな森の中に鎮まる藤森神社。神宮皇后の創建と伝えられ、平安京が造られる以前からお祀りされている歴史と由緒のある古社なのです。菖蒲の節句の発祥の地ともいわれ、「菖蒲」は「尚武」「勝負」に通じることから勝運を呼ぶ神様として幅広く信仰を集めています。

境内では、地元の方々がお参りに訪れて木立の参道を散策して森林浴を楽しんだり、湧き出る名水を汲んだり。歴史探索のウオーキングを楽しむグループも訪れるなど、皆さん穏やかに、思いおもいの時を過ごしておられます。そして、御朱印を頂きに訪れる方々の姿も多数見られます。そんな多くの人たちに親しまれる藤森神社の第48代目宮司、藤森長正《ふじのもりながまさ》さんを訪ねました。

勇壮な神事で知られる馬の神社で開運の「左馬」を

石造りの大きな鳥居をくぐると、木立の中を御本殿へと向かう真っすぐな道が目の前に。ここは毎年5月5日に斎行される藤森祭の駈馬神事で、勇壮な走り馬が行われる馬場。走る馬の上での「逆立ち」「横乗り」「逆乗り」や「左馬」の文字を書く「一字書き」など、保存会の方々による華麗な馬上の妙技が繰り広げられ、アクロバティックな迫力ある7種の技が披露されるのです。

「駈馬神事は室町時代からの歴史があり、このことから藤森神社は馬の神様としても信仰されています。乗馬の上達を祈ったり、競馬での勝利や馬体の安全を祈願したり。京都競馬場も近いことから、馬主さんや騎手、競馬ファンも集まる祭典が毎年11月に行われて多くの方々が参拝されます。若手騎手の皆さんをはじめ、武豊さんなど有名な騎手の方々もいらっしゃいますよ」と、にこやかに語る藤森宮司。

この11月の祭典「駪駪祭《しんしんさい》」の期間3日間のみ、授与されるのが「左馬」の御朱印です。駈馬神事の「一字書き」でも書かれる「馬」の文

馬の神様として信仰され、境内には馬にちなんだ奉納が

字を左右逆にした「左馬」は幸運を招くシンボル。12年に一度、午《うま》年《どし》の正月にのみ授与されていましたが、要望があって、ここ数年は、この祭典でも限定授与されることに。すると大勢の方々が御朱印を頂きに訪れたといいます。

「まさか、こんなにたくさんの方においでいただくとは思いもしていなくて、本当に驚きました」と語る藤森宮司。あらためて御朱印の魅力と人気について知る機会になったといいます。

宝物殿に奉納されている奉納刀「太刀『鶴丸』写し」

奉納刀「太刀『鶴丸』写し」が刀剣ファンを魅了

境内には宝物館があり、名誉宮司である先代宮司の藤森信正《ふじのもりのぶまさ》さんが、世界中を旅して集めた「馬」コレクションを公開するほか、奉納刀「太刀『鶴丸』写し」を展示しています。写しとは、現代の刀匠の技で、本科の名刀を精巧に模して作られたものです。太刀「鶴丸」は、かつて藤森神社の神前に奉献されたと伝えられ、戦国武将や大名の手を経て明治天皇へ献上された御物。近年では刀剣をテーマにしたゲームのキャラクターにもなっています。

刀剣にゆかりがあることから、藤森神社は2015（平成27）年から不定期実施される「京都刀剣御朱印めぐり（P.20）」に参加。建勲神社（P.71）、粟田神社（P.69）、豊国神社（P.121）とともに、期間限定で特別刀剣御朱印を授与し、多くの刀剣ファンが訪れるようになったそうです。

「特に女性が増えましたね。関東や海外からも訪れてくださり驚きました。ありがたいと思っています。これからも皆さんに喜んでもらえることを企画できたら」と話す藤森宮司。2020（令和2）年1月16日からは「太刀『鶴丸』写し」奉納2周年を記念した御朱印が授与されることになりました。

御朱印をきっかけに神社で癒やされてみては

御朱印を受ける際のアドバイスをうかがうと「御朱印は神様とご縁を結び、神社にお参りをした証。スタンプラリーではありません。ぜひ御本殿へお参りを。御朱印を受けたらすぐに帰るのではなく、木々の緑に包まれたこの境内でゆったりと過ごしてみてはいかがでしょう」と藤森宮司はすすめてくださいました。

「まずは手水舎で心静かに手口を清めてください。それだけでも日々の気枯《けが》れをリセットできます。新たな気持ちになって、御本殿をお参りして、深呼吸して神社の清浄な空気に触れて。穏やかな気持ちで癒やしを感じてくだされば」。

「お参りに来られた方に、ここは落ち着く、癒やされたと言っていただくことがよくあります。それでいいのだと思いますよ。御朱印が、神社参拝のひとつのきっかけになれば、そして京都の神社を好きになって、何度も訪れていただけたら、私たちもうれしいです」。

藤森神社の特別御朱印と授与品

招福、千客万来、富のシンボル「左馬」と、名刀「太刀『鶴丸』」にちなんだ御朱印や授与品で開運！

「勝馬純金守」(2000円)。駈馬神事で書かれる「左馬」を記した金色に輝くカード形お守り

太刀「鶴丸」写し刀奉納2周年記念御朱印（初穂料500円）は2020（令和2）年1月16日から授与されている特別御朱印

「開運守護刀守」（1000円）。太刀「鶴丸」をかたどった刀剣形のお守り

ファースト御朱印帳をゲットしよう!

御朱印を頂きにさっそく神社へ！
でも、その前にちょっと待って。
肝心の御朱印帳を持っていますか？
まずは１冊、用意しましょう。

1 あなたにとって、御朱印帳は思い入れのある特別なもの

御朱印はあなたと神様とのご縁を結ぶ大事なもの。きちんと御朱印帳を用意して、御朱印を頂くのがマナーです。御朱印帳はユニークでかわいい表紙のものがいっぱいあるので、御朱印帳を集めることも楽しいでしょう。御朱印帳が御朱印でいっぱいになって、何冊にもなっていくと、神様とのご縁がどんどん深まっていくようでとてもうれしいものです。御朱印には日付が書いてありますから、御朱印帳を開くと、参拝した日の光景を鮮明に思い出すこともできるでしょう。

2 御朱印帳は、神社はもちろん文具店やネットでも入手できます

どこで御朱印帳を入手すればよいのかを考えると、まず、思い浮かぶのは神社。本書で紹介している神社の多くは、お守りなどを頒布している授与所で御朱印帳も頂くことができます。ファースト御朱印と同時に、その神社の御朱印帳を入手するとよい記念になりますね。神社以外で御朱印帳を入手できるのは、和紙などを扱っている大きな文房具店やインターネット通販。自分が行きたい神社に御朱印帳がないようなら、こうした取扱店であらかじめ入手しておきましょう。近年は御朱印帳を手作りするのも人気です。

3 御朱印帳を手に入れたらまず名前、連絡先を書き入れます

御朱印帳を入手したら、自分の名前、連絡先を記入しましょう。神社によっては参拝前に御朱印帳を預け、参拝の間に御朱印を書いていただき、参拝後に御朱印帳を返してもらうところがあります。混雑しているとき、同じような表紙の御朱印帳があると、自分のものと間違えてほかの人のものを持ち帰ってしまう……なんてことも。そうならないよう裏に住所・氏名を記入する欄があれば記入しましょう。記入欄がなければ表紙の白紙部分に「御朱印帳」と記入し、その下などに小さく氏名を書き入れておきます。

4 カバーを付けたり専用の入れ物を作ったり、大切に保管

御朱印帳は持ち歩いていると表紙が擦り切れてきたり、汚れが付いたりすることがしばしばあります。御朱印帳をいつまでもきれいに保つためにカバーや袋を用意することをおすすめします。御朱印帳にはあらかじめビニールのカバーが付いているものや神社によっては御朱印帳の表紙とお揃いの柄の御朱印帳専用の袋を用意しているところがあります。何もない場合にはかわいい布で御朱印帳を入れる袋を手作りしたり、カバーを付けたりしてはいかがでしょう。

わたしにピッタリ♥の
御朱印帳って
どんな御朱印帳
なのかな？

神社で入手できる御朱印帳1

神社で入手できる御朱印帳は、御祭神や御神徳、社殿などをモチーフにしたデザインが特徴です。

さらに、サイズや奉書紙など、それぞれの神社のこだわりが随所に織り込まれています。

見開きで眺めたいグッドデザインの御朱印帳

わら天神宮 P.92

表に「御朱印帳」、裏に「京都衣笠　わら天神宮」。表紙と裏表紙を合わせると、木々に囲まれた本殿の全景が現れます（1500円、わら天神宮と摂社・六勝稲荷神社2社の御朱印含む）

御香宮神社 P.109

表は菊桃、裏は藤と表裏で色が異なります。どちらも境内にある木の花の色をイメージ。全体に水の流れのモチーフと本殿にも装飾されている吉祥紋があしらわれています（1800円）

元祇園 椰神社 P.115

生成りの表紙に大きくデザインされた「縁」の文字が七色に輝いています。オリジナル御朱印帳は、年に数回スポットで授与される限定品です。時期など詳細は神社に確認を（1800円）

京都熊野神社 P.135

神社の境内上空を多くの八咫烏（やたがらす）が飛ぶ縁起のよいデザイン。八咫烏は神武天皇の道案内をしたとされる三本足のカラスで、導きの神として信仰されています（1500円）

老舗とコラボ! 気になるアイテム

「一澤信三郎帆布」とは
1905（明治38）年創業の布製かばんメーカー。毎日飽きずに使えて、使い込むほどに味わいが生まれる帆布製のかばんは、すべて職人さんの手作業で作られます。

貴船神社 P.51

「一澤信三郎帆布」の特徴であるシンプルで丈夫な帆布製の「御朱印帖かばん」。表に「貴船神社」のネーム入り。貴船神社でしか入手できない貴重なアイテムです。

神社ゆかりの人物をモチーフにした御朱印帳

建勲神社 P.71

織田信長公が愛したという短刀「薬研藤四郎」、信長公が生涯にわたって掲げた理想「天下布武」がモチーフになっています。裏表紙には「身体御守護」「道中御守護」などの文字や、織田木瓜紋、花押が散りばめられています（各1500円）

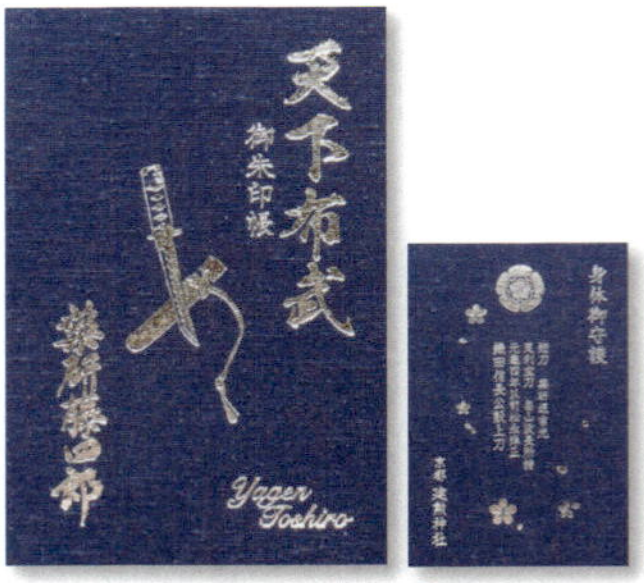

薬研藤四郎

天下布武

宮本武蔵絵柄 大判サイズ御朱印帳（赤色・紺色）

八大神社 P.90

八大神社ゆかりの剣豪・宮本武蔵が二刀を構える姿が金色の織糸で描かれています。背景に見えるのは武蔵が吉岡一門と決闘した一乗寺下り松です。用紙は上質な鳥の子紙を奉製。墨の乗りがよく、厚みがあるため裏移りしにくい和紙です（各1800円）

色や柄に神社の特徴が反映された御朱印帳

西院春日神社

P.110

御祭神が白鹿に乗って旅路を終えた「鹿島立ち」にちなみ、社紋の藤と神鹿を刺繍しています（2500円、御朱印含む）

菅原院天満宮神社

P.120

癒やしキャラのような道真公がポイント。明るいグリーンは「いちばん映える色を」と決まったのだそうです（2000円）

大原野神社

P.83

神様のお使いである神鹿（しんろく）の角を堂々としたモチーフに。「男性でも持ちやすいものを」と作られました（1500円）

京都大神宮

P.88

神前結婚式を創始した「京の都のお伊勢さま」こと京都大神宮。御朱印帳はかわいい巫女さんのイラストが描かれています

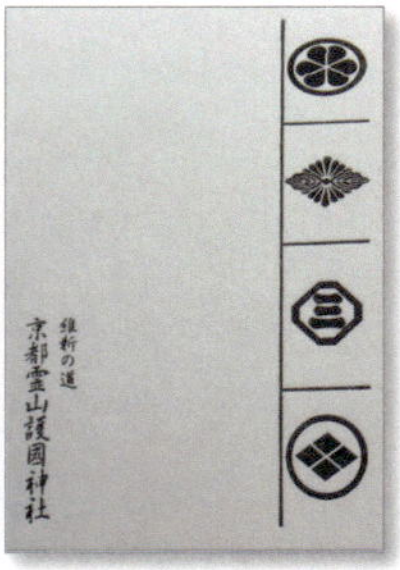

京都霊山護國神社

P.134

維新の志士を祀る神社だけあり、中岡慎太郎、桂小五郎などの家紋が描かれています。坂本龍馬の紋は反対側の面に（2000円）

刀剣がテーマの凛々しい御朱印帳

粟田神社 P.69

赤地に金箔押しで「宗近 藤四郎」と書かれているのが表紙で、裏表紙には黒地に刀鍛冶の様子が描かれています。「青い刀」は裏表紙に銀系で織り込まれた刀剣がポイント。「剣鉾」の表紙には、粟田神社の御神宝・阿古陀鉾がデザインされています。「青い刀」「剣鉾」は粟田神社、「宗近 藤四郎」は鍛冶神社の御朱印帳です（各1700円）

剣鉾

青い刀

宗近 藤四郎

刀剣と桜

刀剣と神紋

上り藤に一文字（神紋）

藤森神社 P.77

白と紺の御朱印帳は神社ゆかりの刀剣をモチーフにしたもの。表に神紋が大きく描かれた御朱印帳は、神社名からイメージした淡い藤色がすてきです。上品な西陣織仕立てで、鶴柄の御朱印帳袋（白と紺の2色、2000円）もあります。あわせてチェックしましょう（「刀剣と神紋」は2000円、それ以外は御朱印を含め各1800円）

蒔絵御朱印帳

オリジナル御朱印帳（青）

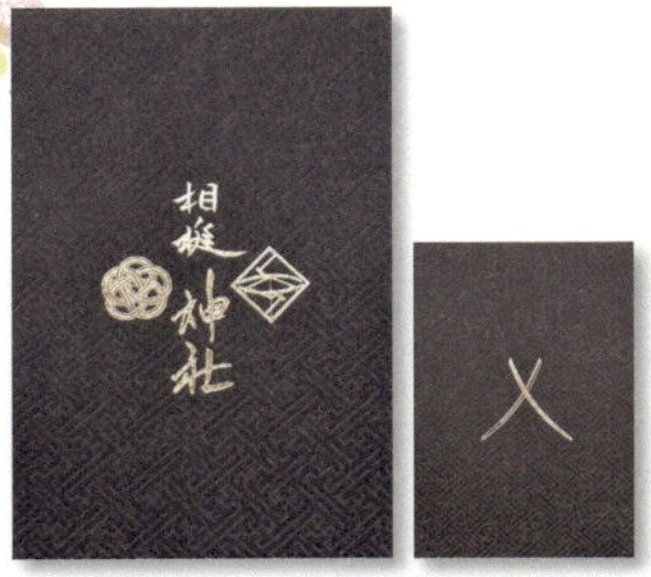

オリジナル御朱印帳（黒）

相槌神社 P.85

相槌神社の井戸水を使って作られた宝刀、「髭切」と「膝丸」がメインモチーフ。「蒔絵御朱印帳」（4500円）は、表にふた振りの太刀のシルエット、裏に大神様とのご縁を結ぶ梅結びの水引が描かれています。「オリジナル御朱印帳」（各2500円）は、紗綾柄の布表紙に梅結びの水引、神紋、太刀ふた振りが金で箔押しされています。月に2回（1・15日）のみ春日神社で授与されます

お店やウェブサイトで買える御朱印帳

御朱印集めの人気にともない、かわいくて個性的な御朱印帳を扱う店が増えてきました。

時間をかけて選ぶなら、ウェブショップで探すのもおすすめです。

竹笹堂《たけざさどう》

世界最古といわれる印刷技術の木版画に「もっと楽しく親しんでもらいたい」という思いから、木版画を使った商品を提供。職人の手と感性から生み出される木版画は、懐かしさとぬくもりが感じられます。実店舗のほか、オンラインショップでも購入可。　※各柄とも完売次第、新規絵柄に変更となります

住所／京都府京都市下京区綾小路通西洞院東入ル新釜座町737
電話／075-353-8585
営業時間／11:00～18:00
休み／水曜
URL https://takezasado.com
御朱印帳 サイズ：縦160×横110mm

だるま
願いがかなうよう願をかけ、良運を呼び込むだるまが、コロコロと一面に広がる縁起のよいデザインです（2750円）

ダンデライオン
大地に根を張り、大きな葉を広げ、花を咲かせたタンポポがモチーフ。黄色と緑のコントラストが新鮮（3190円）

ケーキ
ふわふわのスポンジと生クリーム、色鮮やかなイチゴが層になったケーキの断面がおいしそうです（3190円）

雪の日
降り積もる雪と空の色を淡い色合いで表現しています。柔らかなラインがどこかあたたかみを感じさせます（3190円）

商品写真：© たや まりこ

表と裏表紙に木版和紙、内側の和紙に筆なじみのよい奉書紙を使った「じゃばら帖」は、御朱印集めにぴったりです。一色ごとに手摺りで紙に色をつける手摺り木版画がすてきです

＼世界に一冊だけです！／ 御朱印帳を自分で作ってみよう

「自分だけの御朱印帳が欲しい！　でも、ひとりで作るのは不安……」という方は、ワークショップに参加するのがおすすめです。作り方をていねいに教えてもらえるため、初めてでも安心！　手作りの御朱印帳があれば、御朱印めぐりがもっと楽しくなるはず。

①表紙と裏表紙を選ぶ
友禅和紙のなかから好きな柄を選びます

②表紙と裏表紙を作る
表紙に芯を入れてノリ付けします。角の処理をきちんとすると仕上がりに差が出ます

表紙と裏表紙を違う柄にするのもGOOD！

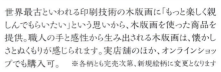

WORK《わーく》 &《あんど》 SHOP《しょっぷ》 by《ばい》 BOX《ぼっくす》 &《あんど》 NEEDLE《にーどる》

京都に工房をおく老舗紙器メーカーによる「箱店」。国内外から選び集めた美しい紙を職人が1点ずつ手貼りしています。実店舗とオンラインショップから購入可能です。

住所／京都府京都市下京区五条通高倉角堺町21
電話／075-748-1036
営業時間／11:00～17:00
休み／木曜
URL https://boxandneedle.com
御朱印帳　サイズ：縦160×112mm

浮世絵「冨嶽三十六景 凱風快晴」

葛飾北斎による冨嶽三十六景の人気作品「赤富士」がインパクト大です。裏表紙はシンプルに空と表題のみ。数量限定（4070円）

浮世絵「冨嶽三十六景 神奈川沖浪裏」（波）

荒々しい波と富士が描かれた「神奈川沖浪裏」の一部を切り抜き、裏表両面の表紙に仕立てています。数量限定（4070円）

IL PAPIRO / Swinging in Blue

フィレンツェの老舗で手刷りされた木版印刷紙を使用。鮮やかな瑠璃色とリボンをくわえた鳥が印象的です（1936円）

Fan Pink

ネパール製手すき紙のあたたかな風合いが特徴です。コーラルピンクにゴールドで描かれた扇のようなパターン柄が華やかさをプラスしています（1936円）

秋楓

秋深まる季節に、鮮やかに色づいた紅葉をイメージしています。シリーズに「夏楓」もあります（2750円）

竹林

空へすっくと伸びる竹が立ち並ぶ様子をモチーフにした趣のあるデザイン。男性にも人気があります（2750円）

APPLE

リンゴがリズミカルに描かれた、愛らしいデザインが魅力的。友禅紙専門の工房で和紙に手刷りされています（1936円）

PICNIC Sage

落ち着いたグリーンと真鍮のようにシックなゴールドの組み合わせが夜の原っぱを思わせます。クールな印象の一冊（1936円）

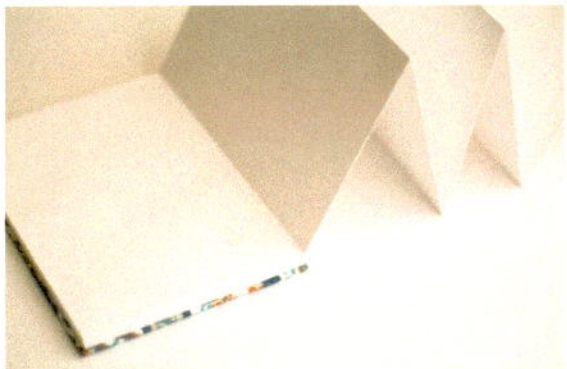

ページを広げて楽しむことができるジャバラ式です。中紙は強度と厚みがある奉書紙で、裏移りを気にせずにページの両面を使うことができます

＼完成しました♥／

③奉書紙を貼り付ける

表紙と裏表紙に奉書紙を合体します

ここで体験できます！

紙《かみ》 TO《と》 和《わ》　京《きょう》都《と》店《てん》

和紙の魅力を発信するため、紙すきや和紙工作などの体験ワークショップを企画運営しています。御朱印帳作りは、所要時間約45分。24時間ネット予約OKです。

住所／京都府京都市中京区新町通六角上る三条町345
電話／075-756-4723
料金／2500～2800円（税別）※メニューにより異なる
URL（ネット予約）https://www.kurauchi.co.jp/kamitowa/shop/

デビュー前に
教えて！

もっと知りたい御朱印Q&A

御朱印に関するマナーから素朴なギモン、御朱印帳の保管場所、御朱印帳を忘れたときのことまで、デビューの前に知っておきたいことがいろいろあるはず。御朱印の本を制作して15年以上の編集部がお答えします。

Q この本で紹介している神社でしか御朱印は頂けませんか？

A **神職常駐の神社ならたいてい頂けます**

本書に掲載している神社以外でも、神職が常駐しているところなら頂けます。ただし、なかには神職がいても御朱印を頒布していない神社もあるので社務所に問い合わせてください。

Q ひとつの神社に複数の御朱印があるのはなぜですか？

A **複数の神様をお祀りしているからです**

主祭神のほかに、主祭神と関係が深い神様など、さまざまな神様を境内にお祀りしている神社では主祭神以外の御朱印を頒布するところもあります。いずれにせよ、参拝を済ませてから、授与所で希望の御朱印を伝えて、頂きましょう。

Q 御朱印を頂く際に納める初穂料（お金）はどのくらいですか？また、おつりは頂けますか？

A **ほとんどが300～500円。小銭の用意を**

ほとんどの神社では 300～500 円ですが、限定御朱印など特別な御朱印ではそれ以上納める場合もあります。おつりは頂けます。とはいえ、1万円札や 5000円札を出すのはマナー違反。あらかじめ小銭を用意しておきましょう。「お気持ちで」と言われた場合も 300～500円を目安に納めましょう。

Q ジャバラ式の御朱印帳ではページの表裏に書いてもらうことはできますか？

A **裏にも書いていただけます**

墨書や印などが裏写りしないような厚い紙が使用されているものなら裏にも書いていただけます。

御朱印、頂けますか？

撮影地：藤森神社

Q 御朱印帳の保管場所は、やはり神棚ですか？

A 本棚でも大丈夫です

神棚がベストですが、大切に扱うのであれば保管場所に決まりはありません。本棚、机の上など、常識の範囲でどこでも大丈夫です。ただし、お札だけは神棚に祀ってください。

Q 御朱印帳を忘れたら？

A 書き置きの紙を頂きます

たいていの神社にはすでに御朱印を押してある書き置きの紙があります。そちらを頂き、あとで御朱印帳に貼りましょう。ノートやメモ帳には書いていただけません。

Q 御朱印を頂くと御利益がありますか？

A 神様を身近に感じられます

神様とのご縁ができたと思ってください。御朱印帳を通し、神様を身近に感じ、それが心の平穏につながれば、それは御利益といえるかもしれません。

Q 御朱印はいつでも頂けますか？すぐ書いていただけますか？

A 9:00～16:00の授与が多いです

授与時間は9:00～16:00の神社が多いです。本書では各神社に御朱印授与時間を確認し、データ欄に明記しているので、参照してください。また、どちらの神社もすぐに授与できるよう心がけてくださいますが、混雑していると時間がかかることも。時間がない場合は、御朱印を頂く前に神職に確認しましょう。

Q 御朱印帳は神社と寺院では別々にしたほうがいいですか？

A 一緒にしてもかまいません

特に分ける必要はありませんが、気になる人は分けてもよいでしょう。たいていの御朱印には日付が入っていて、前回の参拝日や参拝の回数がすぐわかるため、気に入った神社専用の御朱印帳を作るのもおすすめです。

Q 御朱印を頂くときに守りたいマナーはありますか？

A 静かに待ちましょう

飲食しながら、大声でおしゃべりしながらなどは慎んだほうがよいでしょう。

Q 御朱印を頂いたあと、神職に話しかけても大丈夫ですか？

A 行列ができていなければ大丈夫です

行列ができているときなどは避けましょう。しかし、待っている人がいないときなどには、御朱印や神社のことなどをお尋ねすると答えてくださる神社もあります。

Q 御朱印ビギナーが気をつけたほうがいいことはありますか？

A 自分の御朱印帳かどうか確認を！

難しいことを考えずにまずは御朱印を頂いてください。ちょっと気をつけたいのは書いていただいたあと、戻ってきた御朱印帳をその場で必ず確認すること。他人の御朱印帳と間違えて受け取ってしまうことがあるからです。後日ではすでに遅く、自分の御朱印帳が行方不明……ということもあるので気をつけましょう。

お作法講座

GOOD MANNERS

いざ！御朱印を頂きに

さまざまなお願いごとをかなえていただき、そして、御朱印を頂くためには、正しい参拝の方法、御朱印の頂き方をマスターしておきましょう。神様は一生懸命、祈願する人を応援してくれます。難しく考えずに、こちらに書いてある最低限のマナーさえおさえればOK！　それにきちんと参拝すると背筋が伸びて、気持ちもびしっとしますよ。ここでは身につけておきたいお作法を写真で解説します。

撮影地：藤森神社

1 鳥居をくぐる

POINT

神道のお辞儀は数種類あり、軽く頭を下げることを「揖(ゆう)」といいます。

鳥居は「神様の聖域」と「人間界」を分ける結界という役目を担っています。まずは、鳥居の前で一礼(揖)。これは神域に入る前のごあいさつです。鳥居がいくつもある場合には一の鳥居(最初の鳥居)で一礼を。真ん中より左にいれば左足から、右にいれば右足から進みます。帰りも「参拝させていただき、ありがとうございました」という気持ちで、振り返って一礼します。

2 参道を歩く

参道を歩いて社殿を目指しましょう。歩くときは神様の通り道である真ん中「正中」を避けましょう。神社によって右側か左側か歩く位置が決まっている場合があります。

3 手水舎で清める

古来、水は罪や穢れを洗い流し清めるとされてきました。ですから、参拝前に必ず手水舎へ行って、身を清めます。

POINT

いちばん最初に汲んだ、柄杓1杯の水で①〜③までを行いましょう。

①柄杓を右手で取り、まず左手を清め、次に柄杓を左手に持ち替え、右手を清めます。

②右手に柄杓を持ち替え、左手に水を受けて口をすすぎ、口をつけた左手をまた水で清めます。

③最後に柄杓を立て、残った水を柄杓の柄にかけて清め、もとに戻します。

※柄杓の設置を廃止している神社もあります。その場合は軽く手を清めます。

4 お賽銭を入れる

参拝の前に、まずお賽銭を静かに投じましょう。金額に決まりはなく、「いくら払うか」よりも、「神様へ感謝の心を込めてお供えする」ことが大切です。

POINT

鈴があれば鈴を静かに鳴らします。鳴らすタイミングは、賽銭を投じてからという方が多いようです。

拝礼は二拝二拍手一拝と覚えましょう

5 拝殿で拝礼

2回お辞儀をします。これを二拝といいます。お辞儀の角度は90度、お辞儀が済んだら二拍手。二拍手はパンパンと2回手をたたく動作です。手を合わせ、感謝の気持ちを神様にささげ、祈願を伝えましょう。次にまたお辞儀。二拝二拍手一拝と覚えましょう。拝礼が済んだら静かに拝殿から離れます。

POINT

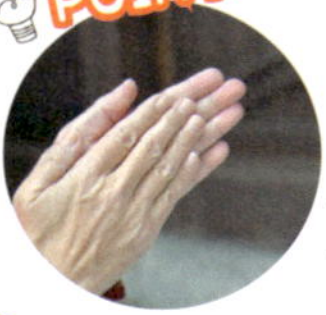

手をたたく際、一度揃えてから、右手を左手の第一関節くらいまでさげ、たたいたら戻します。

6 御朱印を頂く

POINT

御朱印を書いていただいている間は飲食や大声でのおしゃべりは慎み、静かに待ちましょう。受け渡しは両手で。

拝礼を済ませたら、いよいよ御朱印を頂きます。御朱印はお守りやお札などを授与している「授与所」や「社務所」、「御朱印受付」と表示してある場所で、「御朱印を頂けますか?」とひと言添えて頂きましょう。御朱印帳を出すときは、カバーを外したり、ひもでとじてあるものは開きやすいように緩めてから、挟んである紙などは外し、書いてほしいページを開いて渡します。御朱印代はほとんどの神社で300～500円。できればおつりのないよう、小銭を用意しておきます。御朱印帳を返していただいたら、必ず自分のものか確認しましょう。最近は番号札を渡されて、番号で呼ぶ神社も多いです。

無事、御朱印を頂きました!

神社の基本

開運さんぽに行く前におさえておくべき！

そもそも神社ってどういうところ？　祈願やお祓いって何？
そんな疑問に答えます。

協力：神田神社

神社の始まり

日本人は古代からあらゆる物に神が宿っていると考え、天変地異、人間の力ではどうにもならないような災害は神の戒めだと思っていました。ですから、自然のなかに神を見い出し、平穏無事を願いました。そのため、特に大きな山や岩、滝や木などに神の力を感じ、拝んでいた場所に社を建てたのが神社の始まりです。

神社とお寺の違いは？

大きな違いは、神社が祀っているのは日本古来の神様、お寺が祀っているのはインドから中国を経由して日本に伝わった仏様ということです。仏教が伝わったのは6世紀ですが、１００年ほどたつと神様と仏様は一緒であるという神仏習合《しんぶつしゅうごう》という考えが生まれます。しかし、明治時代になると再び神様と仏様を分ける神《しん》仏分離令《ぶつぶんりれい》が出されました。一般的に神社は開運などの御利益をお願いに行くところ。お寺は救いを求めたり、心を静めに行くところといわれています。

神社で祀られている神様って？

日本人は「日本という国は神が造り、神が治めてきた」と思ってきました。そこで神社では日本を造り治めた神々、風や雨、岩や木に宿る神々を祀っています。さらに菅原道真公や織田信長公など歴史上に大きな功績を残した人物も神としてあがめてきました。それは一生懸命生きたことに対するリスペクトからです。

神主さんってどういう人？

神社で働く人のこと。神社内の代表者を宮司《ぐうじ》といいます。位階は宮司、権宮司《ごんぐうじ》、禰宜《ねぎ》、権禰宜《ごんねぎ》、出仕《しゅつし》の順となっています。宮司から出仕まで神に奉職する人を神職と呼び、神職を補佐するのが巫女《みこ》です。神職になるには神道系の大学で所定の課程を修了するか、神社庁の養成講習会に参加するなどが必要ですが、巫女は特に資格は必要ありません。

神社という場所とは

神社は神様のパワーが満ちている場所です。一般的には、神社に参拝するのは神様に感謝し、神様からパワーをもらうため。そのためには自分の望みは何か、意思を神様に伝え、祈願することが大事です。感謝の気持ちを忘れず、一生懸命にお願いいし、行動している人に神様は力を与えてくれるからです。また災難を除けるお祓いを受ける場所でもあります。

「お祓い」を受ける理由

穢れを落とすためです。「穢れ」は洋服などの汚れと同じと考えればよいでしょう。生きるためには食事をしますが、食事は動植物の命を奪い、頂くことです。いくら必要とはいえ、他者の命を奪うことはひとつの穢れです。穢れは災難を呼びます。その穢れを浄化するのがお祓いです。ときにはお祓いを受けて、生き方をリセットすることも必要です。

神社めぐりをもっとディープに楽しむために

知っておきたい『古事記』と神様

日本を造った神様の興味深いエピソードが書かれているのが『古事記』です。『古事記』を読むと、神社に祀られている神様のことが深く理解できます。難しそうだけど、ポイントをおさえれば神社めぐりがより楽しくなること間違いなし！

『古事記』でわかる神様の履歴

『古事記』には神々がどのように誕生し、どんな力をもっているのかなど、さまざまなエピソードが紹介されています。つまり神様のプロフィールが記されているというわけです。神社の多くが『古事記』で登場する神々を御祭神として祀っています。ですから、『古事記』を読むとその神社の御祭神のことが、より深く理解できるようになるのです。

『古事記』は日本最古の歴史書

『古事記』という書名は、「古いことを記した書物」という意味。全3巻からなる日本最古の歴史書で、日本誕生に関する神話、神武天皇から推古天皇までの歴代天皇一代記などが記されています。皇室や豪族の間で語り継がれてきた話を太安万侶《おおのやすまろ》が文字に著し編さん、712（和銅5）年、元明天皇に献上しました。

御祭神を理解してから神社に参拝

神社の御利益は御祭神のプロフィールに大きく関係しています。例えば大《おお》国主命《くにぬしのみこと》。試練を乗り越えて恋人と結ばれたと『古事記』に書かれていることから、縁結びに強く、オオクニヌシを祀る島根県の出雲大社は日本一の良縁パワースポットといわれています。ですから、神社でお願いごとをするときには、御祭神について知っておくと、その神社はどんな御利益があるかがわかるようになるのです。

『古事記』に登場する神様のなかでもまずは5大神様は知っておこう

国生みの神様、太陽神、縁結びの神様……。
大勢いる神様のなかでも絶対、
知っておきたい最重要5大神様を紹介します。

神様PROFILE

1 日本を造った国生みの神
イザナギノミコト【伊邪那岐命】

神生み、国生みの男神。イザナミを妻とし、淡路島など数々の島を生み、日本列島を造りました。アマテラスやスサノオをはじめ、多くの神々の父親でもあります。妻が亡くなると黄泉《よみ》の国（死者の国）まで会いに行くという愛情の持ち主で、夫婦円満、子孫繁栄、長命、さらに厄除けにもパワーがあります。

御祭神の神社 ➡ 熊野若王子神社（→P.72）、京都熊野神社（→P.135）など

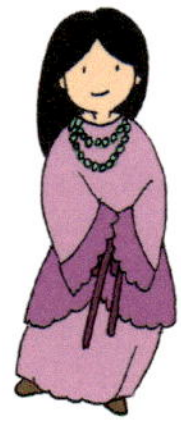

2 多くの神々を生んだ女神
イザナミノミコト【伊邪那美命】

イザナギの妻として神や日本を生んだ女神。イザナギとともに日本最初の夫婦神です。火の神を出産したことによる火傷で亡くなり、黄泉の国へ旅立ちます。そこで黄泉津大神《よもつおおかみ》として黄泉の国を支配する女王となります。神や国、万物を生み出す強い生命力の持ち主なので、参拝者の心や体にエネルギーを与えてくれます。

御祭神の神社 ➡ 熊野若王子神社（→P.72）、京都熊野神社（→P.135）など

3 天上界を治め、太陽を司る最高神
アマテラスオオミカミ【天照大神】

イザナギ・イザナミから生まれた女神。天上界である高天原を治める太陽神で八百万の神々の最高位に位置し、皇室の祖神とされています。全国の神明神社はアマテラスが御祭神で、その総本宮が伊勢神宮 内宮です。自分自身の内面を磨きたいとき、未来を開きたいときなどに力を貸してくれます。

御祭神の神社 ➡ 元伊勢内宮皇大神社（→P.60）など

4 乱暴者でも正義感が強い神
スサノオノミコト【須佐之男命】

アマテラスの弟。イザナギ・イザナミから誕生。父からは海を治めるように命じられますが、母のいる国に行きたいと反抗したため、追放されて放浪の身に。出雲に降り、ヤマタノオロチを退治して美しい妻を得ます。乱暴者ですが、正義感が強く、厄除け、縁結び、開運など多くの願いごとに応えてくれます。

御祭神の神社 ➡ 綾戸國中神社（→P.68）、藤森神社（→P.77）など

5 優しくて恋多き、モテモテの神
オオクニヌシノミコト【大国主命】

スサノオの子孫です。ワニに毛をむしられた白ウサギを助けた神話『因幡の白ウサギ』で有名です。スサノオが与えた試練に耐え、人間界を治め、出雲の国造りを行いました。『古事記』によれば多くの女神と結ばれ「百八十」の神をもうけたとあり、良縁や子孫繁栄に御利益があるといわれています。

御祭神の神社 ➡ 出雲大神宮（→P.87）、恵美須神社（→P.98）など

相関図

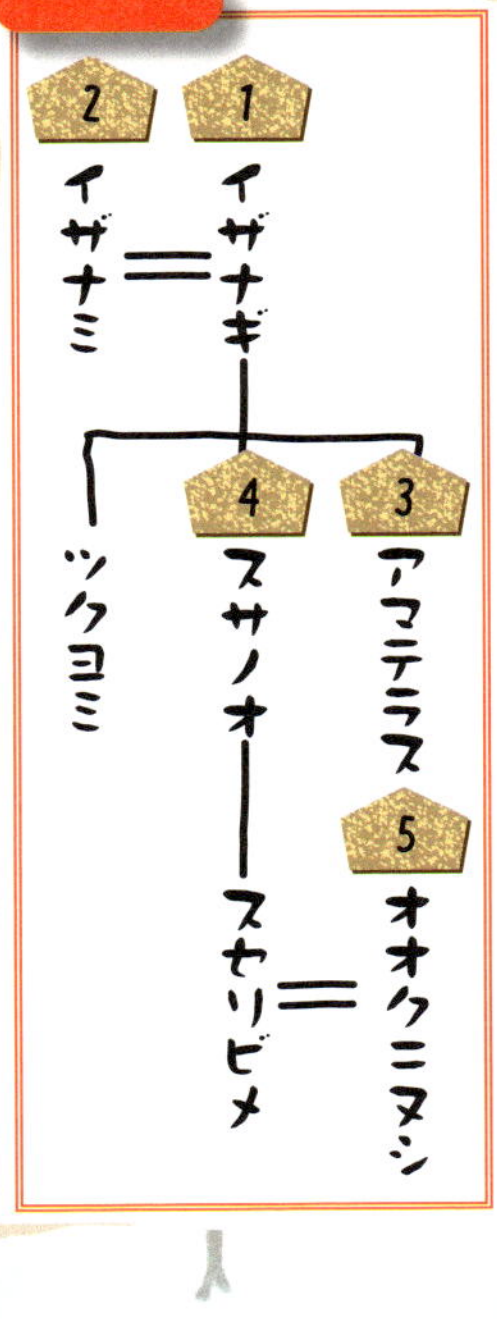

5大神様が主役。3つの神話

日本の神話で特に知っておきたい、3つの神話を『古事記』のなかからダイジェストでご紹介！

その1

日本列島とアマテラスの誕生

「国を完成させよ」と天上から命じられたイザナギとイザナミ夫婦は矛で海をかき回し、日本で最初にできた島・オノゴロ島を造ります。島に降り立ち、夫婦は島や多くの神々を生んでいき、日本列島が完成しました。ところが、イザナミは火の神を出産したときに亡くなり、黄泉の国（死者の国）へ行ってしまいます。妻を忘れられないイザナギは、妻を連れ戻しに黄泉の国に行ったものの、イザナミは屍と化した醜い姿になっていて、ビックリ！　驚いて逃げる夫をイザナミは追いかけます。

　壮絶な夫婦バトルの末、夫・イザナギは無事、黄泉の国から生還。イザナギは穢《けが》れを祓うため、禊を行います。この禊によって日本の神話で重要な神、アマテラスやスサノオ、ツクヨミが生まれたのでした。

Point!

多くの神様と日本列島を生んだことから、イザナミとイザナギの夫婦神は力強い生命力を与えてくれ、子孫繁栄や夫婦円満、厄除けの神様とされています。京都熊野神社などに祀られています。

その2

最高神アマテラスと凶暴な神スサノオ

凶暴な性格で、父に反抗して追放されたスサノオは姉のアマテラスに会いに、神々がすむ天上界を訪ねます。天上界の最高神・アマテラスは「弟が攻めて来たのか」と疑いますが、スサノオは邪心がないことを証明。そこで姉は弟に滞在を許します。しかし、スサノオの変わらない行儀の悪さに、怒ったアマテラスは天岩戸《あまのいわと》に籠ってしまい、天上界に光がなくなってしまいました。困った神々はアマテラスを岩屋の外に出して、光を取り戻そうと連日会議。「岩屋の扉の前で大騒ぎすれば、アマテラスは様子をうかがうために外に出てくるのでは？」と考え、岩屋の外で神々の歌や踊りが始まりました。アマテラスが外をうかがおうと扉を少し開けた瞬間、力の神・天手力男神《あめのたぢからお》が扉を開き、アマテラスを引き出し世界に光が戻りました。この事件の原因でもあるスサノオは天上界からも追放されてしまいます。

　その後、出雲の国に降り立ったスサノオは美しいクシナダヒメに出会います。ヒメは泣きながら、8つの頭と尾をもつ大蛇ヤマタノオロチに襲われていると訴えるのです。スサノオはオロチを退治。出雲に宮殿を建て、クシナダヒメを妻に迎え、仲よく暮らしました。

Point!

神々を治める絶対神・アマテラス。伊勢神宮をはじめ全国の神社に祀られ、人々の内面を磨いて成長させる御利益があります。スサノオは凶暴ながら愛する者のために闘うという一途さがあり、厄除け、縁結びのパワーがあります。

その3

国造りと国譲り

オオクニヌシには八十神といわれる大勢の兄弟神がいて、いつもいじめられていました。兄弟神たちは因幡の国に住む美しい神・ヤガミヒメに求婚するため旅に出ます。オオクニヌシは彼らの荷物持ちとして同行。**道中、毛皮を剥がされ八十神にいじめられた白ウサギを助けると、そのウサギは「ヒメはあなたを選ぶでしょう」と予言。そのとおりに結ばれます。**怒った兄弟神たちは、オオクニヌシを殺してしまいました。

しかし、オオクニヌシは母の力で麗しい男としてよみがえります。母が言うには「兄弟たちに滅ぼされる前に根の国に逃げなさい」。

逃亡先の根の国は死者の国のような場所で、出雲から移ったスサノオが住んでいました。そこで**スサノオからさまざまな試練が課せられますが、スサノオの娘スセリビメにオオクニヌシは救われます。**ふたりは苦難を乗り越えて結婚。根の国を出て、出雲の国を造りました。

さて、天上界ではアマテラスが地上界を平定しようとしていました。アマテラスは交渉役としてタケミカヅチを出雲に送り込みます。彼はオオクニヌシの息子と力比べをして、勝利。そこで**オオクニヌシは国を譲ることになりました。**その交換条件として出雲に壮大な社殿＝出雲大社が建てられ、オオクニヌシは出雲の神として祀られたのでした。

Point!

出雲大社に祀られているオオクニヌシは国を譲るなど協調性のある神様です。また女神にモテる神で出会いや縁を大切にしました。そこで人と人とを円満に結びつける縁結びの御利益があります。

出雲で
ひとふんばり

以上、駆け足でお送りしました!
パチ
パチ
パチ

この神様もおさえておきたい

神武天皇

アマテラスの末裔が東征 国を治め初代天皇となる

地上に降りたニニギノミコトはコノハナサクヤヒメと結婚。ふたりの曾孫であるカムヤマトイワレビコは地上界を統治するのに最適な場所を探すため、日向（今の宮崎県）を出て東に向かいます。熊野からは八咫烏《やたがらす》の案内で大和に入りました。反乱を鎮め、奈良の橿原の宮で即位。初代・神武天皇となったのです。

ニニギノミコト

地上を支配すべく 天上界から降臨

地上界の支配権を得たアマテラスは、天上から地上に統治者を送ることにしました。選ばれたのが、孫であるニニギノミコトです。彼は天岩戸事件で活躍した神々を引き連れて、高千穂嶺に降臨。この天孫降臨により、天上界と地上界が結びつき、アマテラスの末裔である天皇家が日本を治めていくことになりました。

あなたの悩みに応えてくれる神様がすぐわかる！

神様との縁結びチャート

どの神様をお参りしようかと迷ったら、このチャートを試してみて。

簡単な質問に答えていくだけで、今のあなたに必要なパワーを授けてくれる神様が見つかります。

どの神様も本書で紹介している神社に祀られている神様ばかり。

あなたに必要な神様が見つかったら、さっそくパワーを頂きにお参りに行きましょう。

YESは → に、NOは → に進んでください

START!

今、いちばん悩んでいるのは異性関係だ

絶対に負けられない戦いがここにはある……仕事や勉強のライバルがいる

今、好きな人または、恋人がいる

しっかり寝てもダルい……最近ちょっと疲れ気味

雑誌やネットのチェックは欠かさず流行に敏感なほうだと思う

出世なんて興味なし私はマッタリ派

今の自分に自信がない

結婚している

反骨心と正義感の強い勝運、開運の神様

スサノオノミコト

どんな困難があっても、解決策を見つけて乗り越えていけて、時代の流れにも敏感でとても前向きな人のようです。でも、油断をすると思ってもみなかったような災難が襲ってきそう。スサノオノミコトは厄除けの御利益が絶大。あなたの周囲に潜む災難を遠ざけ、さらに自分を高め、キャリアアップしていけるパワーを頂きましょう。

自分磨きや未来を切り開くパワーをくれる女神

アマテラスオオミカミ

今の自分に自信がない人、ライバルはいるけれど現状維持で満足という人。ときには周囲やライバルに自分の存在をアピールすることも大切です。そこで、最高神とも呼ばれる女神のパワーを頂きましょう。ファッションセンスを磨いたり、趣味や教養を身につけたり、魅力アップの力や未来を切り開くパワーを授けてもらえます。

優しくて恋多きモテモテの神

オオクニヌシノミコト

縁結びでは最強のパワーがある神様。恋人との仲が進展しない、でも自分から行動する勇気がないという人には一歩前に進む力を授けてくれます。自分に自信のあるあなた。もしかして他人にとって少し怖い存在で孤立していませんか？仲間との協調性を身につけ、友人との良縁が結べるパワーを授けてもらいましょう。

夫婦円満と生命力をもたらす国を生んだ夫婦の神

イザナギノミコト
イザナミノミコト

国を生んだ2柱の神様は愛する人のいる人に、将来、何が起きても、ふたりの仲が壊れることなく、年月を重ねるごとに絆が強くなっていく力を授けてくれます。ライバルがいるあなたはストレスで少し、お疲れ気味。そこで、神様から生命力強化のパワーを頂きましょう。重い疲れが軽くなるかもしれません。

行きつけ神社の見つけ方！

困難にぶつかったとき、気分が晴れないとき、
そんなときに行きつけの神社があれば、
すぐに参拝してパワーをもらえたり、
心を落ち着かせたりすることができるでしょう。
行きつけの神社を見つけるヒントをご紹介します

撮影地：藤森神社

まずは土地の守護神に参拝を

日本全国には8万社もの神社があり、そのなかから「行きつけ神社」を見つけるには、まず自分が住んでいる地域の氏神《うじがみ》・産土《うぶすな》神《がみ》をお祀りする神社を調べましょう。氏神・産土神とはその土地の守護神のことで、自分がその土地に住み始めてからずっと見守ってきてくれた神様といえます。

昔の人々は血縁関係で結ばれた集団をつくって暮らすのが普通でした。彼らが守護神としてあがめたのが氏神です。例えば藤原氏は春日権現、源氏は八幡神を氏神にしていました。

一方、産土神は血族に関係なく、その土地を守る神様として崇敬されてきました。ところが、徐々に氏神も地域の守り神となり、両社の区別は曖昧になりました。現在では氏神も産土神も、その土地の守護神と考えられ、両社を総称して氏神としています。氏神に対し、神社のある地域に住んでいる人々を氏子といい、氏子を代表して神社との連携を図る役職を「氏子総代」といいます。どこの神社が自分の住所の氏神かは神社本庁のウェブサイトで各都道府県の神社庁の連絡先を調べて、電話で問い合わせると、教えてくれます。

やはり氏神の御朱印は頂いておきたいものです。また、転居したら、最初に氏神にあいさつに行きましょう。

よくある「八幡」「稲荷」はどんな神社？

神社めぐりをしていると、○○稲荷や○○八幡など同じ名前の神社が多くあることに気がつきます。これらは同じ系列の神社で同じ祭神を祀り、同じ御利益が頂けます。ですから、チャージしたいパワーによって参拝するべき神社が社名でわかるというわけです。ここでは本書に掲載している神社に関連する信仰の一部を紹介します。

☆神社本庁ウェブサイトは
http://www.jinjahoncho.or.jp

八幡信仰

石清水八幡宮（→P.66）に代表される八幡神社は、武家の守護神として各地に祀られています。代表的な御利益は勝運。スポーツや勝負ごとだけでなく病気に打ち克つ力や弱気に勝つ力も頂けます。

稲荷信仰

祭神はウカノミタマノカミ。本来は稲の成長を見守る穀物、農業の神ですが、現在は商売繁盛や出世運の御利益でも信仰されています。営業成績アップや招福の祈願にはお稲荷さんへ行くとよいでしょう。

愛宕神社

全国に約900社あり、火伏せや防火に霊験のある神社として有名です。総本社は愛宕山山頂に鎮座する京都の愛宕神社（→P.86）。3歳までに参拝すると一生火事に遭わないといわれています。

天神信仰

学問の神様とされる菅原道真公をお祀りする神社で、学業成就・合格祈願の参拝者で天神社や天満宮はにぎわいます。入試だけではなく、資格試験や昇進試験の合格祈願にも応えてくれます。

祇園信仰

祇園信仰とは、牛頭大王および素戔嗚尊に対する神仏習合の信仰のこと。京都の八坂神社もしくは兵庫県の広峯神社を総本社としています。祇園祭は疫病を除けるために行われるお祭りです。

熊野神社

総本社は和歌山県熊野にある熊野本宮大社、熊野速玉大社、熊野那智大社です。人生のターニングポイントで一歩踏み出したいときには、勇気や加護を授けてくれる御利益があります。

キーワードで知る神社

神社を参拝すると聞き慣れない言葉を耳にすることがあります。
そこで、わかりにくい「神社ワード」をピックアップし、解説。
これを知れば、神社めぐりがもっと楽しくなるはず。

【荒魂《あらたま》と和魂《にぎたま》】

神様がもつふたつの霊魂

荒魂は神様の荒々しい霊魂、和魂は穏やかな霊魂のことをいいます。どちらも神道における考え方で、三重県の伊勢神宮など、それぞれを祀るお宮が存在する神社もあります。

【御神木】

神域にある神聖な木

神社のシンボルであったり、神様が降臨する際の依代《よりしろ》（目印）であったり、神域にある特定の樹木や杜を、御神木と呼んでいます。御神木に注連縄《しめなわ》を張る神社もあります。

【勧請《かんじょう》・分霊】

別の土地の神様をお迎えします

離れた土地に鎮座している神様を分霊（御祭神の霊を分けて、ほかの神社に祀ること）し、社殿に迎え、奉ること。勧請はもとは仏教用語から来た言葉です。かつて分霊を勧請するときには神馬《しんめ》の背中に御神体をのせ、移動していたといわれています。

【大麻《おおぬさ》（大幣）】

祈祷などで使われるお祓いの道具

榊の枝や棒に紙垂《しで》（和紙でできた飾りのようなもの）、麻をくくりつけたものが一般的。この大麻を振ってお祓いをします。ちなみに伊勢神宮では御神札を「神宮大麻《じんぐうたいま》」といいます。

【宮司《ぐうじ》・権宮司《ごんぐうじ》】

栄えある神社のトップポジション

宮司は祈祷から神事まで幅広く従事する神社の代表のことをいいます。また権宮司はナンバー2のことで、一部の神社で宮司と禰宜の間に置かれているポジションになります。

【斎王《さいおう》】

神様に仕える未婚の内親王や女王

伊勢神宮などに奉仕する未婚の内親王または女王のこと。斎王の「斎」は、潔斎《けっさい》（神事などの前に心身を清めること）して神様に仕えるという意味です。京都の初夏を彩る「葵祭」の主役「斎王代《さいおうだい》」は、名前のとおり斎王の代理として神事を務めます。

【御祭神《ごさいじん》・御神体《ごしんたい》】

祀られている神様と神様の居場所

御祭神は神社にお祀りされている神様のこと。神社によっては複数の神様をお祀りしていて、主として祀られる神様を「主祭神」ともいいます。御神体は、神様が降臨するときに、よりどころとなる依代(目印)のようなもの。御神体そのものは神様ではありません。

【お札・お守り】

どちらも祈願を込めて祈祷されたもの

お札は神社で祈祷された紙や木、金属板のことです。災厄を除けるとされています。お守りはお札を小さくし、袋などに入れて、持ち歩けるようにしたものです。どちらも1年に1度は新しいものに替えるとよいとされています。

【神宮《じんぐう》】

皇室とゆかりのある由緒ある神社

神宮とは、皇室のご先祖や歴代の天皇を御祭神とし、古代から皇室と深いつながりをもつ特定の神社の社号です。なかでも「神宮」といった場合は、伊勢の神宮を指します。「伊勢神宮」は通称で、正式名称は「神宮」です。

【崇敬神社《すうけいじんじゃ》】

地域にとらわれず個人で崇敬する神社

全国の神社は伊勢神宮を別格として、大きくは崇敬神社と氏神神社に分けることができます。地縁などと関係なく、個人で信仰する神社を崇敬神社といい、人生のさまざまな節目などに参拝する人も。地域の氏神様と両方信仰しても問題はありません。

【神紋《しんもん》・社紋《しゃもん》】

神社で用いられている紋

神紋・社紋どちらも同じ意味です。神社にゆかりのある植物や縁起物、公家や武家の家紋が用いられることも。天満宮系はおもに「梅（梅鉢）紋」、春日大社系は「藤紋」と、社紋を見れば神社の系統がわかります。

【禰宜《ねぎ》・権禰宜《ごんねぎ》】

神社トップの補佐役を担う

禰宜は権宮司がおかれていない場合、宮司の補佐役にあたります。権禰宜は職員。御朱印を授与しているのはおもに権禰宜です。境内の掃除や参拝者の対応のほか、社務所内での書類作成などのデスクワークや取材対応など広報のような役割を担うこともあります。

【榊《さかき》】

神棚や神事などに欠かせない木

ツバキ科の常緑樹で小さな白い花をつけます。「さかき」の語源は、聖域との境に植える木、栄える木からなど諸説あります。「神事に用いられる植物」の意味から「榊」の国字になったともいわれています。

【幣殿《ヘイデン》】

神様へお供え物をするための場所

参拝者側から見て、拝殿・幣殿・本殿の縦並びが一般的。今宮神社（→P.82）などで見ることができます。神事を司る人が神前で参拝するときはこちらで。通常、一般の参拝者は入ることができません。

【巫女《みこ》】

神楽や舞を奉仕する女性

神職の補助や神事における神楽や舞を奉仕。神職にはあたらないため、資格は必要ありません（→P.35）。

【例祭《れいさい》】

神社の最も重要な祭祀

「例大祭」と呼ばれることも。基本的にはひとつの神社につき、例祭はひとつだけ。年に1度、日が決められていることがほとんどですが、参加者を考慮して週末などに開催されることもあります。

column

これを知っていれば、神社ツウ 境内と本殿様式

知ってるようで知らない境内のあれこれ。そして神様を祀る本殿の建築様式を知ると参拝がもっと楽しくなります！

参拝のための拝殿に本殿、摂社《せっしゃ》など盛りだくさん！

鳥居から本殿に向かって延びる道は参道です。参拝前に手や口を水で清めるところを手水舎《ちょうずや》＊といいます。御祭神をお祀りするのが本殿、その前にあるのが拝殿で参拝者は拝殿で手を合わせます。境内にある小さな祠《ほこら》は摂社、末社《まっしゃ》といいます。摂社は御祭神と関係が深い神様、末社にはそれ以外の神様が祀られています。拝殿前にある狛犬は、神様を守護する想像上の動物。正式には向かって右が獅子、左が狛犬です。本殿は建築様式によってさまざまなタイプがあります。いちばん大きな違いは屋根。おもな建築様式を下で紹介します。

神社の境内にある建物たち！

＊「てみずしゃ」と読む場合もあり

本殿の建築様式。見分け方のポイントは屋根！

権現造《ごんげんづくり》

日光東照宮に代表される様式。拝殿と本殿の間に「石の間」と呼ばれる建物を設けています。屋根には神社ではあまり用いられない瓦葺《かわらぶき》も見られます。

神明造《しんめいづくり》

古代から伝わる高床式のスタイルで伊勢神宮が代表例。屋根には神社特有の千木、鰹木をのせています。檜皮葺《ひわだぶき》、茅葺《かやぶき》、板葺《いたぶき》がほとんどで勾配が急。

流造《ながれづくり》

神社建築で最も多いタイプ。側面から見ると正面にあたる屋根が長く前に延びているのがわかります。長く延びた部分を「庇《ひさし》」または「向拝《こうはい》」と呼びます。

人生に必要な
御利益を
１日で全部頂く
最強ルート

★伏見稲荷大社　★市比賣神社
★平安神宮　★御金神社
★北野天満宮
P.46

すてきな出会いを
引き寄せる！
良縁祈願♡
縁結び集中プラン

★貴船神社
★賀茂別雷神社（上賀茂神社）
★下鴨神社　★河合神社
★安井金比羅宮　★地主神社
P.51

第二章

話題の神社をめぐる日帰り開運さんぽへ

週末御朱印トリップ

ウイークエンドは御朱印＆御利益をたっぷり頂きに小さな旅へ出発！
楽しさいっぱいの京都神社めぐり旅をご紹介。

神社＆絵になる
スポットがたくさん！
嵐山エリアで
はんなり開運さんぽ

★松尾大社　★月讀神社
★梅宮大社　★電電宮
★櫟谷宗像神社
P.56

「お伊勢さん」の
ルーツをたどる
京都北部で
元伊勢参りドライブ

★元伊勢内宮　皇大神社
★天岩戸神社
★元伊勢外宮　豊受大神社
★元伊勢　籠神社・眞名井神社
P.60

日帰り
コース1

人生に必要な御利益を1日で全部頂く最強ルート

1200年を超える歴史の都・京都には、強力パワスポ、まったり癒やされスポット何でもあり。恋もお金も仕事も学びも、もちろん遊びも、ぜーんぶ充実させたいあなたにピッタリな御利益チャージの旅しましょ！

商売繁昌

京都盆地の東側に連なる「東山三十六峰」のひとつである稲荷山が境内の大部分を占める「伏見のお稲荷さん」。その広さはなんと約87万平方メートル！

主祭神
宇迦之御魂大神《ウカノミタマノオオカミ》
佐田彦大神《サタヒコノオオカミ》
大宮能売大神《オオミヤノメノオオカミ》
田中大神《タナカノオオカミ》
四大神《シノオオカミ》

まずはここから！
「お稲荷さん」の総本宮へ

伏《ふし》見《み》稲《いな》荷《り》大《たい》社《しゃ》

全国に約3万社ある「お稲荷さん」の総本宮。稲荷山全体が御神域であり、ここの杉はすべてお稲荷様が依る「御神木（しるしの杉）」。どこを歩いても心安らぐ気に包まれています。商売繁昌・五穀豊穣のほか、安産、学業成就、病気平癒など幅広い御利益が心強い！　本殿に参拝し御朱印を頂いたら、千本鳥居を抜けて奥社奉拝所へ。さらに4つ辻の先にある御膳谷奉拝所まで登って、どちらの御朱印も頂きましょう。奥社奉拝所そばにある「おもかる石」にもぜひトライを。持ち上げた石が軽いと感じれば、願いごとがかなうといわれています。

願いが「通る」ようにという祈りと、「通った」という感謝の気持ちの表れとして、「鳥居」が奉納されています。あつく崇敬されてきた様子がうかがえる圧巻の景色

MAP

御朱印

墨書／奉拝、伏見稲荷大社　印／稲荷大社　●本殿近くの授与所で頂ける御朱印。美麗な墨書に印というシンプルな構成に、総本宮たる格式の高さがうかがえます

／びゃっこさんです／

絵馬

お稲荷さんといえば神使いはおなじみの白い狐。「一願命婦絵馬」（500円）

DATA
伏見稲荷大社
創建／711（和銅4）年
本殿様式／五間社流造
住所／京都府京都市伏見区深草藪之内町68
電話／075-641-7331
交通／JR奈良線「稲荷駅」からすぐ、または京阪本線「伏見稲荷駅」から徒歩5分
参拝時間／自由
御朱印授与時間／8:30～16:00
URL https://inari.jp

女性のすべての願いをかなえる
女神様を祀る神社

市《いち》比《ひ》賣《め》神《じん》社《じゃ》

主祭神
多紀理比賣命《タギリヒメノミコト》
市寸嶋比賣命《イチキシマヒメノミコト》　多岐都比賣命《タギツヒメノミコト》
神大市比賣命《カミオオイチヒメノミコト》　下光比賣命《シタテルヒメノミコト》

御祭神は、すべて女神様。良縁や子授け、安産など、女性のすべての願いに御利益があります。マンションの1階にある小さな神社ですが、「女人厄除祈祷」で知られ、全国から多くの女性がお参りに訪れるのです。

平安京が遷都された翌年に、都の東西に置かれた市場の守護神として桓武天皇の勅命で創建され、現在の社は、豊臣秀吉公の時代に移転鎮座されたもの。物事の流れをよくする神様で、商売繁盛の御神徳があります。

天之真名井《あめのまない》は一願成就の井戸とも呼ばれていて、絵馬を奉納して、この御神水を飲んで手を合わせると、願いごとがひとつかなうといわれています。

「皇后陛下勅願所」として御崇敬があつく、本殿が北向きに建てられているのは皇室守護の神社であることからと伝わります

天之真名井《あめのまない》

洛陽の七名水にも数えられる名水が湧く井戸。古来、皇室では皇子・皇女の御誕生の際にこの水を産湯に用いたと伝えられています

運気UP! 授与品

「絵馬」(600円)は母神(多紀理比賣命)が御子神(下光比賣命)を抱かれた秘蔵の御神像のお姿が図柄に

お守り

「女人お守」(1000円)はすべての女性が幸せになるよう祈祷されたお守り。皇室にも献上されています

おみくじ

「姫みくじ」(900円)は中におみくじが。引いたあとに願いごとを書いて天之真名井に奉納する人も

お守り

「おとう鈴」(2500円)はすがすがしい音色で不浄を祓い、きれいにして健康安泰を祈願するトイレのお守りです

御朱印

墨書/女人守護所、市比賣大神　印/菊花紋、市比賣神社　●歴代皇后の御崇敬があつく、社紋には菊花紋が用いられています

御朱印帳はこちら!

「御朱印帳」(2000円)は組ひもの文様をデザインした優美な装丁で女性に人気

DATA
市比賣神社
創建/795(延暦14)年
本殿様式/不詳
住所/京都府京都市下京区河原町五条下ル一筋目西入
電話/075-361-2775
交通/京阪本線「清水五条駅」から徒歩5分、または市バス「河原町五条」から徒歩3分
参拝時間/9:00〜16:30
御朱印授与時間/9:00〜16:30
URL https://www.ichihime.net

見どころCheck!

使用済みカードに感謝を

使い終わったカードを奉納し、感謝の気持ちを込めて供養するカード塚。回りに水路がめぐり、天之真名井の井戸水で祓い清められます。

モデルプラン 日帰り

8:20「京都駅」→電車+徒歩で10分→8:30 伏見稲荷大社(滞在2時間)→電車+徒歩で18分→10:50 市比賣神社(滞在20分)→市バス+徒歩で35分→11:45 平安神宮(滞在1時間)→徒歩1分→12:45 十二十二でランチ(滞在1時間)→電車+徒歩で30分→14:15 御金神社(滞在40分)→市バス+徒歩で20分→15:20 北野天満宮(滞在1時間)→市バス+徒歩で35分→17:00「京都駅」

恋愛結婚

写真提供：平安神宮

たくさんの幸せな愛を見守ってきた
恋愛パワーのチャージスポット

主祭神
桓武天皇《カンムテンノウ》
孝明天皇《コウメイテンノウ》

平《へい》安《あん》神《じん》宮《ぐう》

京都で神前式といえばまず名前が挙がるほど、多くの結婚式を執り行ってきた平安神宮。幸せパワーあふれるこちらで最強の恋愛御利益をチャージしましょう。スペースをゆったり使う境内は、空の青に大極殿の朱色が鮮やかに映え、平安の雅を思わせる雰囲気。御祭神の桓武天皇は、この地へ遷都を決め、以後1000年続く都の基盤を作り上げた「京都の守り神」です。遷都1100年を記念して創建された神宮で、恋愛基盤を固める祈願をしてみては。

神苑

約3万3000平方メートルの広さを誇る神苑は、社殿を取り囲む4つの庭からなる池泉回遊式庭園。四季折々に花が咲き、いつ訪れても整備された美しさと野鳥が訪れる自然美の両方を楽しめます

御朱印

墨書／奉拝、平安神宮　印／平安神宮　●すっきりとした配置に柔らかな書体が引き立ちます

御朱印帳はこちら!

平安京の四方を守護する蒼龍・朱雀・白虎・玄武の四神獣が描かれた御朱印帳（1500円）

運気UP!授与品

お守り

十二単をイメージさせる雅なお守（800円）

スタイリッシュなデザインの「厄除御守」（800円）

DATA

平安神宮

創建／1895（明治28）年
本殿様式／七間社流造
住所／京都府京都市左京区岡崎西天王町97　電話／075-761-0221
交通／地下鉄東西線「東山駅」、京阪本線「神宮丸太町駅」から徒歩15分、または市バス「岡崎公園〔動物園前〕」から徒歩5分
参拝時間／境内6:00～18:00、神苑受付8:30～17:30　※参拝時間、神苑受付時間、御朱印授与時間は、いずれも季節により変動あり
御朱印授与時間／7:30～18:00
神苑入苑料／大人600円、子供300円
URL https://www.heianjingu.or.jp

京都三大祭りのひとつである「時代祭」の紹介映像や衣装展示（一部）を体験できる施設。京都の老舗の逸品やオリジナルスイーツも揃います。

京都《きょうと》・時代祭館《じだいまつりかん》 十《と》二《に》十《と》二《に》
営業時間／ 10:00～18:00　休み／無休

金運

金運アップなら関西随一!
リッチな未来をゲットしたい

主祭神
金山毘古命《カナヤマヒコノミコト》

御《み》金《かね》神《じん》社《じゃ》

住宅街を歩いていると突如現れる黄金の鳥居。ここは国内でも珍しい金属を司る神様を祀る神社です。もとは付近に徳川家康によって設けられた金座・銀座があり、貨幣の鋳造を担っていました。その後現在の社殿が建立され、多くの人が訪れるようになり、「こちらの神様の金運御利益はすごい!」とお礼参りに再訪する人も続出し、その強力なパワーが話題に。平日でも参拝者が途切れない、お参りマストのスポットです。

燦然と輝く金色の鳥居は、入る前から明るい未来にいざなってくれそうなパワーを感じます。御神木も秋に葉が黄色く染まるイチョウで、金運アップにぴったり

金運招福! ゴールドカラーの授与品がたくさん

おみくじ

「御金みくじ」(500円)は「大大吉」が出たら超ラッキー!
「金」の文字をあしらった縁起物入りです

お守り

いかにもお金が貯まりそうなお財布形♪ 好きな色を選べる「大金守り」(2000円)

お守り

御神木がモチーフの“身に金がなる”

「御金まもり(イチョウ)」(2000円)

お守り

仲間(お金)を呼ぶ小判!? お財布に入れておくと◎の「おたから小判」(500円)

お守り

ぜひとも頂きたいのが「福つつみ守」(2000円)。宝くじを入れておいたら何度も高額当選したというクチコミも

中はこんな感じです

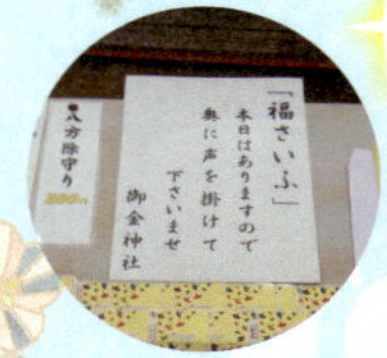

人気の授与品なので売り切れになることも。
「本日あります」のメッセージが出ていたら頂けます

見どころCheck! 金色の絵馬がぎっしり!

境内のいたるところに奉納されている絵馬には、願いごとばかりでなく、満願成就した人からの感謝の言葉もたくさん書かれています。

絵馬

お金につながるゴールドカラー

御神木にちなんだ「いちょう絵馬」(500円)

御朱印

墨書/奉拝、御金神社 印/金紋、御金神社守護 金色の印/鳥居、金 ●御朱印にも黄金の鳥居が輝いています。御朱印は書き置きで頂けます

墨書/奉拝、御金神社 印/金紋、御金神社守護 金色の印/イチョウ ●御神木であるイチョウの葉を大きくかたどった金運金箔御朱印

DATA
御金神社
創建/不詳
住所/京都府京都市中京区押西洞院町614 電話/075-222-2062
交通/地下鉄東西線「二条城前駅」、地下鉄東西線・烏丸線「烏丸御池駅」から徒歩6分、または市バス「堀川御池」から徒歩5分
参拝時間/自由
御朱印授与所開設時間/10:00~16:00

本殿屋根の瓦は社紋である「金」づくし。本殿や黄金の鳥居をスマホの待ち受け画面にするだけでもパワーを頂けそう

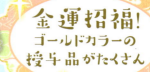

日帰りコース1

主祭神
菅原道真公《スガワラノミチザネコウ》

学業
仕事

デキるヒトと呼ばれるには、やっぱり知性が必要でしょ！

北《きた》野《の》天《てん》満《まん》宮《ぐう》

学問の神様・菅原道真公を祀る全国約1万2000社の天満宮・天神社の総本社にして、天神信仰発祥の地。「北野の天神さん」と親しまれています。境内には、菅公ゆかりの梅が約50種類1500本、お使いである牛をかたどった像もそこかしこに祀られています。参拝を済ませたら、さらなる御利益アップのために牛の像をなでることをお忘れなく。さらに平安きっての文化人である菅公は、学問はもちろん、弓や書など貴族のたしなみもそつなくこなしたことでしょう。技芸上達の御利益もあるので、スポーツや習いごとのスキルアップもお願いしましょう。

豊臣秀頼公が1607（慶長12）年に建てた御本殿は、日本最古の八棟造（権現造）で国宝。貴重な造りをじっくり拝見して。桃山文化の特色である豪華絢爛な彫刻も要チェック

修学旅行生にクラス単位で御本殿での合格・学業祈願をする特別昇殿参拝を執り行っています。熱心に参拝するみんな、がんばれ！

見どころCheck!

「乾の牛さん」に願いを

境内の北西（乾の方角）にある「一願成就のお牛様」。ここに祀られる牛の石像は「乾の牛さん」とも呼ばれ、境内でいちばん古い牛像。なでると願いをひとつだけかなえてくれるそうです。

お願いを神様へ届けてくれる牛の柄の絵馬。うれしいサインペン付きです（600円）

「一願成就のお牛様」のそばに亀に似た石があります。牛の石像が陽を、この亀石は陰を表す一対の陰陽石と信仰され、一緒にお参りするのがよいそうです。ただし、しめ縄で守られた神域にあるので、触れずに拝みましょう

境内の牛像はどれも伏せた姿ですが、拝殿の欄間にだけは、なぜか立つ牛が彫刻されていて「天神さんの七不思議」のひとつに数えられます

御朱印

墨書／奉拝　印／梅紋、北野天満宮　●御朱印帳に頂けるこの御朱印のほか、書き置きで頂けるものや期間限定の御朱印もあります

運気UP! 授与品

紅梅と白梅がかわいい「学業御守」（1000円）。学生さんは必携

梅干し好きにはたまらない授与品「ゆかりの梅」（1000円）。とびきり酸っぱい！

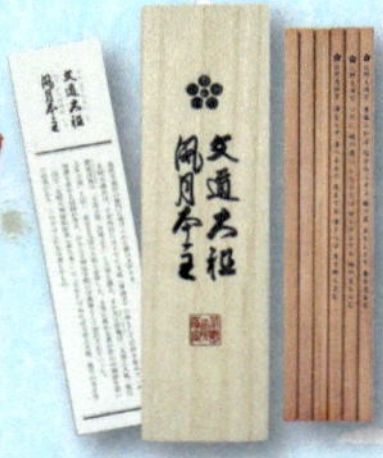

菅公の御歌が刻まれた「学業鉛筆」（6本入り1000円）。HBでマークシートに適した濃さ

かわいい干支が並んだ「福みくじ」（各500円）

DATA
北野天満宮
創建／947（天暦元）年
本殿様式／八棟造
住所／京都府京都市上京区馬喰町
電話／075-461-0005
交通／嵐電北野線「北野白梅町駅」から徒歩5分、または市バス「北野天満宮前」から徒歩2分
参拝時間／7:00～17:00※季節により変動あり
御朱印授与時間／9:00～17:00
URL https://kitanotenmangu.or.jp

すてきな出会いを引き寄せる！
良縁祈願♥縁結び集中プラン

日帰りコース 2

MAP

歴史に名を残すあの人も神様に恋の悩みを打ち明けた……京都にはそんなパワスポがたくさん！　北へ行くことを「上る」、南へは「下る」と呼ぶ古都だから、縁結び詣は北から南へ下がり「恋に落ちて」いきましょう。

愛に生き恋を詠んだ平安の女流歌人も夫との復縁をここでお願い♪

貴船神社《きふねじんじゃ》

主祭神
タカオカミノカミ
高龗神
イワナガヒメノミコト
磐長姫命

京都の奥座敷・貴船。市内から叡山電車でここまで上ってくると、にぎやかな都会とは異なる、ひんやりした緑の空気に包まれます。ここは全国に約450社ある貴船神社の総本宮。大地のパワー（氣）が生まれる根源「氣生根《きふね》」の地とされます。御祭神は命の源である水を司る高龗神《たかおかみのかみ》。3つの社殿があり、本宮・奥宮・結社《ゆいのやしろ》の順番で参拝する「三社詣」が古くからの習わし。結社には良縁を授けてくれる磐長姫命《いわながひめのみこと》が祀られ、和泉式部が夫との不仲に悩み、切ない心を歌に託して復縁祈願したという逸話が残っています。

写真提供　貴船神社

水の神様である高龗神を祀る本宮は一間社流造。平成の御造営で柱の色もすがすがしい新たな姿となり、四季折々の自然とともに神々しく迎えてくれます。ここから三社詣スタート！

見どころCheck!

水占い

水の神様を祀る貴船神社ならではの「水占みくじ」(200円)。本宮前に湧き出る御神水におみくじを浸すと、文字が浮き出てきます。御神水が告げるだけあり、よく当たると評判です。

文字が浮かんでくるのを待つ間、ドキドキ……

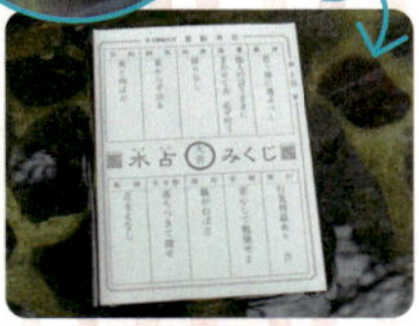

出ました！ 大吉！ うれしいお告げを頂きました♪

本宮をお参りしたら奥宮・結社に行きましょう♥

自然の緑に朱塗りの灯篭が映える参道の石段は、風情たっぷり。マイナスイオンを含む空気が、お参りの前から心を整えてくれます

絵馬は数種類アリ

皇室の信仰もあつく、貴船神社の神様に代々馬をささげ、恵みの雨や雨止みを祈願しました。やがて馬の代わりに馬を描いた木板を奉納するようになったことが、絵馬の原型だとか

モデルプラン 日帰り

7:30 「京都駅」
電車+京都バス+徒歩で1時間15分
9:00 貴船神社　滞在1時間
電車+京都バス+徒歩で1時間30分
11:30 賀茂別雷神社（上賀茂神社）　滞在1時間
市バス+徒歩で30分
13:00 さるや　滞在1時間
徒歩すぐ
14:00 下鴨神社（賀茂御祖神社）　滞在1時間
電車or市バス+徒歩で30分
15:30 安井金比羅宮　滞在20分
徒歩20分
16:10 地主神社　滞在40分
市バス+徒歩で30分
17:20 「京都駅」

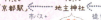

三社をめぐって恋愛運を上げよう

御祭神の磐長姫命は「長くここにありて縁結びの神として良縁を得させん」とこの結社に鎮座したと伝わるとおり、良縁を願う人を力強くバックアップしてくれます。和泉式部が夫・藤原保昌との復縁を祈願したことも有名ですが、男女の縁に限らず、あらゆる良縁を結んでくれます

奥宮

神話の時代に、玉依姫命が船(黄船)でここへ着き社殿を建てたのが神社の始まり。平安期の洪水で本宮の場所が移り、この創建の地は奥宮として祀られています。周囲の大樹と相まって一段と強いパワーを感じます

結社

相生の大杉

結社と奥宮の間にある御神木。同じ根から育った大木が寄り添ってそびえ、樹齢は1000年！ 2本が並んで風雪に耐えた長い年月に尊さを感じます。相生には「相老」の意味もあり、仲むつまじくともに老いるようにと夫婦円満の御加護も頂けそう

貴船川をふわふわ飛ぶ蛍、はかない私の魂のよう……と切ない心を表現

和泉式部歌碑

お参りしたときに詠んだ歌「物思えば　沢の蛍も我が身より　あくがれいづる　たまかとぞ見る」が刻まれています

御朱印帳

水の神様にちなみ、水をイメージするドット柄。裏面には龍神があしらわれています（各2000円）

天の磐船

貴船の山奥で出土した船形の自然石。創建にまつわる伝承から神社と船との関わりは強く、この石は磐長姫命の御料船として結社に奉納されました。船は人と人をつなぐもの＝縁結び信仰にもつながっています

御朱印

墨書／水神、貴船神社　印／双葉葵、貴布祢社、貴船菊　●貴船菊は境内やこの近辺に自生している秋の花。濃いピンクのかわいい花を咲かせます

墨書／貴船神社、奥宮　印／貴布禰社奥宮　●かつて貴布禰社とも表記していた名残が奥宮の印に使われています

御朱印帳はこちら！

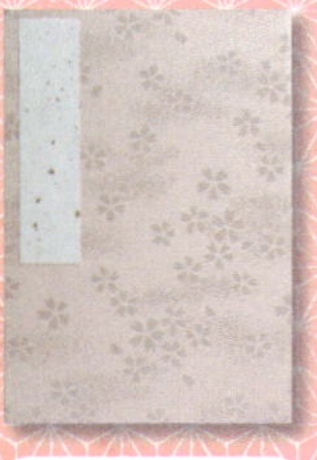

淡いピンクに舞う桜柄が上品な御朱印帳。菊柄のものもあります（2000円）

運気UP！授与品

お守り

平安貴族の男女が織られた「むすび守袋型」(各1000円)。縁結びや復縁の効果あり

ころんとかわいい「水まもり」(各1000円）は御祭神の水神がモチーフ。水難防止だけでなく、復縁のお守りでもあります

DATA

貴船神社

創建／不詳
本殿様式／一間社流造銅板葺
住所／京都府京都市左京区鞍馬貴船町180
電話／075-741-2016
交通／京都バス「貴船」から徒歩5分
参拝時間／5～11月6:00～20:00、12～4月6:00～18:00
御朱印授与時間／9:00～17:00
URL https://kifunejinja.jp
写真提供:貴船神社

主祭神
カモワケイカヅチノオオカミ
賀茂別雷大神

京都最古の神社で頂く
縁結びパワーは無敵！

賀《か》茂《も》別《わけ》雷《いかづち》神《じん》社《じゃ》（上《かみ》賀《が》茂《も》神《じん》社《じゃ》）

境内には2本の川が本殿を挟むように流れ、その瀬音に安らぎます。通称「上賀茂神社」の名で親しまれ、雷を「別ける」ほどの力をもつ神様が御祭神。平安遷都の前からこの地を守ってきた歴史があり、京都三大祭の「葵祭」では王朝絵巻のような華やかな行列が御所から下鴨神社を経て、ここへ。神紋の葵は古くは「あふひ」と書き、「ひ」は神様、つまり神様と逢うことを表し、また「逢う日」の意味もあるそう。良縁詣は、紫式部も縁結びをお願いした第一摂社の片岡社《かたおかのやしろ》へ。源氏の君のように光輝くお相手と出会えるかもしれません。

立砂《たてずな》

二の鳥居をくぐると正面にある「立砂（たてずな）」が目を引きます。御祭神・賀茂別雷大神が降臨した神山（こうやま）を模し、頂きに立つ松の葉が左右で陰と陽の一対になります。この立砂が鬼門にまく「清めの砂」の始まりだとか

片岡社

御祭神の賀茂玉依姫命（かもたまよりひめのみこと）は、縁結びの神様として平安の昔から信仰されてきました。紫式部はここに通った歌を『新古今和歌集』に残しています。ハート形の絵馬に思いを託して

楼門

片岡社そばにある、鮮やかな朱塗りで荘厳なたたずまいの楼門（重要文化財）。この奥に国宝の本殿や権殿（ごんでん）があります

運気UP! 授与品

お守り

片岡社の「縁結び守」（800円）。「縁結」文字の上に、片岡社の鈴と鈴緒が刺しゅうされ、ころんとした愛らしさです

御朱印

墨書／山城国一之宮、賀茂別雷神社　印／神紋の双葉葵、賀茂別雷神社　●京都三大祭りのひとつ「葵祭（賀茂祭）」では、社殿の御簾から牛車、斎王代からお供の衣装まで双葉葵で飾られます

御朱印帳はこちら！

立砂が描かれた「御朱印帳」（1000円）と朱色が華やかな「御朱印帳袋」（2000円）

絵馬

神紋の葵の葉をかたどり、紫式部の姿と歌、詠まれたホトトギスが描かれた雅な「縁結絵馬」（500円）

おみくじ

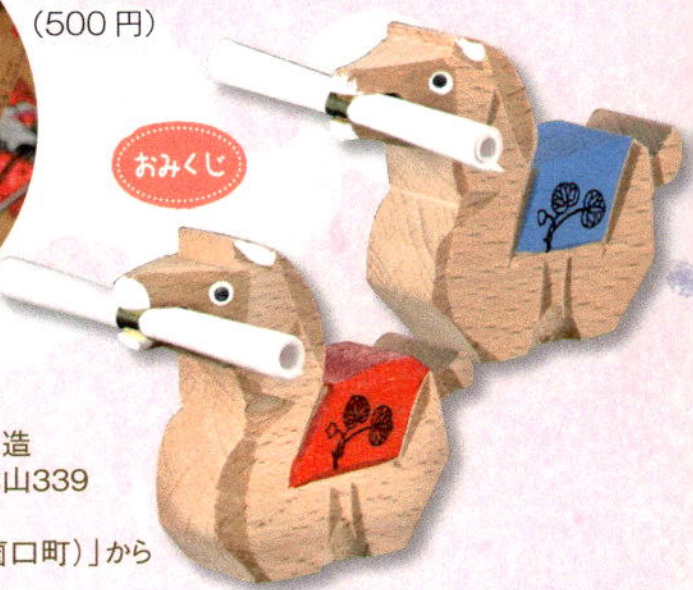

お馬がおみくじをくわえた「馬みくじ」（各500円）。「賀茂競馬（くらべうま）」の神事を行う賀茂別雷神社（上賀茂神社）は、日本における乗馬・競馬発祥の地です

DATA
賀茂別雷神社（上賀茂神社）
創建／不詳　本殿様式／三間社流造
住所／京都府京都市北区上賀茂本山339
電話／075-781-0011
交通／市バス「上賀茂神社前（御薗口町）」から徒歩4分
参拝時間／二の鳥居内5:30〜17:00、楼門内4〜10月8:00〜17:00、11〜3月8:30〜17:00
御朱印授与時間／8:30〜17:00
URL https://www. kamigamojinja.jp
写真提供:上賀茂神社

有史以前からのパワースポットで
縁結び&がっつり美人祈願

下《しも》鴨《がも》神《じん》社《じゃ》

主祭神
賀茂建角身命《カモタケツノミノミコト》
玉依媛命《タマヨリヒメノミコト》

糺《ただす》の森と呼ばれる原生林に鎮座する「下鴨さん」。表参道から小川と森に包まれ、喧騒から切り離された神聖な空気を感じます。正式には「賀茂御祖《かもみおや》神社」といい、紀元前から信仰されてきた京都の守護神です。上賀茂神社とともに「葵祭」を執り行い、御祭神は上賀茂神社の御祭神のお母様とお祖父様。本殿に参拝してから、縁結び詣に欠かせない御利益スポット「相生社《あいおいのやしろ》」と、その隣に祀られる「連理の賢木《さかき》」へ。摂社の河合神社も、美しくなりたい女性を応援してくれる美人の女神様がおられるので、しっかり参拝しましょう。

楼門

周囲の大木が放つ自然のパワーを受け止めるように堂々たる存在感を示す楼門。1628（寛永5）年に建て替えられ、重要文化財に指定されています

糺の森

樹齢200～600年という古木がそびえる広い森は、マイナスイオンたっぷり。さらに古代の祭祀遺構も発掘されている強力なパワスポでもあるのです

御朱印

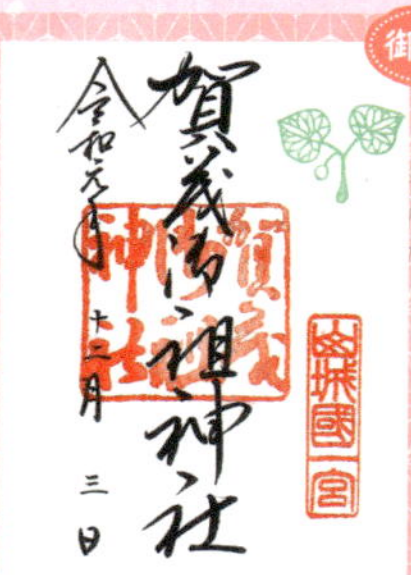

墨書／賀茂御祖神社　印／双葉葵、山城國一宮、賀茂御祖神社　●神紋の双葉葵は緑色でさわやかなアクセントに

墨書／えんむすびの神、相生社　印／水引、相生社印、連理の賢木　●ピンクの水引と緑色の連理の賢木が優しい色合い

御朱印帳はこちら!

双葉葵と菊が上品な「御朱印帳」（2000円）と「御朱印帳袋」（3000円）

見どころCheck!

相生社のお参り作法

縁結び参りには特別な作法が。鳥居の正面に立ち、女性は右から、男性は左から社の周りを回り、3周目の途中に絵馬を奉納しましょう。

良縁を願う人々が列をなす相生社。御祭神は神皇産霊神（かむむすびのかみ）で、「産霊（むすび）」とは「命を産む」という意味。そこから男女の「むすび」、縁結びを司る神様とされています

相生社の隣に立つ御神木「連理の賢木」は、2本の木が途中から1本につながって伸びる不思議な木。枯れると糺の森のどこかに跡継ぎの木が現れ、今は4代目なのだそう。この神皇産霊神の縁結びパワー、あやかりたい！

カフェでひと休み

下鴨神社境内の「さるや」では、かつての葵祭でお供えした餅を140年ぶりに復元。無病息災を願って頂きましょう。

豆茶と申餅のセット（800円）

DATA
休憩処《きゅうけいどころ》さるや
営業時間／10:00～16:30
休み／無休
写真提供:下鴨神社

摂社の河合神社で美のパワーを手に入れる!

御朱印

墨印／奉拝、河合大明神　印／双葉葵、河合神社　●下鴨神社の摂社であり、右肩に同じ神紋が押印されています

女性の守護神・玉依姫命を祀る、関西屈指の美力アップ・パワスポ。すっぴん顔の手鏡形絵馬を手持ちのコスメ（色鉛筆の貸し出しもあり）でメイクアップし、奉納します。

参拝者が理想の顔に仕上げた手鏡形の絵馬が奉納所に並びます

運気UP! 授与品

お守り

繊細なレースが乙女ゴコロをくすぐる「開運招福レース御守」（2000円）

ふたつと同じ柄がない、ちりめん地のお守り「媛守（ひめまもり）」（各1000円）

DATA
下鴨神社
創建／不詳
本殿様式／流造
住所／京都府京都市左京区下鴨泉川町59
電話／075-781-0010
交通／京阪本線「出町柳駅」から徒歩12分、または市バス「下鴨神社前」「糺ノ森」からすぐ
参拝時間／6:00～17:00
御朱印授与時間／9:00～16:30
URL https://www.shimogamo-jinja.or.jp

良縁ゲットのために、
こちらで悪縁断ち!

安《やす》井《い》金《こん》比《ぴ》羅《ら》宮《ぐう》

主祭神
崇徳天皇《ストクテンノウ》
大物主神《オオモノヌシノカミ》
源頼政公《ミナモトノヨリマサコウ》

境内にある「縁切り縁結び碑」は、願いごとが書かれた形代《かたしろ》(お札)にびっしり覆われ、参拝者の強い思いが見えるような独特の存在感があります。碑の中心の開く穴に神様のパワーが注がれているそうで、形代を手に、願いを込めながらくぐって縁切り&縁結び！ 悪縁切りは男女の仲や人間関係だけではなく、浪費など悪い習慣との縁を切るにも効果ありとされます。ここですっぱり悪縁を断ち切り、新しい出会いを受け入れましょう。

主祭神の崇徳天皇は、保元の乱で都を追われ、帰京の願いかなわず配流先で憤死した悲劇の天皇。最期はすべての欲を断って讃岐の金比羅宮に籠もったことから、断ち物祈願の神様と信仰されます

運気UP! 授与品

良縁を結ぶなら、まずは悪縁を切ることから。「えんむすび御守」「悪縁切御守」(各500円)

お守り

生まれ変わりの意味をもつ輪が入っている「心機一転守」(1000円)。新しいことを始めるときにもつとよいそう

御朱印

墨書／奉拝、安井金比羅宮　印／宝船、安井金比羅宮　●幸運や財をもたらす縁起のよい宝船が大きく押印されています。悪縁を切り、宝船を迎え入れて

DATA
安井金比羅宮
創建／平安時代末期
本殿様式／入母屋造
住所／京都府京都市東山区下弁天町70
電話／075-561-5127
交通／京阪本線「祇園四条駅」から徒歩10分、または市バス「東山安井」から徒歩1分
参拝時間／自由
御朱印授与時間／9:00～17:30
URL http://www.yasui-konpiragu.or.jp

見どころCheck!

悪縁切り&良縁祈願

まず本殿で縁切りと良縁を祈願。それから形代に願いを書いて手に持ち、碑の穴を表から裏へくぐって悪縁切り。裏から表へくぐって良縁祈願。最後に形代を碑に貼り付けて成就を祈りましょう。

太古からのパワスポで
恋愛運アップの総仕上げ

地《じ》主《しゅ》神《じん》社《じゃ》

主祭神
大国主命《オオクニヌシノミコト》

清水寺境内にあり、観光客だけでなく、真剣にご縁を求める参拝者が絶たず訪れ明るいパワーに満ちています。その由来は清水寺より古く、縄文時代から信仰の地と伝わる場所に立ち、江戸時代の文献にも「恋占いの石」が紹介されているとか。縁結びの神様である大国主命が主祭神。御朱印の授与はありませんが、縁結び祈願ならここはマスト！

情熱の赤にハートに恋と、ストレートな気持ちを表したお守り「よろこび」(1000円)。恋に踏み出す勇気をくれそう

お守り

DATA
地主神社
創建／神代　本殿様式／入母屋権現造
住所／京都府京都市東山区清水1-317
電話／075-541-2097
交通／市バス「五条坂」から徒歩10分
参拝時間／9:00～17:00
URL https://www.jishujinja.or.jp
※社殿修復工事のため2022年8月から約3年間閉門しています

見どころCheck!

恋占いの石

本殿前にある1対の石。片方の石のそばに立ち、目を閉じて10m先にあるもう片方の石に向かって歩きます。無事にたどり着けると恋愛が成就し、周りに助けてもらって着いたなら誰かのアドバイスで恋がかなうという占いです。

神社&絵になるスポットがたくさん！
嵐山エリアではんなり開運さんぽ

日帰りコース3

MAP

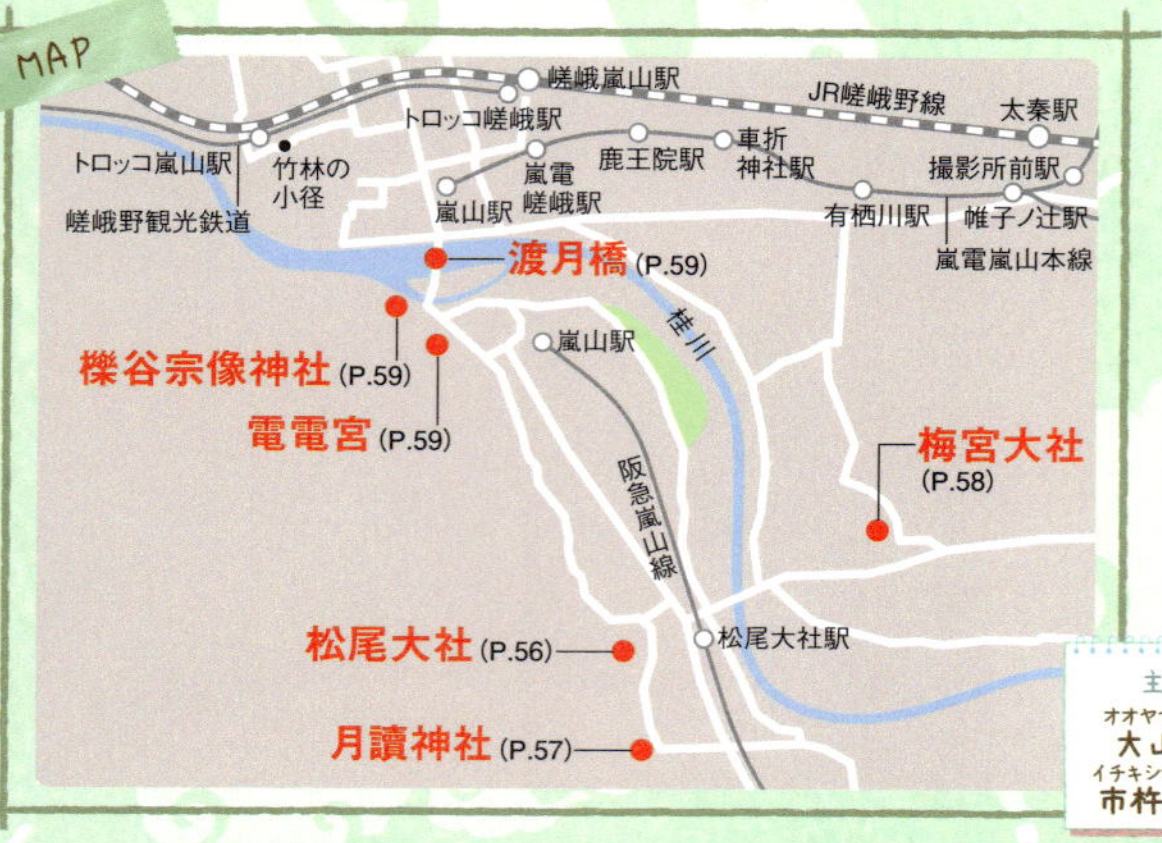

京都らしい風光明媚な景色が広がる嵐山には、お参りにおすすめの神社と開運スポットが盛りだくさん！　はんなりゆったり風景を楽しみながら、お参りして御朱印を頂いて、幸せになりましょう！

太古の昔から京都を見守る
幅広い御神徳の神様に会える！

松尾大社《まつのおたいしゃ》

主祭神
大山咋神《オオヤマグイノカミ》
市杵島姫命《イチキシマヒメノミコト》

太古の時代、この地に住む人々が、松尾山の神霊を守護神として祀ったのが始まり。上賀茂・下鴨の両社と並ぶ京都最古の神社です。5世紀頃に、朝鮮半島から渡来した秦氏が、松尾の神を総氏神と仰ぎ、社殿を創建。日本に酒造の技術を伝えたことから、醸造の神様として全国の酒造家からあつい信仰を集めてきました。病気平癒や建築無事、商売繁盛など幅広い御利益を頂けます。

松尾の神が、山城丹波の国を拓くために保津川を遡った際、急流は鯉に、緩流は亀の背に乗って進まれたと伝わることから、境内には亀と鯉にちなんだスポットがあり、開運祈願ができます。

御社殿の屋根は千木や鰹木を置かない特殊な造り。「松尾造り」と呼ばれて重要文化財に指定されています

見どころCheck!

嵐山の名水で長寿に

「神泉・亀の井」は諸病快癒、延命長寿をかなえる「よみがえりの水」とも呼ばれる霊水。この水を混ぜて醸造するお酒は腐らないのだそう。

運気UP! 授与品

お守り

「醸酒守」「販酒守」「服酒守」（各800円）は、お酒を飲む人、売る人、造る人それぞれのお守り

「山吹花守」（800円）は、春の境内に咲く山吹にちなんだお守り。黄金色の花で金運アップ！

モデルプラン 日帰り

8:30「京都駅」→ 電車+徒歩で40分 → 9:10 松尾大社（滞在1.5時間）→ 徒歩5分 → 10:45 月讀神社（滞在50分）→ 徒歩20分 → 12:00 梅宮大社（滞在1時間）→ 電車+徒歩で15分 → 13:30 嵐山駅周辺でランチ（滞在1時間）→ 徒歩8分 → 14:40 電電宮（滞在1時間）→ 徒歩7分 → 15:50 櫟谷宗像神社（滞在30分）→ 徒歩5分 → 16:25 渡月橋（滞在20分）→ 電車+徒歩で45分 → 17:30「京都駅」

御朱印

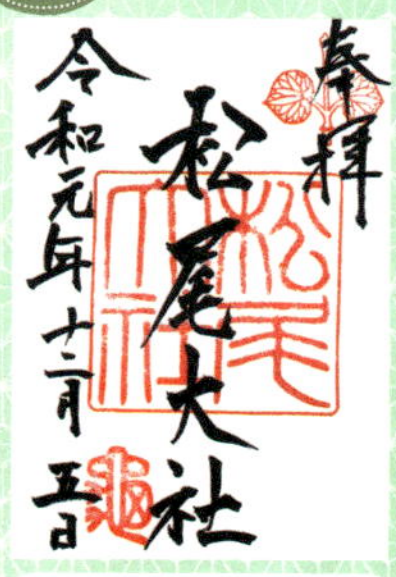

墨書／奉拝、松尾神社　印／立葵、松尾大社、亀の印
●神様のお使いとされる亀の印が印象的

神像館へ行ってみよう

平安時代初期作の貴重な御神像三体（重要文化財）をはじめ、21体の御神像を拝観することができます。女神像は市杵島姫命を、男神像は大山咋神と御子神を表すといわれています。しっかりと開運をお祈りしましょう。

DATA
松尾大社
創建／701（大宝元）年
本殿様式／松尾造
住所／京都府京都市西京区嵐山宮町3
電話／075-871-5016
交通／阪急嵐山線「松尾大社駅」から徒歩3分
参拝時間／9:00～16:00（日曜、祝日は～16:30）
拝観料／大人500円、学生400円、子供300円（庭園・神像館共通）
御朱印授与時間／9:00～16:00
URL https://www.matsunoo.or.jp

さらにcheck!
開運スポット

相生の松

恋愛成就と夫婦和合を祈願しましょう

幸運の双鯉《そうり》

恋愛成就と夫婦円満、立身出世の御利益があります

霊亀《れいき》の滝

神秘的な流れに癒やされてパワーアップを！

神功皇后ゆかりの古社で
安産祈願と縁結びを

月《つき》讀《よみ》神《じん》社《じゃ》

『日本書紀』にも創建が記されている、月読尊《つきよみのみこと》を祀る神社。壱岐県主の押見宿禰が、代々神職として奉祀したと伝わります。松尾大社の大鳥居から南へ歩いて5分ほどの場所にあり、神功皇后ゆかりの「月延石」を祀ることから安産守護の神社として信仰を集めています。普段はひっそりとしていますが、戌の日には安産祈祷が行われて、多くの人がお参りに訪れます。

主祭神
ツキヨミノミコト
月読尊

境内には学問の神「聖徳太子社」や航海・交通安全の神「御舟社」のほか、縁結びや恋愛成就の御利益がある「むすびの木」も

願掛け陰陽石

寄り添うように並ぶ「陰」「陽」のふたつの石をなでると、願いがかなうといわれています

御朱印

墨書／奉拝、月讀神社　印／月読神社　●普段は書き置きですが、戌の日は安産祈祷があり、神職さんが対応してくださいます

DATA
月讀神社
創建／487年
本殿様式／流造
住所／京都府京都市西京区松室山添町15
電話／075-394-6263（戌の日以外は松尾大社075-871-5016へ）
交通／阪急嵐山線「松尾大社駅」から徒歩10分
参拝時間／5:00～18:00
御朱印授与時間／書き置きで対応 ※戌の日は10:00～15:00に神職が常駐
URL https://www.matsunoo.or.jp/tukiyomi/index/

運気UP！
授与品

「月読守」（800円）は紫、白、黒の3種

お守り

「安産守」（500円）は月延石を砕いて入れた安産のお守り

神功皇后がおなかをなでて安産したと伝わる石。戌の日の安産特別祈祷では、安産祈願石（1000円）に名前を書いて月延石にお供えします

月延石

日本最古のお酒の神様!
子授けもおまかせあれ!

梅《うめの》宮《みや》大《たい》社《しゃ》

日本で初めてお酒を作った大山祇神《おおやまづみのかみ》を祀る「酒造の祖神」であると同時に、「子授け・安産」、「学業成就」、「縁結び」、そして「音楽芸能の神」として崇敬されてきた歴史のある梅宮大社。子授け祈願の「またげ石」でも知られています。

境内には神苑があり、神花の梅だけでなく、種々の花々が四季折々に咲いて、参拝者の心を潤してくれます。境内を歩くと必ず気づくのが、たくさんの猫の姿。人懐っこい猫を愛でに足しげく参拝する方も多いとか。ペットのためのお守りも揃っています。

御本殿にお祀りされている大山祇神は木花咲耶姫命(このはなさくやひめのみこと)のお父様です

またぐと子供に恵まれるという「またげ石」は、御神域の奥に祀られています。夫婦で子授けの祈祷を受けると、神職の方が案内してくださいます

主祭神

酒解神《サカトケノカミ》
(大山祇神《オオヤマヅミノカミ》)
酒解子神《サカトケノコノカミ》
(木花咲耶姫命《コノハナサクヤヒメノミコト》)
大若子神《オオワクコノカミ》
(瓊々杵尊《ニニギノミコト》)
小若子神《コワクコノカミ》
(彦火火出見尊《ヒコホホデミノミコト》)

参拝においでニャー

境内のあちこちでのんびり過ごす猫たちは神社の飼い猫。愛らしい姿にほのぼのとします

御祈祷を受けると頂ける御神酒は梅酒。境内の梅林の梅が使われています

御朱印

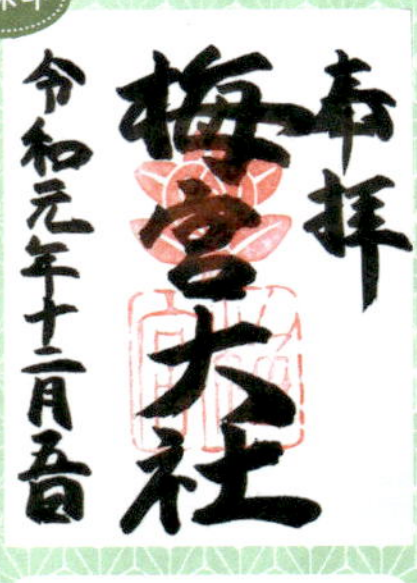

墨書/奉拝、梅宮大社　印/橘紋、梅宮　●行事のある時期や季節によっては参拝者が多く、その際は書き置きを授けていただけます

御朱印帳はこちら!

神苑のカキツバタなど四季の花々を表現しています(1000円)

運気UP! 授与品

招き猫の鈴の音が福を招いてくれる「土鈴お守り」(500円)

お守り

合祀されている仁明天皇は音楽芸能の守護神。その御神徳にちなんだ「音楽芸能成就守」(800円)です

DATA
梅宮大社
創建/700年頃
本殿様式/三間社流造
住所/京都府京都市右京区梅津フケノ川町30
電話/075-861-2730
交通/阪急嵐山線「松尾大社駅」から徒歩15分
参拝時間/9:00〜17:00
御朱印授与時間/9:30〜17:00
神苑拝観料/大人600円、子供400円
URL http://www.umenomiya.or.jp

パソコンやメールの悩みも
聞いてくださる!?

電電宮《でんでんぐう》

主祭神
電電明神《デンデンミョウジン》

「十三まいり」で知られる法輪寺の境内に、電力や電気、電波、電子などあらゆる電気関係事業の発展と無事故安全を祈願して建立されたお社です。鎮守社のひとつとして電電明神《でんでんみょうじん》を主祭神とする明星社《みょうじょうしゃ》が奉祀されていましたが、1864（元治元）年の禁門の変で焼失。1956（昭和31）年に「電電宮」として新たに奉祀されました。お参りすればパソコン、スマホの悩みを解消してくれるかもしれません。

石段を上がっていくと、左手の木立の中に小さなお社がひっそりとたたずんでいます

電電塔には電気と電波を研究したエジソン、ヘルムホルツの肖像が掲げられています

運気UP! 授与品

お守り

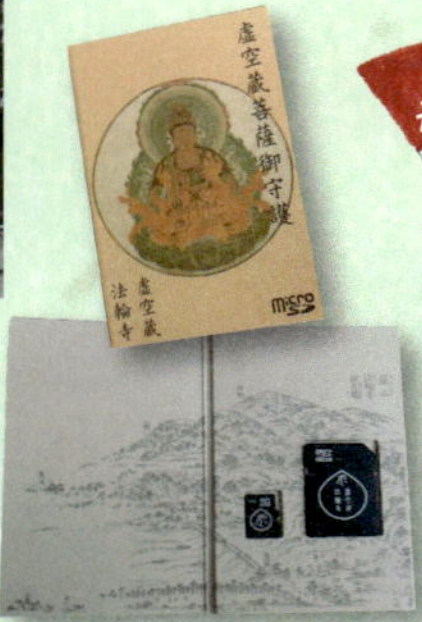

「マイクロSD御守」（1200円）は、携帯電話用16GBのSDメモリーカード。虚空蔵菩薩の画像データ入り

御朱印

墨書／奉拝、虚空蔵尊、法輪寺　印／元明天皇勅願所 日本虚空蔵第一之道場 左甚五郎真龍感見之地、虚空蔵菩薩の梵字(タラーク)、京都 法輪寺 嵯峨　●法輪寺の寺務所で頂ける御朱印です。電電宮の御朱印はありません

DATA
電電宮
創建／1956(昭和31)年
本殿様式／不詳
住所／京都府京都市西京区嵐山虚空蔵山町16法輪寺内
電話／075-862-0013
交通／嵐電嵐山本線「嵐山駅」から徒歩11分
参拝時間／9:00～17:00
御朱印授与時間／9:00～17:00
URL https://www.kokuzohourinji.com

立ち寄りスポット

嵐山を代表する名所
「渡月橋《とげつきょう》」

桂川に架かる渡月橋は嵐山の観光名所。木造の欄干がとっても優美です。付近ではボート遊びや屋形船遊覧が楽しめます。

時間があれば
こちらも訪れて
みよう

嵐山の名所を一望する
福徳財宝と水難守護の神様

櫟《いち》谷《たに》宗《むな》像《かた》神《じん》社《じゃ》

主祭神
奥津島姫命《オキツシマヒメノミコト》
市杵島姫命《イチキシマヒメノミコト》

祀られているのは筑紫・宗像から迎えられた二柱の女神様。奈良時代から鎮座する名社で、嵐山弁天社と呼ばれ、福徳財宝の神様、水難の守護神として崇敬を集めています。渡月橋を見下ろす嵐山の風光明媚な風景を高台から眺めることができます。

渡月橋のほど近く、石段の参道を上った先にお社があります

DATA
櫟谷宗像神社
創建／668(天智7)年
本殿様式／不詳
住所／京都府京都市西京区嵐山中尾下町61
電話／075-871-5016(松尾大社)
交通／嵐電嵐山本線「嵐山駅」から徒歩7分
参拝時間／自由
URL https://www.matsunoo.or.jp/guide07/

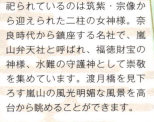

「お伊勢さん」のルーツをたどる 京都北部で元伊勢参りドライブ

1泊2日コース

京都の北部には、豊かな山と海の大自然に包まれた、歴史と由緒のある神社や絶景のパワースポットが点在します。ここでは、1泊2日のドライブで訪ねてみたい神社と開運スポットをピックアップ！　真心をもってお参りをして、神様とのご縁を結んだ証に御朱印を頂く、すてきな旅をしてみましょう！

伊勢神宮の原点!? “元伊勢”とは

伊勢神宮内宮の主祭神である天照大神と、伊勢神宮外宮の主祭神である豊受大神は、2000年以上前の第十代崇神天皇の御代に、この地に4年間ご一緒にお祀りされていました。その後、神々は伊勢に遷られたことから、伊勢の元宮ということで、「元伊勢」と呼ばれています。特に、元伊勢内宮皇大神社、天の岩戸神社、元伊勢外宮 豊受大神社は「元伊勢三社」として崇敬を集めています。

旅のアドバイス

元伊勢参りは電車でも行けますが、車のほうが速くて便利です。また、トレッキングのような参拝になるため、動きやすい服装と靴で出かけましょう。

1日目

主祭神
天照大神《アマテラスオオミカミ》
栲幡千々姫命《タクハタチヂヒメノミコト》　天手力男命《アメノタヂカラオノミコト》

森の中に包まれた癒やしの聖域へ

元《もと》伊《い》勢《せ》内《ない》宮《くう》　皇《こう》大《たい》神《じん》社《じゃ》

天照大神の御神体である八咫鏡《やたのかがみ》を、伊勢神宮内宮にお祀りする54年前に、4年間お祀りした但波乃吉佐宮《たにはのよさのみや》の旧跡と言い伝えられることから、「元伊勢内宮」と呼び親しまれる神社。太古の建築様式を伝える黒木の鳥居や茅葺神明造の社殿が、巨木が立ち並ぶうっそうとした森の中に立ち、深呼吸をすると、すがすがしい気持ちになれます。主祭神の天照大神は太陽神。太陽は地球上の生命にとって必要不可欠であり、あらゆることに御神徳を発揮します。

御本殿の周囲には、皇大神ゆかりの社や全国の一宮などから80社もの末社が祀られていて、「八方除け参り」をする信仰があります。

御本殿には天照大神、脇宮左殿には天手力男命、右殿には栲幡千々姫命が祀られています

御本殿の両側に祀られている脇宮を囲むように、80社余りの小宮が並んでいます

駐車場から社殿への表参道は300m。天をつくような杉木立に包まれた道で、220段もの自然石の石段が続きます

モデルプラン 1日目

9:00 「京都駅」
↓ 車2時間+徒歩10分
11:10 元伊勢内宮　皇大神社（滞在1時間）
↓ 徒歩10分
12:20 天岩戸神社（滞在30分）
↓ 徒歩15分+車10分
13:15 元伊勢外宮　豊受大神社（滞在30分）
↓ 車35分
14:20 天橋立周辺の宿へ

運気UP! 授与品

「開運厄除御守」(800円)をもてば、強力なパワーを頂けそうです

お守り

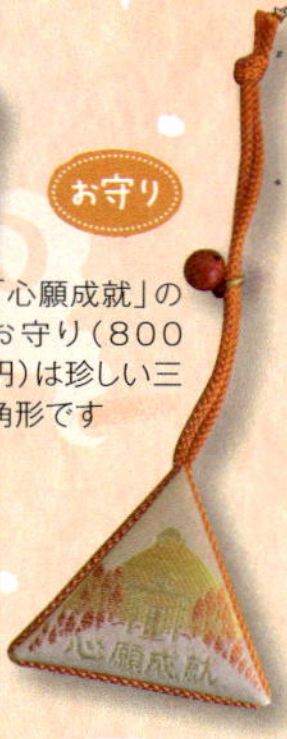

「心願成就」のお守り(800円)は珍しい三角形です

御朱印

墨書／奉拝、元伊勢内宮、皇大神社
印／菊紋、元伊勢内宮、皇大神社
●皇祖神を祀ることから皇室ゆかりの菊紋が用いられています

最強パワースポット!

日《ひ》室《むろ》ヶ《が》嶽《たけ》遥拝所

日室ヶ嶽は神霊が降臨されたという禁足の聖地で、夏至には太陽が頂上に沈みます。遥拝所は「一願さん」と呼ばれる一願成就のパワースポット。元伊勢内宮皇大神社から天の岩戸神社に向かう道沿いにあります。

DATA
元伊勢内宮　皇大神社
創建／紀元前59(崇神天皇39)年
本殿様式／茅葺神明造
住所／京都府福知山市大江町内宮217
電話／0773-56-1011
交通／京都丹後鉄道「大江山口内宮駅」から徒歩15分
参拝時間／自由
御朱印授与時間／8:00～16:00

元伊勢内宮皇大神社境内から天の岩戸へ向かうルートがあります。日室ヶ嶽遥拝所経由で、10分ほどでたどり着きます

天照大神が籠もられたという天の岩戸伝説の地に祀られています

神話伝説の地で心洗われる参拝を

天《あまの》岩《いわ》戸《と》神《じん》社《じゃ》

主祭神
櫛岩窓戸命《クシイワマドノミコト》
豊岩窓戸命《トヨイワマドノミコト》

元伊勢三社のうちの一社で、皇大神社の奥宮にあたる神聖な場所です。御祭神の櫛岩窓戸命《くしいわまどのみこと》と豊岩窓戸命《とよいわまどのみこと》は門を守る岩石の神様。天岩戸伝説の地を守る、門番の神を祀っていると伝えられています。日室ヶ嶽の麓を流れる宮川渓谷のほとりにある険しい奇岩の上に御社殿が建てられていて、お参りするには、谷底まで階段を降りたり、鎖をたどって巨岩を登ったりと、かなりハード。社務所は普段は無人で、御朱印は祭礼などのときのみ授与されます。

御朱印

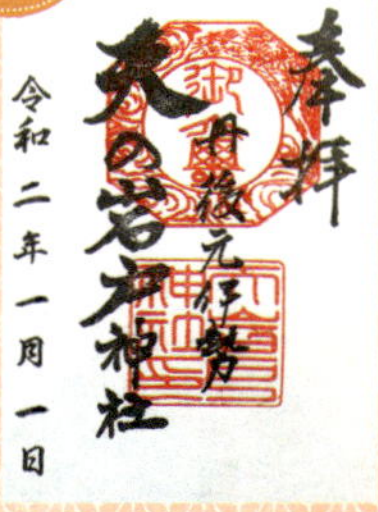

印／奉拝、丹後元伊勢、天の岩戸神社、御璽、天岩戸神社印
●正月や祭礼などのときのみ、御朱印が授与されます

御本殿を間近でお参りするには鎖を伝ってロッククライミング

到着!

険しい登り降りに自信がなければ、本殿遥拝所からお参りもOK!

DATA
天岩戸神社
創建／不詳
本殿様式／不詳
住所／京都府福知山市大江町佛性寺字日浦ケ獄206
交通／京都丹後鉄道「大江山口内宮駅」から徒歩25分
参拝時間／自由
御朱印授与時間／不定　※正月、GW、八朔祭の祭礼の際などに授与

境内の中央に拝殿があり、後方の御本殿は茅葺き屋根の神明造。太古の神社の姿を思わせます

主祭神
豊受大神《トヨウケノオオカミ》
日子番能邇々杵命《ヒコホノニニギノミコト》
天児屋命《アメノコヤネノミコト》
天太玉命《アメノフトダマノミコト》

伊勢神宮外宮の主祭神
衣食住を司る神を祀る古社

元《もと》伊《い》勢《せ》外《げ》宮《くう》 豊《とよ》受《うけ》大《だい》神《じん》社《じゃ》

元伊勢三社のひとつに数えられる神社で、豊受大神《とようけのおおかみ》を主祭神に祀っています。天照大神が崇神天皇の代に倭国笠縫《かさぬい》邑《むら》から遷御された際、この地に宮を建立して天照大神とともに豊受大神を合わせ祀られたと伝えられています。後に、伊勢に御鎮座された天照大神の「豊受大神を吾がもとに呼び寄せよ」との御神勅で、伊勢に外宮が建立されました。今から1500年以上前のことです。

豊受大神は人が生きていくのに必要で、欠くことのできない「衣食住」を司り、あらゆる産業の守護神でもある神様。境内には全国の名社大社の神々が奉斎されているので、しっかりお参りしましょう。

2本の御神木

御本殿の背後には2本の御神木。「龍登の桧（白龍さん）」は龍神がらせんを描いて天へ駆け登るような姿。「龍燈の杉（黒龍さん）」は樹齢1500年以上という巨木

「黒木鳥居」は樹皮がついたままの丸太材を組み合わせた日本最古の鳥居形式です

境内入口には参拝順路を示す看板が。手水舎、本殿、土宮、多賀宮、御幸神社、月宮、龍燈の杉、風宮の順にお参りしましょう

御朱印

墨書／奉拝　印／元伊勢外宮、豊受大神社、豊受大神社
●平日は神職不在のため、書き置きで対応しています

御朱印帳

「御朱印帳」（2000円）は「豊受」「豊受大神社」の文字が金色に輝いています

DATA
元伊勢外宮 豊受大神社
創建／紀元前59（崇神天皇39）年
本殿様式／茅葺神明造
住所／京都府福知山市大江町天田内小字東平178
電話／0773-56-1560
交通／京都丹後鉄道「大江高校前駅」から徒歩15分
参拝時間／自由
御朱印授与時間／平日は書き置き、休日は9:00～16:00 ※不在の場合あり

境内には本社社殿の周りを囲むように、四所の別宮と末社三十七社が祀られています

2日目

神話と伝説のパワースポットを
歩いて眺めて開運!

天《あまの》橋《はし》立《だて》

陸奥の松島、安芸の宮島とともに日本三景のひとつに数えられている特別名勝。全長3.6kmの砂嘴《さし》でできた砂浜で、数々の神話や伝説の舞台になっています。左右に海景色が広がり、松並木が続く白砂の道は、対岸の元伊勢籠神社・眞名井神社に向かう参道のよう。京都丹後鉄道「天橋立駅」から約1時間弱の道のり、歩いて渡ってみるのもおすすめです。

DATA
天橋立あまのはしだて
住所/京都府宮津市文珠天橋立公園内
電話/0772-22-8030(天橋立駅観光案内所)

天橋立にひっそりとたたずむ「天橋立神社」は、八大龍王を祀る恋愛成就のパワースポット。手水として利用される「磯清水」は、日本の名水百選に選ばれていて、周りが海に囲まれているなかで真水が湧く不思議な井戸(飲用は不可)です

天橋立名物「智恵の餅」

智恵を授かるという文殊菩薩の霊場、智恩寺の山門前に並ぶ4軒のお茶屋さんで販売する「智恵の餅」は、「三人寄れば文殊の智恵」にあやかった天橋立の名物餅。つきたてのやわらかなお餅に、ほどよい甘さのこしあんがたっぷり乗っていて、旅の疲れがほっと癒やされます。山門に最も近い吉野茶屋《よしのちゃや》では、和の風情が漂う店内で、お抹茶付きのセットなどを味わうことができます。

DATA
吉野茶屋
住所/京都府宮津市文殊468-1
電話/0772-22-6860
交通/京都丹後鉄道宮豊線「天橋立駅」から徒歩5分
営業時間/10:00~17:00(L.O.16:30)、繁忙期・イベント時9:00~21:00(L.O.20:30)
休み/不定休

「天橋立お抹茶セット」(1100円)は、「智恵の餅」3つと京都伏見「椿堂」の抹茶を味わえます

拝殿の奥には、伊勢神宮と同様の神明造の御本殿がそびえています

神々が降臨した
磐座と水の聖地へ

元《もと》伊《い》勢《せ》 籠《この》神《じん》社《じゃ》
眞《ま》名《な》井《い》神《じん》社《じゃ》

主祭神
彦火明命《ヒコホアカリノミコト》
豊受大神《トヨウケノオオカミ》
天照大神《アマテラスオオミカミ》
海神《ワタツミノカミ》
天水分神《アメノミクマリノカミ》

奥宮の眞名井原に豊受大神をお祀りしてきたご縁から、天照大神がこの地にお遷りになり、4年間ご一緒にお祀りされたと伝わります。その後、それぞれ伊勢にお遷りになり、伊勢の元宮として、元伊勢と呼ばれるようになりました。

主祭神の彦火明命《ひこほあかりのみこと》は家内安全、子孫長福、諸業繁栄、開運厄除の御神徳で信仰されています。眞名井神社の磐座主座に祀られる豊受大神の御神徳は五穀豊穣、衣食住守護。境内には摂社末社も多く、幅広い御利益を頂けそうです。

御本殿の高欄に据えられた「五色の座玉(すえたま)」は、伊勢神宮の御正殿とこちらの社以外にはない貴重なもの。伊勢神宮との深いつながりを物語っています

モデルプラン
2日目

8:00	天橋立	滞在1時間
		徒歩15分
9:15	天橋立神社	滞在30分
		徒歩15分+車20分
10:20	元伊勢 籠神社・眞名井神社	滞在1時間30分
		ケーブルカー4分
12:00	天橋立傘松公園	滞在1時間
		ケーブルカー4分+車2時間30分
15:30	「京都駅」	

運気UP! 授与品

元伊勢 籠神社

「天願守」(各1000円)は天橋立の四季が描かれた4種のお守り。願いが天に届きそう

「五色の座玉腕輪守」(3000円)は心身健康と厄除け開運を祈念する腕輪タイプのお守り

眞名井神社

「藤の花絵馬」(500円)は、麗しい藤の花が描かれた眞名井神社の絵馬

眞名井神社の社殿の奥には神々が降臨した伝説の磐座があり、豊受大神をはじめとする神々が祀られています。眞名井神社の授与所は月に2日(土・日曜、祝日)のみ開かれます

御朱印

墨書/奉拝、元伊勢宮　印/日本創世之地、元伊勢・菊紋・吉佐宮、内宮元宮 籠宮大社・神蹟 天橋立・眞名井神社 外宮元宮　●本社(籠神社)と奥宮(眞名井神社)両宮の御朱印です(初穂料500円)

墨書/奉拝、籠神社　印/延喜式内 山陰道一之大社 丹後一宮、籠之大神　●籠神社のみの御朱印です(初穂料400円)

DATA
元伊勢 籠神社・眞名井神社
創建/籠神社719(養老3)年 ※眞名井神社の起源は縄文時代
本殿様式/唯一神明造
住所/京都府宮津市大垣430
電話/0772-27-0006
交通/京都丹後鉄道宮豊線「天橋立駅」から丹後海陸交通バス30分、「天橋立元伊勢籠神社」からすぐ
参拝時間/7:30~17:00
※季節・曜日により変動あり
御朱印授与時間/8:30~閉門まで
URL https://www.motoise.jp

見どころCheck! 御霊水「天の眞名井の水」

天の眞名井の水は、籠神社海部(あまべ)家3代目の天村雲命(あめのむらくものみこと)が天上から持ち降ったと伝えられる御神水。かたわらには水を汲むことができる眞名井水神社があります。

\天橋立を望む絶景テラス/

2F あまだいにんぐ AmaDining

天橋立の絶景を眺めながら食事を楽しめるパノラマビューレストラン。海鮮丼や天橋立しらす丼が人気。

DATA
AmaTerrace
営業時間/喫茶9:00~16:00、食事10:00~15:30LO
※季節により変動あり

1F あまかふぇ AmaCafe

喫茶メニューや軽食を味わえるカフェで、名産品やみやげ物を販売する売店も併設。名物の「傘松だんご」(1本350円)は、丹後産コシヒカリを使ったモチモチ食感。みたらしや世屋味噌、抹茶みたらしなど季節の味わい。

元伊勢 籠神社からすぐ!
「昇龍観」の開運スポット

天《あまの》橋《はし》立《だて》傘《かさ》松《まつ》公《こう》園《えん》

元伊勢 籠神社からケーブルカーやリフトで登った場所にある海抜130mの高台に位置しています。天橋立が右肩上がりに天へ昇る龍に見えて縁起のよい「昇龍観」といわれる風景を楽しめる絶景スポットです。開放感満点のスカイデッキ、運試しができるかわらけ投げのほか、展望を楽しみながら食事やショッピングが楽しめる施設、Ama《あま》 Terrace《てらす》もあります。

ケーブルカー

リフト

DATA
天橋立傘松公園
住所/京都府宮津市大垣75
電話/0772-27-0032
交通/元伊勢 籠神社から傘松ケーブルで4分(リフトは6分)、「傘松駅」からすぐ
営業時間/9:00~18:00(12・1月~17:00、2月~17:30)　休み/無休
料金/ケーブルカー・リフト共通(往復)800円
URL https://www.amano-hashidate.com

第三章 御利益別！ 今行きたい神社

Part 1 総合運

恋愛、仕事、健康、金運……どれも大切で、ぜんぶ願いをかなえたい！ そんなあなたは、こちらの神社へGO！

- ★総合運★絶対行きたいオススメ神社 2選
  石清水八幡宮（八幡市）／吉田神社（京都市左京区）
- 文子天満宮（京都市下京区）／綾戸國中神社（京都市南区）
- 粟田神社（京都市東山区）
- 大石神社（京都市山科区）
- 大豊神社（京都市左京区）／建勲神社（京都市北区）
- 熊野若王子神社（京都市左京区）
- 高台寺天満宮（京都市東山区）／御霊神社（福知山市）
- 水火天満宮（京都市上京区）
- 崇道神社（京都市左京区）／日向大神宮（京都市山科区）
- 平岡八幡宮（京都市右京区）
- 藤森神社（京都市伏見区）
- 満足稲荷神社（京都市左京区）
- 神楽岡 宗忠神社（京都市左京区）／由岐神社（京都市左京区）
- 編集部オススメ！ 授与品 ～おみくじ&絵馬コレクション～

★総合運★絶対行きたいオススメ神社 2選

トップクラスの巨大なパワーを授かる！

恋愛、仕事、健康、金運……と、あれもこれもお願いしたい！
そんなたくさんの願いごとをまとめてかなえてくださる、ありがたい神社が
「石清水八幡宮」「吉田神社」。強力な開運と厄除けで人生をベストな方向へ導いてくれます。

絶対行きたいオススメ神社 1

国宝レベルの力で輝かしい未来へ！

現存する八幡造の本殿のなかで最古かつ最大規模の開運厄除け神社で御利益を授かりましょう。

八幡市

石清水八幡宮【いわしみずはちまんぐう】

御祭神が山頂に鎮座する男山から麓まで、広大な範囲を境内とする石清水八幡宮は、全国屈指の厄除け神社として知られます。前厄・本厄・後厄など年齢でめぐってくる「厄年」のほか、方位からくる厄を祓う「方除け」、さまざまな災厄を除ける「災難除け」など、あらゆる厄がもたらす運気の浮き沈みを安定させ、運を開いてくれる頼もしい神様です。２０１６（平成28）年に本社10棟などが国宝に指定されました。

その年を無事に過ごす「厄除け参り」

都の裏鬼門（南西）を守護する御祭神は国家鎮護の神様として祀られ、数々の戦や災害を鎮めたと伝わります。そこから災厄が降りかかる前の「転ばぬ先の杖」として、厄除け開運の御利益が広まりました。

限定御朱印はP.16で紹介！

墨書／洛南男山、八幡大神　印／奉拝、國寶（こくほう）、石清水八幡宮　●「八幡大神」の墨書は通常文字ですが、運がよければ「八」の文字が鳩のデザインになった御朱印が頂けます。摂社の御朱印も（右）

印／奉拝、徒然草第五十二段の地、石清水八幡宮摂社、高良神社　●摂社の高良神社は『徒然草』にも登場

印／奉拝、石清水八幡宮摂社、石清水社印、霊泉　●石清水社は、霊泉「石清水」を核とする摂社です

印／奉拝、國寶、石清水八幡宮摂社、武内社、クマザサ　●クマザサは武内社の社紋です

主祭神

応神天皇《オウジンテンノウ》
比咩大神《ヒメオオカミ》　神功皇后《ジングウコウゴウ》

みんなのクチコミ!!

御祭神は弓矢の神様でもあるので八幡御神矢を頂いて厄除けの祈祷を！（まお）

DATA
石清水八幡宮
創建／859（貞観元）年
本殿様式／八幡造　住所／京都府八幡市八幡高坊30　電話／075-981-3001　交通／京阪本線「石清水八幡宮駅」から石清水八幡宮参道ケーブル2分、「ケーブル八幡宮山上駅」下車、徒歩5分
開門時間／6:00～18:00（年末年始を除く）
御朱印授与時間／8:30～閉門まで
URL https://www.iwashimizu.or.jp

御朱印帳

天皇陛下のお使いとして勅使が参加する勅祭、「石清水祭」の行列を見開きでデザイン。西陣織（2000円）

神社の方からのメッセージ

当宮は国家鎮護、厄除け開運、必勝・弓矢の神としてあつい信仰を受けてきました。とりわけ歴史が古いのは厄除け信仰で、今なお新春の「厄除大祭」をはじめ、全国から多くの方々にご参拝いただいています。

2016（平成28）年2月、古代の荘厳な社殿形式を保持しつつ、近世的な装飾も備えた完成度の高い神社建築として、石清水八幡宮の本社10棟が国宝に、棟札（むなふだ）3枚が国宝附（つけたり）に認定されました。

絶対行きたいオススメ神社2

全国の神々を祀る、厄除詣発祥の神社

導き、厄除け、開運の神様が大集合！節分にはくちなし色の限定お札が頂けます。

京都市左京区

吉田神社【よしだじんじゃ】

主祭神

健御賀豆知命《タケミカヅチノミコト》
伊波比主命《イハイヌシノミコト》
天之子八根命《アメノコヤネノミコト》
比売神《ヒメガミ》

平安京を守護するために建てられた吉田神社には、幸運を勝ち取る厄除けと開運の神様、学問の神様、女性に特別の徳を授ける女神様が祀られています。境内最強のパワースポット大元宮には宇宙の始まりの神様を中心に８００万の神様が祀られ、さらにその周囲には全国の神様が鎮座している……とあって、御利益も絶大。災い除けや厄除けから、縁結びや夫婦仲まであらゆる御利益を頂けるでしょう。

京を護り人々の幸せを願う「節分祭」

境内が参拝客で最もにぎわう節分祭は、３日間にわたり「鬼やらい」をはじめとする数々の神事が行われます。この期間は大元宮の内院も特別に参拝できます。

みんなのクチコミ!!

京大のそばにある神社で、境内から広がる吉田山の山頂は、送り火の大の字が見える美景スポット！(Toshi)

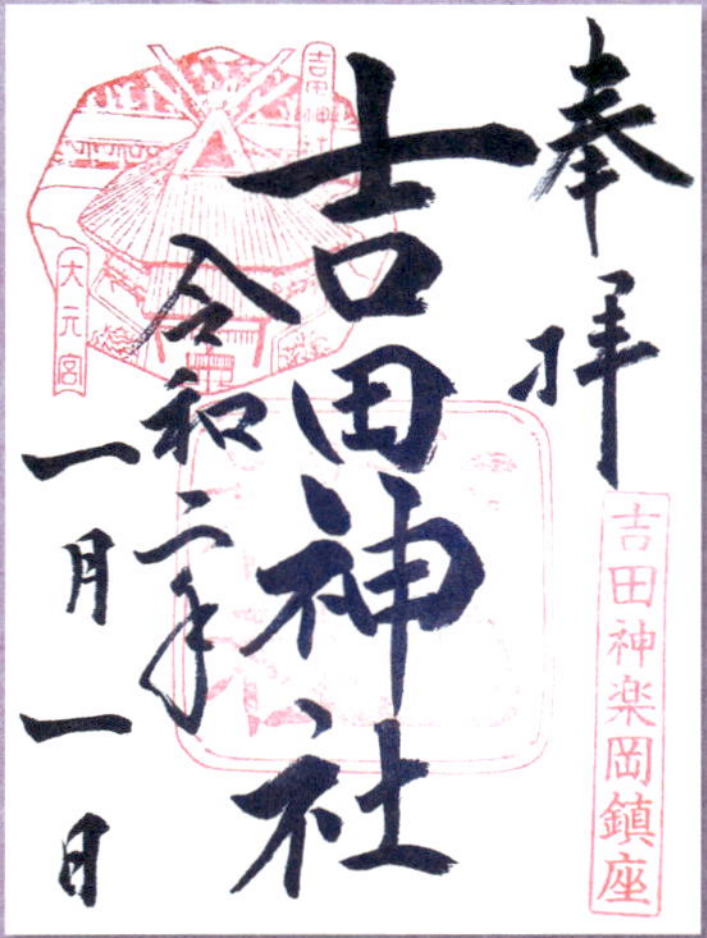

墨書／奉拝、吉田神社　印／吉田神楽岡鎮座、吉田神社 大元宮、吉田神社　●吉田神社では本宮のほか摂社末社、計5社分の御朱印を頂けます

境内には料理の神様を祀る山蔭神社など、さまざまな摂社があります。菓祖神社は、果物の祖といわれる橘を日本へもたらした田道間守命（たじまもりのみこと）と、日本で初めて饅頭を作ったとされる林浄因命（はやしじょういんのみこと）の二神を、お菓子の神様として祀ります

お守り

「八百萬神」、つまりありとあらゆる神様からパワーを頂ける御利益満載の御札です。普段は白色ですが、節分の時期は、魔除けの力をもつくちなし色（オレンジ色）に染められて授与されます（大元宮神札1000円、節分神符一組2000円）

御朱印帳

白地に筆書き風の御神木と鳥居が描かれた静ひつなデザイン。透明のカバーが付いています（1500円）

DATA

吉田神社
創建／859（貞観元）年
本殿様式／春日造
住所／京都府京都市左京区吉田神楽岡町30
電話／075-771-3788
交通／京阪本線「出町柳駅」から徒歩20分、または市バス「京大正門前」から徒歩5分
参拝時間／9:00～17:00
御朱印授与時間／9:00～16:30
URL https://yoshidajinja.com

神社の方からのメッセージ

都の守護神、厄除け開運の神様として御崇敬を頂いております。お正月や節分のにぎやかな一面と、平素の心落ち着く御神域を感じていただけるお社です。皆様のご参拝をお待ちしております。

吉田山山頂にある休憩広場の近くに位置する「茂庵」は、大正時代に建てられた茶室などを利用したカフェと茶室です。緑に囲まれてお茶を頂くと、時間がゆったりと流れていくよう。

日本で最初の天満宮

京都市下京区

文子天満宮

【あやこてんまんぐう】

祭神の乳母多治比文子が道真公亡きあと、庭に祠を建て、お祀りしたのが最初です。文子が祠に参拝していると、道真公から、京都の北野の地に祀ってほしいとのお告げがあり、北野天満宮（→P.50）が創建されました。そのゆえんから、こちらが北野天満宮の前身、天神信仰発祥の神社とされます。

主祭神

菅原道真公《スガワラノミチザネコウ》

合格、良縁、厄除けなどに御利益がある「文子守り」（1000円）と、男女の縁などさまざまなご縁を結んでくれる「縁結びね貝守り」（1000円）

境内には文子の銅像があります

祭神が大宰府に左遷されたとき、この地に立ち寄り、腰かけたという腰かけ石

墨書／奉拝、文子天満宮　印／天神信仰発祥の神社、北野天満宮の前身神社、星梅鉢紋、文子天満宮社　●当社がきっかけで北野天満宮が建立されました

みんなのクチコミ!!

境内には相生の御神木があります。良縁成就、夫婦円満の御利益があるそう。あまり混雑することがない静かな境内です（ふみ）

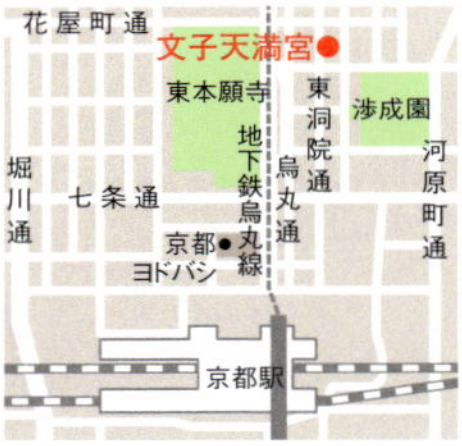

DATA
文子天満宮
創建／平安時代
本殿様式／流造
住所／京都府京都市下京区間之町通花屋町下ル天神町400
電話／075-361-0996
交通／JR「京都駅」から徒歩10分
参拝時間／7:00～19:00
御朱印授与時間／9:00～17:00
URL https://ayakotenmangu.or.jp

珍しい駒形の御神体

京都市南区

綾戸國中神社

【あやとくなかじんじゃ】

祇園祭では、綾戸國中神社の氏子から選ばれた久世駒形稚児が馬に乗り、お神輿の先導を務めます。神社の御神体といえば勾玉・剣・鏡が多いのですが、こちらの御神体は駒形という馬の首の彫り物。そこで競馬の馬主が必勝祈願に訪れたこともありました。厄除け、勝運を授けていただけます。

主祭神

綾戸宮《アヤトノミヤ》　大綾津日神《オオアヤツヒノカミ》
大直日神《オオナオヒノカミ》　神直日神《カムナオビノカミ》
國中宮《クナカノミヤ》　素盞嗚神《スサノオノカミ》

御神体を模した「駒形絵馬」（1000円）に祈願を書いて奉納しましょう

「香りカード御守」（1500円）は駒形がデザインされ、ヒノキのさわやかな香りがします。諸願成就に御利益あり

境内のツブラジイは京都市が次世代に伝えたい古木として選定している常緑樹です

墨書／奉拝、綾戸國中神社　印／綾戸國中神社、綾戸國中神印　●戦国時代、綾戸宮の境内に國中宮が移され、それ以降、綾戸國中神社と称するようになりました

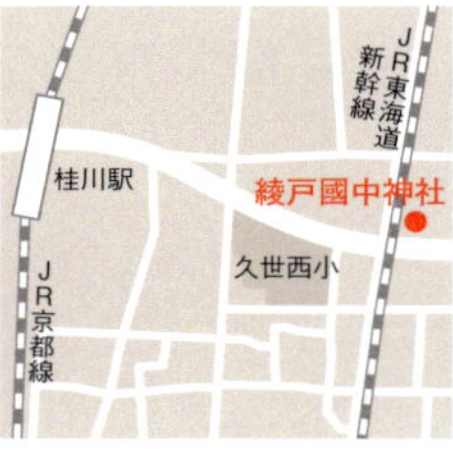

DATA
綾戸國中神社
創建／521（継体天皇15）年
本殿様式／流造
住所／京都府京都市南区久世上久世町446
電話／075-921-3388
交通／JR京都線「桂川駅」から徒歩8分
参拝時間／自由
御朱印授与時間／月～金曜9:00～17:00、土・日曜、祝日10:00～16:00

★総合運★

旅立ち前に祭神パワーで災難を断つ!

かつて京都への重要な出入口だった粟田口に鎮座。古来、旅人の参拝が多く、旅の神様とされています。

京都市東山区

粟田神社

【あわたじんじゃ】

祭神から「我を祀れば国家と民は安全なり」とのお告げを受け、創建したのが最初と伝わります。境内には摂社、末社が立ち並び、諸願成就のパワーに満たされているようです。神社は京都から東北に向かうかつての東山道や江戸に向かう東海道に面して立ちます。そこで古来、街道を行き来する旅人が旅の始めに安全を願い、旅を終えるとお礼参りに訪れるように。いつしか、旅の神様とされるようになりました。新しい世界へ旅立つときに大きな力を授けてくれるはず。

主祭神

建速素盞嗚尊《タケハヤスサノオノミコト》　大己貴命《オオナムチノミコト》
八大王子命《ハチダイオウジノミコト》　奇稲田比賣命《クシイナダヒメノミコト》
神大市比賣命《カムオオイチヒメノミコト》　佐須良比賣命《サスラヒメノミコト》

みんなのクチコミ!!

ブラウザゲーム「刀剣乱舞-ONLINE-」の聖地として有名です。秋は参道の紅葉がきれいです(虎徹)

摂社、末社の御利益にも注目を

境内には北向稲荷神社、出世恵美須神社などの摂社や大神宮、鍛冶神社、多賀社などの末社が並びます。出世恵美須神社は、源義経が源氏再興の祈願をした神社といわれ、出世、商売繁盛、開運に御利益があると伝わります。一緒に参拝してみては。

刀剣の神様や刀匠を祀る鍛冶神社

鍛冶の神様である天目一箇神、名刀〝三日月宗近(みかづきむねちか)〟を作った三条小鍛冶宗近、〝一期一振(いちごひとふり)〟を作った粟田口吉光を祀っています。刀剣にゆかりのある神社ということで、悪縁を切り、良縁を結ぶパワースポットとされています。

限定御朱印と御朱印帳はP.20・27で紹介!

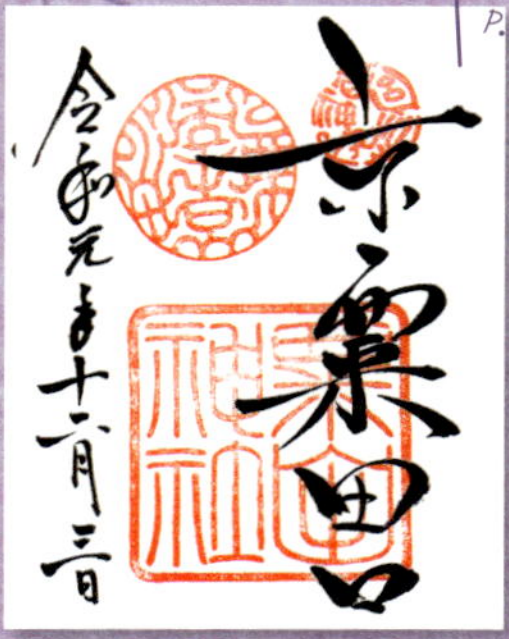

墨書/京粟田口　印/感神院新宮、粟田天王宮、粟田神社　●感神院新宮、粟田天王宮と呼ばれていましたが、明治時代以降、粟田神社と改称されました。天王とは祭神の素盞嗚尊(すさのおのみこと)のことを指します

墨書/奉拝　印/鍛冶神社、天目一箇神 小鍛冶宗近命 藤四郎吉光命 洛東 粟田口　●境内末社で刀鍛冶の神様を祀る鍛冶神社の御朱印です

※合槌稲荷神社の御朱印は粟田神社で授与される　→P.122合槌稲荷神社

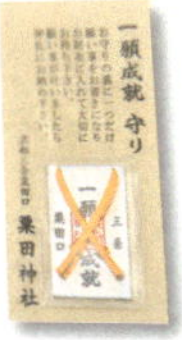

お守り

「一願成就守り」(800円)はお守りの裏にひとつだけ願いごとを書いてお財布に入れておくお守りです

お守り

鍛冶神社の「太刀守り」(1000円)。刀をモチーフにしたお守りで開運除災、勝運を授けていただけます

DATA

粟田神社

創建/876(貞観18)年
本殿様式/三間社流造
住所/京都府京都市東山区粟田口鍛冶町1
電話/075-551-3154
交通/地下鉄東西線「東山駅」から徒歩7分
参拝時間/6:00~17:00
御朱印授与時間/8:30~17:00
URL https://awatajinja.jp

神社の方からのメッセージ

10月に行われる粟田祭は約1000年の歴史があり、室町時代には祇園祭が斎行できないときに粟田祭をその代わりにしたとされます。灯篭の山車が巡行する粟田大燈呂、剣鉾に先導された神輿の渡御などが行われます。

粟田神社があるのは、三条派・粟田口派と呼ばれた刀鍛冶が住み、多くの名工を輩出したエリアです。末社の鍛冶神社は、ここ数年の日本刀ブームで若い女性の参拝が増えていて、刀剣をモチーフにしたお守りや御朱印帳が人気を集めています。

赤穂義士のパワーで大願成就！

大石内蔵助を演じる役者さんがいつもお参りに訪れます。

京都市山科区

大石神社

【おおいしじんじゃ】

大石内蔵助は討ち入りの前、山科の地に居を構えていました。

赤穂義士たちはしばしばここに集まって、忠義のための会合を開いたと伝わっています。２３００坪もある広い境内は、周囲の山々の自然と調和し、四季折々に美しい姿を見せます。穏やかな情景のなかでも、主君への忠義を忘れず心を奮い立たせ、大願成就を果たした主祭神。参拝すれば、物事を成し遂げる強い心をもてるようサポートしていただけそうです。

主祭神

大石内蔵助良雄《オオイシクラノスケヨシタカ》

大石内蔵助ゆかりの品々がある

境内には大石内蔵助像をはじめ、内蔵助が休憩に座ったという「大石腰掛石」や、御神木の「大石桜」などがあります。討ち入りの資料が見学できる宝物殿も併設されていて、忠臣蔵ファン必見のスポットです。

墨書／大石良雄公、奉拝、京、山科　印／京都、山科、大石神社　●討ち入りの際の太鼓にも描かれていた「巴紋」の印が頂けます

お守り

御神紋の描かれた「御守」（500円）があれば、願いごとがかなうかも

絵馬

大石内蔵助と、赤穂義士の姿が描かれた「絵馬」（各700円）。縦型の絵馬は珍しい！

お守り

「太刀守」（500円）は、大願成就をサポートしてくれます

DATA

大石神社

創建／1935（昭和10）年
本殿様式／流造
住所／京都府京都市山科区西野山桜ノ馬場町116
電話／075-581-5645
交通／京阪バス「大石神社前」から徒歩1分
参拝時間／9:00～17:00
御朱印授与時間／9:00～16:00
URL https://www.ooishijinja.com

神社の方からのメッセージ

12月14日の討ち入りの日には、当時の様子を再現する義士祭が行われます。討ち入り装束に身を固めた四十七士など、総勢約300人による義士行列は圧巻です。見どころ満載のお祭りにもどうぞ足をお運びください。

忠臣蔵で「天野屋利兵衛は、男でござる」の名台詞で有名な大坂の商人は、討ち入りに際し、必要な武器を調達しました。境内には天野屋利兵衛を祀る「義人社」もあります。摂社ながら商売繁盛の御利益であつく信仰されています。

狛ねずみに長寿を祈願

京都市左京区

大豊神社【おおとよじんじゃ】

御本殿に祀られているのは医薬の神様、学問の神様、勝運の神様です。境内末社の大国社には縁結びの神様が祀られていますが、社の前には狛犬ではなく、2体の狛ねずみが安置され、一方が長寿を表す水玉、他方が学問を表す巻物を持っています。ほかにも末社には狛鳶や狛猿が鎮座しています。

主祭神

少彦名命《スクナヒコナノミコト》　菅原道真公《スガワラノミチザネコウ》

応神天皇《オウジンテンノウ》

みんなのクチコミ!!

哲学の道沿いにあります。境内には樹齢約50年という枝垂れ桜のほか、樹齢300年の枝垂れ紅梅、椿、アジサイなど、四季の花々が咲いています（しほり）

墨書／奉拝、大豊神社　印／大豊、東山三十六峰十五峰目洛東椿ヶ峰鹿ヶ谷、京都哲学の道、狛ねずみの社
●檜扇をかたどった社名印が華やか。写真の御朱印は書き置きです

授与品

「大豊ねずみ土鈴」（1500円）、「大豊ねずみ御守」（800円）、「狛ねずみおみくじ」（500円）など、ねずみをモチーフにした授与品が揃っています

火難除けの御利益がある愛宕社では、向かって右手に狛鳶がいます

本殿脇に安置された大蛇は、金運の御利益があるそうです

DATA
大豊神社
創建／887（仁和3）年
本殿様式／流造
住所／京都府京都市左京区鹿ケ谷宮ノ前町1
電話／075-771-1351
交通／市バス「東天王町」から徒歩10分、または市バス「宮ノ前町」から徒歩5分
参拝時間／自由
御朱印授与時間／9:00～17:00

信長公にあやかり難局を突破！

京都市北区

建勲神社【けんくんじんじゃ】

「天下布武」の理想を掲げて既成概念を打ち破り、強力なリーダーシップと新しい物事を積極的に取り入れる行動力で、日本を統一へと導いた英傑・織田信長公を祀る神社。正式名は「たけいさお」神社で、明治天皇が信長公の偉勲をたたえ建勲《たけいさお》の神号を贈って創建されました。現在は「けんくんさん」と親しまれています。

主祭神

織田信長公《オダノブナガコウ》

みんなのクチコミ!!

神社のある船岡山は、応仁の乱で西軍の陣地となった地。境内から京都の町を一望できます（みやと）

限定御朱印とほかの御朱印帳はP.20・21・26で紹介！

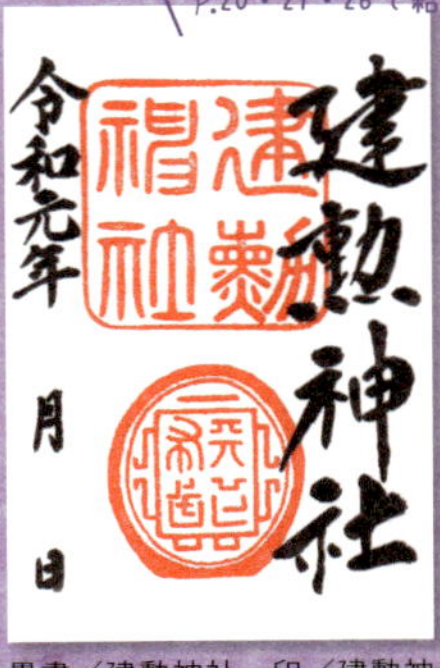

墨書／建勲神社　印／建勲神社、天下布武　●信長公が1567（永禄10）年より使用している天下布武の朱印が押されています

御朱印帳

信長公の愛刀「宗三左文字」が力強く表紙に。懐に入れると強い意志で行動できそう（1500円）

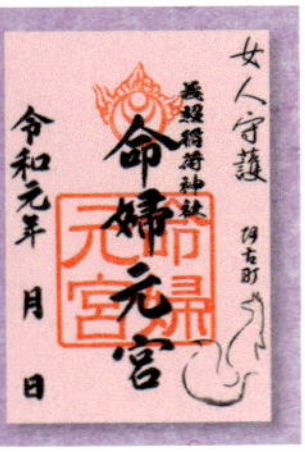

墨書／女人守護、阿古町、白狐、義照稲荷神社、命婦元宮　印／宮紋、命婦元宮
●末社の稲荷命婦元宮は、伏見稲荷大社にある命婦社の親神を祀ります。「阿古町」とは霊狐の名前。書き置きで頂けます

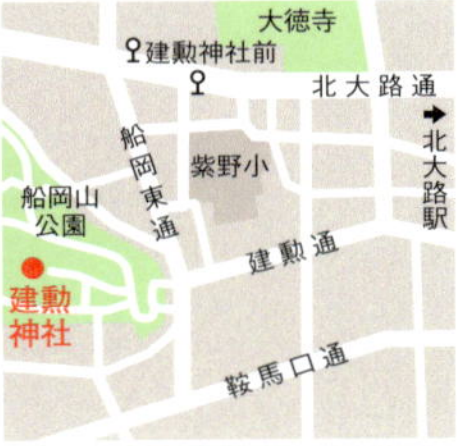

DATA
建勲神社
創建／1869（明治2）年
本殿様式／一間社流造
住所／京都府京都市北区紫野北舟岡町49
電話／075-451-0170
交通／市バス「建勲神社前」から徒歩9分
参拝時間／自由
御朱印授与時間／9:00～17:00
URL https://kenkun-jinja.org

ストレスに負けない生命力をチャージ

魂をよみがえらせる力があるという熊野権現をお祀り。
裏手には滝が流れ落ちるパワースポットがあります。

京都市左京区

熊野若王子神社

【くまのにゃくおうじじんじゃ】

平安時代、紀州(和歌山県)の熊野三山に参拝すれば、罪や穢れが祓われ魂が浄化すると信じられていました。しかし、熊野は遠く、なかなか参詣することができません。そこで、後白河法皇が都にも熊野三山の祭神をお祀りしたいと、分霊をこの地に移したのが熊野若王子の始まりです。平安時代には、京都から熊野参詣に行くときはこの神社で身を清めてから出発しました。境内裏手には千手滝が落ちています。

主祭神

国常立神《クニトコタチノカミ》　伊邪那岐神《イザナギノカミ》
伊邪那美神《イザナミノカミ》　天照皇大神《アマテラススメオオカミ》

御本殿は一社相殿となっています

一社相殿とは同じ社殿に2柱以上の神様をお祀りすること。かつては本宮、新宮、那智、若宮などの社殿がありましたが、荒廃と修築を繰り返し、明治以降は現在の社殿になりました。本殿横には、末社の夷川恵比須社があります。

みんなのクチコミ!!

裏手の山に登ると「桜花苑」があります。陽光という種類の桜が多く植えられ、お花見のスポットになっています。神社の境内は紅葉もきれいです(キヨエ)

お守り

一の鳥居前には、御神木の梛(なぎ)の古木が茂っています。梛は苦難をなぎ祓うパワーツリーとされています。「梛守り」(700円)は災難を祓ってくれるお守りです

おみくじ

「八咫烏おみくじ」(500円)は、熊野権現のお使いである八咫烏のおみくじです

墨書/奉拝、京洛東那智　印/城州熊野若王子神社 洛東、熊野と書いた八咫烏の印　●若王子神社は熊野三山では那智大社に相当するとされています。そこで、御朱印に"京洛東那智"と書かれています

墨書/恵比須社　印/開運、恵比須像、熊野若王子神社、夷川　●境内西側の夷川恵比寿社にお祀りされている恵比須像を表した印です

御朱印帳

表紙の右上に八咫烏が金で箔押しされている「御朱印帳」(各1200円)。くちばしに御神木の梛の葉をくわえています。青・ベージュ・藤色の全3色

DATA
熊野若王子神社
創建/1160(永暦元)年
本殿様式/一社相殿
住所/京都府京都市左京区若王子町2
電話/075-771-7420
交通/地下鉄東西線「蹴上駅」から徒歩16分、または市バス「南禅寺・永観堂道」から徒歩10分　参拝時間/自由
御朱印授与時間/9:00~17:00
URL https://nyakuouji-jinja.amebaownd.com

神社の方からのメッセージ

当社は熊野詣の起点となった神社です。御神木にもなっている梛は京都最古の木と思われ、かつて熊野三山詣、伊勢神宮詣の際にはこの梛の葉をお守りとして携帯したとされます。千手滝は滝行が行われる神聖な行場です。

熊野三山とは和歌山県にある本宮・新宮・那智の三大社のことを指します。京都では京都熊野神社(→P.135)、新熊野神社(→P.107)と若王子を合わせて洛中熊野三山とされます。若王子は、そばに千手滝があることから、那智大社に見立てて創建されました。

京都市東山区

秀吉とねねが眠る高台寺の鎮守社

高台寺天満宮【こうだいじてんまんぐう】

高台寺の敷地内、南の方角にある天満宮です。高台寺は、豊臣秀吉を弔うために妻のねねが建立しました。天満宮の筆頭御利益である学業はもちろん、当時は珍しい恋愛結婚をし、長生きして添い遂げた秀吉とねねにちなみ、開運、出世、健康長寿、縁結びなどあらゆる御利益を頂けます。

絵馬

秀吉とねねがキュートに描かれた「ハート絵馬」(600円)に、恋愛成就の願いをかけましょう

御朱印帳

ねねが着用していたという、唐織小袖の"山道に菊桐紋と枝垂桜文様段替り"をデザインに用いた御朱印帳(3000円)。限定600冊

墨書/奉拝、夢、高台天神　印/北政所守本尊、心願成就、ねね様　●秀吉の詠んだ辞世の句「露と落ち 露と消えにし我が身かな 浪速のことは 夢のまた夢」から一文字を墨書

DATA

高台寺天満宮

創建/1606(慶長11)年 ※高台寺創建と同じ

本殿様式/不詳

住所/京都府京都市東山区高台寺下河原町526

電話/075-561-9966

交通/市バス「東山安井」から徒歩5分

参拝時間/9:00～17:00

御朱印授与時間/9:00～17:00

主祭神

菅原道真公《スガワラノミチザネコウ》

みんなのクチコミ!!

高台寺には天満宮のほか、ふたつの御朱印があります(沙世)

福知山市

信念を貫くパワーを授かろう

御霊神社【ごりょうじんじゃ】

もともとの御祭神は、五穀豊穣、商売繁盛の神様。神社の名はこの地を平定し、拠点とした明智光秀公の御霊を慰めようと、領民が祀ったことに由来します。本能寺の変で織田信長を倒した逆臣として知られますが、所領地では税の減額など手腕を発揮し、善政を敷いた明主。土地と民を大切にした公の人柄に触れてみて。

授与品

肌身離さず持ち歩いて!

さまざまな願いごとをかなえる「御守」(500円)は、明智家の桔梗紋で華やかに

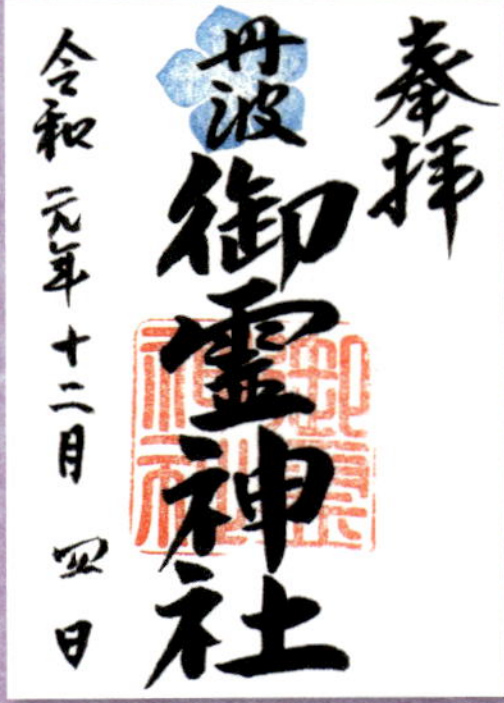

墨書/奉拝、丹波、御霊神社　印/桔梗紋、御霊神社　●桔梗紋は明智家の家紋。明智氏は清和源氏の流れを汲む土岐氏から分派しました

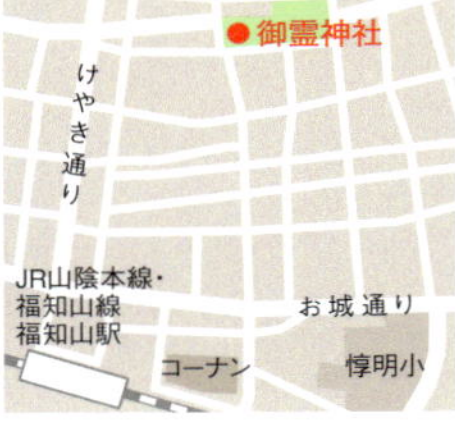

DATA

御霊神社

創建/1705(宝永2)年

本殿様式/一間社流造、正面千鳥破風付。身舎背面三間

住所/京都府福知山市西中ノ町238

交通/JR「福知山駅」から徒歩10分

参拝時間/自由

御朱印授与時間/不定期 ※神職が神事に務めているときなどは、授与できないこともあります

主祭神

宇賀御霊大神《ウガノミタマノオオカミ》　明智光秀公《アケチミツヒデコウ》

みんなのクチコミ!!

地域に根ざした神社で、光秀公の桔梗紋を眺めながら感慨に浸りました。境内に願いがかなう「叶石」もあり、福知山のパワースポットです(ひで)

京都市上京区

水火天満宮
【すいかてんまんぐう】

水難・火難を防ぎ、安産祈願もOK！

日本で初めて天皇の勅命で創建された天満宮。境内には迷子が戻るという登天石があります。

平安時代、後醍醐天皇が都を水害や火災から守るために建立。祭神は学問の神様ですが、災害を除けるパワーもあるのです。境内には六玉稲荷大明神社、子授けの白太夫社などの末社が並びます。そのなかで玉姫弁財天をお祀りする弁財天社は、芸能上達だけでなく、婦人病を癒やすパワーも授けてくださいます。弁財天の隣にある祠には「玉子《たまご》神《じん》石《せき》」という石が安置され、妊娠5カ月以降にこの石に祈ると安産になると伝わります。

就職祈願に御利益がある六玉稲荷大明神

かつて東本願寺の飛び地境内にありましたが、明治維新前に現在地に移され、西陣の守護神となりました。商売繁盛のほか、特に人材採用に御利益があるとされ、今では就活のパワスポとして知られています。

主祭神

菅原道真公《スガワラノミチザネコウ》

みんなのクチコミ!!

市バスの「天神公園前」バス停の目の前にあり、わかりやすいです。車で行くと専用の駐車場はありません。隣接する天神公園はヤマブキがきれいです（ねずこ）

墨書／奉拝、水火天満宮　印／日本最初天満宮、水火天満宮印　●勅命としては日本初の天満宮です。日本最初の印は祭神が愛した花である梅花の形をモチーフにしています

石の上に菅原道真公の神霊が現れ、天に昇っていったと伝わる「登天石」。石に祈願すると迷子が戻るといわれてきました。背後には神霊が降りたという菅公影向松が茂っています

まるで卵のようにつるりと出産できる安産の御利益があることから「玉子神石」と呼ばれています

お守り

水火天満宮の「水難火難御守護」（写真右／500円）と、六玉稲荷大明神の「就業成就御守護」（500円）。柄が選べます

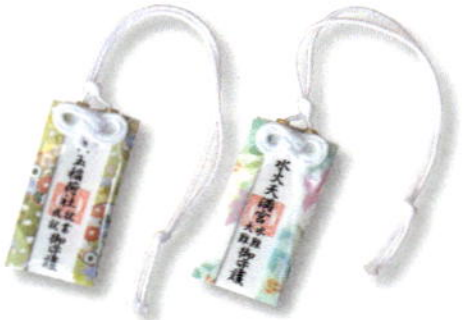

DATA

水火天満宮

創建／923（延長元）年
本殿様式／一間社流造
住所／京都府京都市上京区堀川通寺之内上ル扇町722-10
電話／075-451-5057
交通／地下鉄烏丸線「鞍馬口駅」から徒歩10分、または市バス「天神公園前」からすぐ
参拝時間／自由
御朱印授与時間／9:00～16:00
URL http://suikatenmanguu.com

＼神社の方からのメッセージ／

さまざまな神宝を所蔵しています。なかには道真公が直筆した絵像、紅梅の木を彫刻した自作尊像、ご自分のひげを剃り落としたという天神御髭などがあります。通常は非公開ですが、年に1度の虫干しの日に公開します。

見事な紅枝垂れ桜があることで知られています。花期は3月下旬～4月初めにかけて。2本の紅枝垂れ桜が枝を広げ、境内全域を覆うほどの花を咲かせます。桜の写真を撮影しようと市外から足を運ぶ人も珍しくありません。

境内の静寂に癒やされる

京都市左京区

崇道神社【すどうじんじゃ】

参道も社殿も緑濃い樹木に覆われ、静けさに包まれています。桓武天皇の弟で、えん罪により非業の死を遂げた崇道天皇の霊を慰めるために建立されました。日本初の遣隋使として知られる小野妹子と子孫である小野毛人を祀る小野神社、氏神を祀る伊多太神社などの摂社や末社が鎮座しています。

湧水の神、農業の神でもある伊多太神社は、参道の左手に祀られています

「御守」（各500円）は赤と青の2種類があります

お守り

墨書／奉拝、崇道神社 印／崇道神社神璽 ●崇道天皇は死後に贈られた称号で生前は早良親王という称号でした。神璽とは神様の印という意味です

墨書／奉拝、伊多太大明神 印／延喜式内社、伊 ●境内社である伊多太神社の御朱印です

主祭神

崇道天皇《スドウテンノウ》

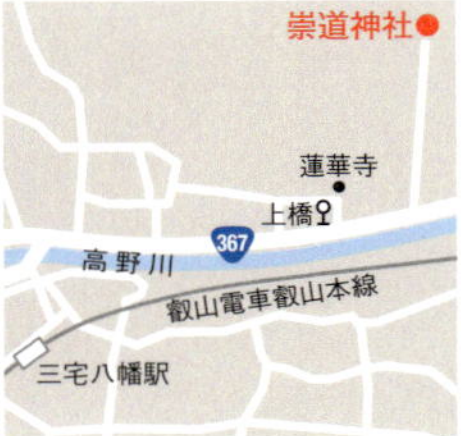

DATA

崇道神社

創建／貞観年間（平安時代初期）
本殿様式／流造
住所／京都府京都市左京区上高野西明寺山町34
電話／075-722-1486
交通／叡山電車叡山本線「三宅八幡駅」から徒歩10分、または京都バス「上橋」から徒歩1分
参拝時間／自由
御朱印授与時間／9:00～12:00

みんなのクチコミ!!

参拝客で混雑することは少なく、境内をゆっくり散策できます。徒歩1分ほどのところに紅葉の名所として有名な蓮華寺があります（わらび）

京の伊勢と呼ばれる神社

京都市山科区

日向大神宮【ひむかいだいじんぐう】

内宮には伊勢神宮と同じ祭神をお祀りしています。そこで京の伊勢とも呼ばれてきました。平安時代、疫病が流行した際、清和天皇が疫病を鎮めようと祈願すると、「この地に湧く清水を万民に与えよ」とのお告げがありました。そのとおりにすると疫病が収まったと伝わります。

印／日向皇大神宮、日御山（ひのみやま）、式内日向神社 ●日御山の印は、創建後に天智天皇が鎮座の山を日御山と名付けたことに由来します

「開運厄除け菊紋根付御守」（800円）。かばんなどに付けて持ち歩けます

清めの塩と同じ使い方で、鬼門や玄関先に置いて清める「清め砂」（800円）

岩山をくり抜いた「天岩戸」。くぐり抜けると穢れが祓われ福を招くといわれ、「ぬけ参り」と呼ばれています

主祭神

内宮は天照大御神《アマテラスオオミカミ》　外宮は天津彦火瓊瓊杵尊《アマツヒコホニニギノミコト》

DATA

日向大神宮

創建／480年代
本殿様式／神明造
住所／京都府京都市山科区日ノ岡一切経谷町29
電話／075-761-6639
交通／地下鉄東西線「蹴上駅」から徒歩15分
参拝時間／自由
御朱印授与時間／10:00～16:00
URL http://www12.plala.or.jp/himukai/

みんなのクチコミ!!

京都最古の神社のひとつです。内宮と外宮があり、参拝は伊勢神宮と同じように外宮から行います。天岩戸は知る人ぞ知るパワスポですよ（珠代）

癒やしのパワーで心身をリフレッシュ

弘法大師が自ら描いた僧形八幡像が御神体です。内陣天井には極彩色の花絵が描かれています。

京都市右京区

平岡八幡宮【ひらおかはちまんぐう】

神護寺の守護神として創建され、山城国（京都府の南半分）最古の八幡宮。春には約200種300本もの椿が花を咲かせ、華やかです。椿は邪気を祓い、幸福と長寿を招くとされます。本殿内陣の天井は椿や梅などの花々を描いた44枚の華麗な天井絵で飾られ、それは見事。願いごとをしたら、白玉椿が一夜で開花し、祈願が成就したという伝説が残っています。祭神は勝運の神様ですが、境内には弁財天も祀られ、習いごとや芸能の上達にも力を与えていただけます。

秋は紅葉に彩られる境内

参道沿いに高雄モミジが茂り、秋は紅葉のトンネルになります。本殿は室町時代に焼失しましたが、将軍足利義満公が再建。その後、江戸時代末期に修復されました。切妻造の本殿としては京都最大級で、京都市の有形文化財に指定されています。

主祭神

応神天皇《オウジンテンノウ》

みんなのクチコミ!!

弁財天の持ち物といえば普通は琵琶ですが、こちらの弁財天が持っているのは琴。花の天井公開時には宮司のお話と大福茶の接待がありますよ（クレア）

墨書／奉拝、平岡八幡宮、僧形八幡大神　印／神璽、八幡宮印　●墨書の僧形八幡大神は弘法大師直筆と伝わる御神体です。印は江戸時代のもの。書き置きを授与

境内には樹齢300年を超える紅椿や樹齢200年の白玉椿などが茂ります。白玉椿は花の形が整った白い椿のことで、社務所の庭には〝一水（いっすい）〟と銘がある枝垂れ八重白玉椿があります。白玉椿の見頃は3月下旬～4月上旬です

絵馬

一夜のうちに白玉椿が咲き、祈願が成就したという故事にちなむ絵馬（2枚組1000円）は宮司の手作り

本殿内陣に描かれた「花の天井」は、春と秋のみ特別公開されます

DATA

平岡八幡宮

創建／809（大同4）年
本殿様式／切妻造
住所／京都府京都市右京区梅ヶ畑宮ノ口町23
電話／075-871-2084
交通／JRバス「平岡八幡」または市バス「平岡八幡前」から徒歩5分
参拝時間／自由
御朱印授与時間／不定期のため要電話確認（春・秋の花の天井拝観シーズンは10:00～16:00）

神社の方からのメッセージ

春と秋の2回、本殿内陣の花の天井を公開しています。本殿の装飾には紅黒漆や宝石のラピスラズリ、金具に金が使用されるなど、とても荘厳華麗な意匠になっています。花絵は江戸時代末期に描かれたものです。

平岡八幡宮の北、標高900m以上の高雄山中腹に位置する神護寺は8世紀の創建。弘法大師が14年間、住持を務めています。近くの高山寺とともに紅葉の名所として知られます。神護寺、高山寺、平岡八幡宮と紅葉巡りを楽しむ人も多くいます。

勝負ごとは特におまかせ！

12柱もの御祭神が祀られる神社は、学問や馬の神様としても有名です。

京都市伏見区

藤森神社【ふじのもりじんじゃ】

神功皇后《じんぐうこうごう》によって創建された由緒ある古社です。5月5日の端午の節句に菖蒲を飾るのは、この神社が発祥。菖蒲は「勝負」に通ずることから、勝運の御利益があると信仰を集め、さらに、走る馬の上で妙技を披露する駈馬《かけうま》神事を行っていることから「馬の神様」として、全国の競馬関係者からあつく信仰されています。ほかにも日本最初の学者である舎人親王《とねりしんのう》をお祀りし、学問の神様としても有名です。多彩なパワーをもつ12柱の神がさまざまな願いを聞き入れてくれそう。

近藤勇を癒やした御神木

切株に触れた手で腰をさすると「腰痛が治る」という言い伝えがあり、新選組の近藤勇も参拝したという御神木のイチイガシの木。「神功皇后が旗を埋納した地」という伝承が残り、「藤森神社の発祥の旗塚」としても大切にされています。

主祭神

素盞鳴命《スサノオノミコト》　別雷命《ワケイカヅチノミコト》
日本武尊《ヤマトタケルノミコト》　応神天皇《オウジンテンノウ》
仁徳天皇《ニントクテンノウ》　神功皇后《ジングウコウゴウ》
武内宿禰《タケノウチノスクネ》　舎人親王《トネリシンノウ》
天武天皇《テンムテンノウ》　早良親王《サワラシンノウ》
伊豫親王《イヨシンノウ》　井上内親王《イガミナイシンノウ》

限定御朱印と御朱印帳はP.17・20・27で紹介！

墨書／奉拝、藤森大神　印／神紋、藤森神社　●神紋は「上がり藤に一」。フジの花は垂れ下がるのが自然な姿ですが、縁起を重んじて「上がり藤」のデザインが生まれたそう

地下約100mから湧き出る「不二（ふじ）の水」は「ふたつとないおいしい御神水」という意味です

みんなのクチコミ!!

武運の神様としても知られます！　何かに勝ちたい人はぜひ参拝を（ユウ）

手水舎の横にあるのは迫力満点の神馬像。境内には馬の博物館も併設されています

絵馬

競走馬とジョッキーが描かれた「勝馬祈願絵馬」（800円）。躍動感いっぱいの絵柄は、ゴールまで一直線に幸運を運んでくれそう

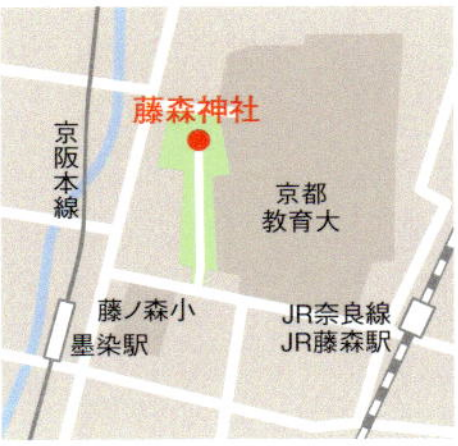

DATA

藤森神社

創建／203（神功皇后の摂政3）年
本殿様式／切妻造
住所／京都府京都市伏見区深草鳥居崎町609
電話／075-641-1045
交通／京阪本線「墨染駅」またはJR奈良線「JR藤森駅」から徒歩7分
参拝時間／9:00～17:00
御朱印授与時間／9:00～17:00
URL http://www.fujinomorijinjya.or.jp

神社の方からのメッセージ

境内の約4分の1を占める「紫陽花苑」には、3500株ほどのアジサイが咲き誇ります。例年6月上旬～7月上旬が見頃で、同時期に開催される紫陽花まつりに合わせ、毎年たくさんの皆さんにご参拝いただいています。

「馬」という漢字を、鏡に映したかのように左右逆に反転させて書かれる「左馬（ひだりうま）」は、福を招くとされる縁起がよい文字です。馬に縁の深い藤森神社でも、左馬の御朱印を期間限定で頂くことができます（→P.17）。

「満足」を社名に冠す、繁栄を呼ぶ神社

伏見桃山城の守護神として豊臣秀吉が勧請。
小さな境内は、パワースポットの宝庫です！

京都市左京区

満足稲荷神社
【まんぞくいなりじんじゃ】

豊臣秀吉が、その御利益に「満足」したことからこの名が付いたと伝わる神社です。元は伏見城に鎮座していましたが、徳川綱吉が現在の場所に遷祀しました。

それにより、この土地はおおいに栄え、住民も大満足。まさに繁栄を呼ぶ神社なのです。主祭神の倉稲魂《うかのみたまの》大神《おおかみ》は、別名、稲荷大明神。穀物や食物の神様ですが、農業や商工業の神様としても信仰されています。こぢんまりとして静かな境内ながら、たくさんのパワースポットがギュッと集まる神域なのです。

主祭神
倉稲魂大神《ウカノミタマノオオカミ》

かわいい境内MAPをGET！
「なでれば悪いところがよくなる」という磐座（いわくら）の「岩神さん」、1本の幹が末広がりの8本に枝分かれした縁起のよい御神木「もちの木」など、パワーいっぱいの見どころが記されたオリジナルMAP（無料）は社務所で頂けます。

墨書／奉拝、満足稲荷　印／宝珠、満足稲荷神社、本殿の白狐のシルエット　●宝珠にキツネと、稲荷神社ならではの印が押されています。御利益がありそう！

御朱印帳

境内で掲げられる朱色と白色の幟（のぼり）生地が表紙になった、オリジナルの御朱印帳（各2000円）。すべてデザインが異なるので選ぶのが楽しいです

みんなのクチコミ!!

神社を守るキツネという、コン吉＆ツネ松が発信するinstagramで神社の最新情報をチェック！（カナエ）

授与品

「手ぬぐい御本殿の白狐」（1500円）。左は知恵を象徴する巻物を、右は霊徳の象徴である宝珠をそれぞれくわえています

お守り

「交通安全ステッカー」（大700円）を車に貼れば、満足稲荷の命を受けた白狐が安全を見守ってくれます

DATA
満足稲荷神社
創建／文禄年間（1592～1596年）
本殿様式／流造
住所／京都府京都市左京区東大路仁王門下ル東門前町527-1
電話／075-771-3035
交通／地下鉄東西線「東山駅」から徒歩3分
参拝時間／9:00～17:00
御朱印授与時間／9:00～17:00
URL https://www.manzokuinari.com

神社の方からのメッセージ

「コン吉」「ツネ松」という2体の狛狐は、古くから神社を守ってきたため、体中がケがだらけでした。そこで修復のための御朱印を配布しました。皆様のご寄進によって新生「コン吉」「ツネ松」がお目見えしています。

キツネは、100年間神様に仕えると「白狐になる」と伝わっています。満足稲荷神社の授与品は、この白狐がモチーフになったものがいっぱい。キュートなデザインに加え、御利益があるに違いない授与品の数々を忘れずに手に入れましょう。

眼病平癒に御利益あり!

京都市左京区

神楽岡 宗忠神社

【かぐらおか むねただじんじゃ】

神社の創建に尽力した赤木忠春は、盲目でしたが、黒住《くろずみ》宗忠公のお話をただ1度拝聴しただけで快癒したと伝わっています。この黒住宗忠公こそ、主祭神である宗忠大明神《むねただだいみょうじん》のこと。神道黒住教を興した人物です。黒住教は、江戸末期に公家を中心として信仰を集め、国家の安泰や万民和楽を祈ります。

お守り

人気の「病気平癒御守」と、「開運厄除御守」はどちらも1000円

逆立ちした狛犬は備前焼。「逆立ち」と「備前焼」の両方が合わさった様式は珍しいそう

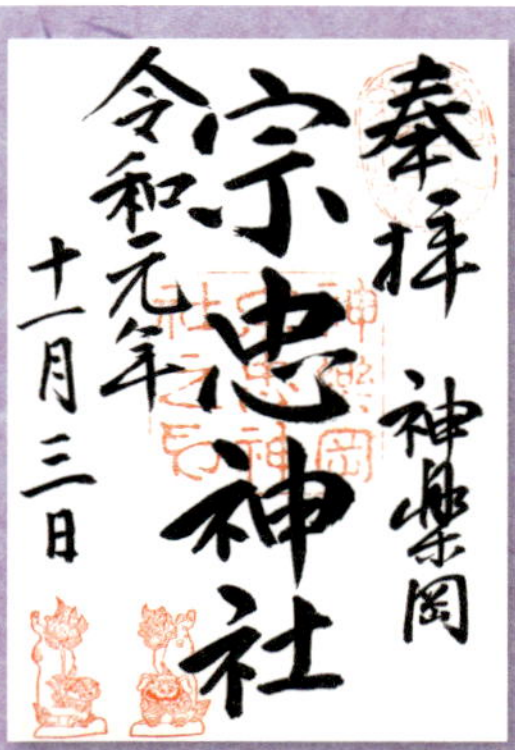

墨書／奉拝、神楽岡、宗忠神社　印／孝明天皇勅願所、神楽岡宗忠神社之印、逆立ち狛犬　●祭典の時期は、書き置きでの対応となる場合があります

DATA

神楽岡 宗忠神社

創建／1862（文久2）年
本殿様式／流造
住所／京都府京都市左京区吉田下大路町63
電話／075-771-2700
交通／市バス「錦林車庫前」から徒歩15分
参拝時間／自由
御朱印授与時間／9:00～17:00
URL https://munetadajinja.jp

主祭神

天照大御神《アマテラスオオミカミ》 宗忠大明神《ムネタダダイミョウジン》

みんなのクチコミ!!

目を酷使しがちな現代人の味方になる神社です！（真奈美）

天狗伝説の霊峰でパワーをチャージ

京都市左京区

由岐神社

【ゆきじんじゃ】

強いパワーが宿るという鞍馬山にある唯一の神社。平安期に天変地異や動乱などが相次いだため、天下泰平と万民幸福を祈念し、京都の御所からこの地に遷宮されました。遷宮の様子を今に伝える鞍馬の火祭は、京都でも有数の迫力あるお祭りです。鞍馬の澄んだ空気を吸い込めば、心が洗われます。

お守り

御神木の樹皮で作られた「御神木『大杉さん』願い叶う御守」（1000円）

日本で唯一、子供を抱いた狛犬があり、子授け、安産の御利益も頂けます

樹高53mの御神木「大杉さん」で一心に願うと、その願いがかなうと伝わります

限定御朱印はP.17で紹介!

墨書／奉拝、くらま、由岐神社　印／神紋（菊、桐）、由岐神社、天狗　●御朱印は常時3種類ありますが、すべて書き置きのみの対応です

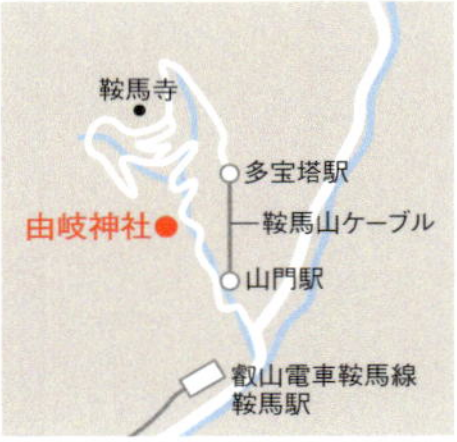

DATA

由岐神社

創建／940（天慶3）年
本殿様式／向拝付流造
住所／京都府京都市左京区鞍馬本町1073
電話／075-741-1670
交通／叡山電車鞍馬線「鞍馬駅」から徒歩8分
参拝時間／自由
御朱印授与時間／9:00～15:00
※季節により変動あり
URL http://www.yukijinjya.jp

主祭神

大己貴命《オオナムチノミコト》 少彦名命《スクナヒコナノミコト》

みんなのクチコミ!!

お守りのデザインがかわいくて目移りしちゃいます（博子）

おみくじ＆絵馬コレクション

まだまだあります！

編集部オススメ！授与品

神様のお告げを頂く「おみくじ」と、願いごとを書いて奉納する「絵馬」。
飾って楽しい立体おみくじと、図柄に神社の個性が表れた絵馬をご紹介します！

おみくじ

悩みがある人は、相談ごとを念じながらおみくじを引いてみて。神様からのヒントが頂けるかも。

菅原院天満宮神社 P.120
「丑（うし）みくじ」（500円）は全部で5色

大吉だモ～

猪突猛進！

護王神社 P.105
コロンとキュートな「猪みくじ」（500円）

大原野神社 P.83
一つひとつ手作りの「神鹿（しんろく）みくじ」（700円）

平野神社 P.91
桜の花を抱えた「りすのおつげ」（800円）

神様のお使いだよ♪

かわいい花みくじもあります！

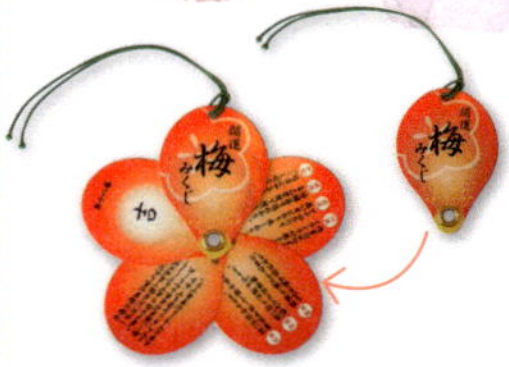

菅原院天満宮神社 P.120
主祭神の菅原道真公ゆかりの梅の花をかたどった「梅みくじ」（300円）。花びら一枚一枚にお言葉が書いてあります

飛梅は鳥居のそばに植えられています

菅大臣神社 P.126
菅原道真公を追って一夜で京から大宰府へ飛んだという「飛梅（とびうめ）」がモチーフ（500円）

玄武神社 P.108
京都三大奇祭のひとつ「玄武やすらい祭」の様子が描かれています（1000円）

高台寺天満宮 P.73
御朱印と同様、秀吉公の辞世の句からとった「夢」の文字が書かれている「夢絵馬」（500円）

絵馬

絵馬はいわば神様へのメッセージカード。願いがかなったら、感謝の気持ちを届けに出かけましょう。

厳島神社 P.96
「池の弁財天」の異名どおり、九条池の島に鎮座する弁財天の姿が（500円）

鷺森神社 P.88
神の使いである白サギが力強く羽ばたく姿が印象的です（500円）

第三章
御利益別！ 今行きたい神社

Part2
縁結び

恋愛成就は女子も男子も永遠のテーマ！ すてきな出会い、仕事の人脈、夫婦円満など、あらゆる良縁と幸せをゲット♡

- ★縁結び★絶対行きたいオススメ神社 3選
- 今宮神社（京都市北区）／大原野神社（京都市西京区）／梨木神社（京都市上京区）
- 相槌神社（八幡市）／縣神社（宇治市）
- 愛宕神社（京都市右京区）
- 出雲大神宮（亀岡市）／浦嶋神社（伊根町）
- 京都大神宮（京都市下京区）／鷺森神社（京都市左京区）
- 武信稲荷神社（京都市中京区）
- 八大神社（京都市左京区）
- 平野神社（京都市北区）
- わら天神宮（京都市北区）
- 編集部オススメ！ 授与品 ～刀剣お守り編～

❤縁結び❤絶対行きたいオススメ神社 3選

恋愛から人間関係まで良縁祈願ならオールマイティ

恋の悩みや、仕事に人間関係のイライラ……と悩みは尽きないもの。
玉の輿で人気の「今宮神社」、夫婦円満の「大原野神社」、愛の御神木がシンボルの「梨木神社」の３社に祈願すれば、すてきなご縁がゲットできるはず！

絶対行きたい オススメ神社 1

「お玉さん」のパワーで玉の輿も夢じゃない！

八百屋の娘から将軍徳川家の側室となった「お玉さん」にあやかり多くの女性に人気の神社です。

京都市北区

今宮神社【いまみやじんじゃ】

縁結び・玉の輿で有名なわけは、この神社の再興に尽くした人物が「玉の輿」の語義となったお玉さんこと、徳川五代将軍綱吉の母・桂昌院だったことから。西陣の八百屋の娘に生まれ、女主人に仕えて江戸城の大奥へ。やがて時の将軍家光に見初められ側室となり、ついには将軍御生母にまで昇りつめたお玉さんの人生は、まさに日本のシンデレラストーリー！　心を込めて祈願すれば、格別のパワーを頂けそうです。

主祭神

大己貴命《オオナムチノミコト》
事代主命《コトシロヌシノミコト》
奇稲田姫命《クシナダヒメノミコト》

ほかにも、健康長寿、子宝、技芸上達、病気平癒などの御利益が……

不思議な石は神様の占い「阿呆賢《あほかし》」さん

別名「重軽石」。祈りながら石をなで、患部をさすると病気平癒の御利益が。また、軽く３回たたいてから持ち上げて降ろし、次に願いを込めて３回なでて持ち上げます。このとき１度目より軽く感じたら、願いがかなうとか。

「宗像社」には美を司る宗像三女神が祀られて、志のある人を導いてくれるそう。お使いはナマズ。社殿台石の彫刻に1ヵ所だけナマズがいます

目指せ玉の輿

その名も「玉の輿お守」（800円）！　八百屋出身のお玉さんにあやかり色とりどりの京野菜が織られています

迷いを祓い、決断力を頂ける「三姫守」（800円）

限定御朱印はP.21で紹介！

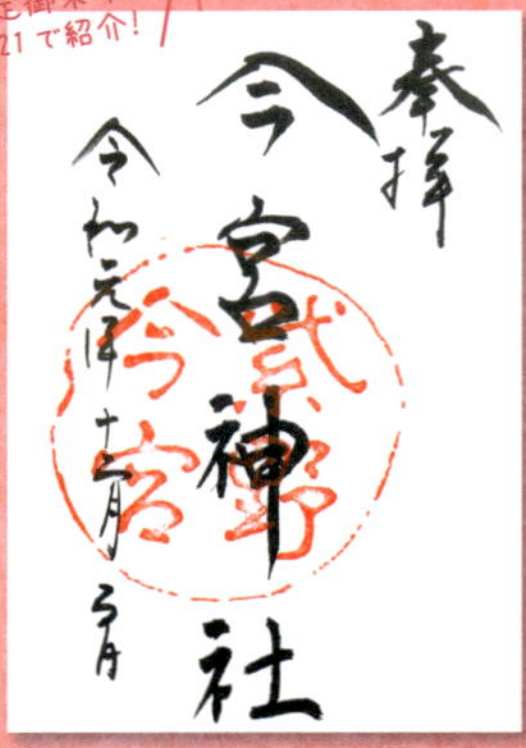

墨書／奉拝、今宮神社　印／紫野今宮　●柔らかな筆致に、京都らしい風情を感じます

墨書／奉拝、むらさきの、今宮神社　印／花の中に「鎮花」、風流傘、紫野今宮　●見開きの御朱印には、神社のお祭り「やすらい祭」で用いられる花傘（風流傘）の印が押されます（初穂料500円）

みんなのクチコミ!!

参道両側にあるお店の名物「あぶり餅」は、きな粉と白味噌が優しいスイーツ！　店頭であぶっていて、参道を歩くといつも香りに引き寄せられます。厄除けの御利益も（UZU）

DATA
今宮神社
創祀／994（正暦5）年
本殿様式／三間社切妻造
住所／京都府京都市北区紫野今宮町21
電話／075-491-0082
交通／市バス「船岡山」から徒歩7分、または市バス「今宮神社前」からすぐ
参拝時間／自由
御朱印授与時間／9:00～17:00
URL http://www.imamiyajinja.org

＼神社の方からのメッセージ／

熱心に参拝された方が良縁に恵まれて、結婚の報告にとお礼参りに、やがてお子さんが生まれてお宮参りにといらっしゃることも多いです。

桂昌院は、産土の神様である今宮神社の荒廃を嘆いて、社殿を造営し祭礼を復活させ、寄進をするなど復興に力を注ぎました。彼女にあやかって、身近なご縁に心を寄せるのもよい縁を引き寄せることにつながるかもしれませんね。

絶対行きたいオススメ神社 2

良縁を引き寄せ 幸せをつかみ取る！

良縁を授けてくださる女性の守護神です。紫式部もこよなく愛した大原野で恋愛成就をかなえましょう。

京都市西京区

大原野神社

【おおはらのじんじゃ】

主祭神

建御賀豆智命《タケミカヅチノミコト》　伊波比主命《イワイヌシノミコト》
天之子八根命《アメノコヤネノミコト》　比賣大神《ヒメオオカミ》

ほかにも方除け、厄除け、開運招福、智恵などの御利益が……

奈良の春日大社から大原野に分社したのは藤原家。「当時の藤原氏の権勢は相当なもの。一族に娘が生まれると天皇のお后になれるよう、この社にお参りしました」と宮司さんは言います。幸いにして成就すると、豪華絢爛な行列でのお礼参りが行われ、人々の目を見張らせたとか。今も変わらず良縁を得たい人々に力強いパワーを与えてくれます。夫婦円満や安産の御利益も期待大です。

神様のお使いも奈良から一緒に来ました

社殿の両脇には、狛犬ならぬ一対の狛鹿が鎮座。奈良の春日大社から御祭神をそっくり移したため、お使いである神鹿（しんろく）もお供にやってきました。

おうちに飾れる「縁結び土鈴」（1000円）も♪

墨書／京春日、大原野神社　印／下がり藤に鹿、大原野神社　●平城京から長岡京へ都が移った際、奈良の春日大社を大原野の地に分社したことが「京春日」の由来です

お守り

神鹿の角が力強い「勝守」。ここぞというときの勝負やスポーツ、仕事に（各1000円）

藤原道長が詠んだ和歌にちなんだ「叶守」（800円）は、お財布に入れておけるカード型です

御朱印帳

ほかの御朱印帳はP.26で紹介！

大原野は紅葉の名所でもあります。紅白一対の神鹿を織り込んだ、優しい色彩（1500円）

みんなのクチコミ!!

少し郊外でバス停からは登り坂。でも広がる鎮守の杜は静ひつな空間で、とても癒やされます。赤い太鼓橋が架かる池は、モネの『睡蓮』を思わせる美景（けい）

ハート形のおみくじ掛け。玉の輿を願って結ぶと良縁を運んでくれそう♡

DATA
大原野神社
創建／784（延暦3）年
本殿様式／春日造
住所／京都府京都市西京区大原野南春日町1152
電話／075-331-0014
交通／市バス「南春日町」から徒歩8分
参拝時間／自由
御朱印授与時間／9:00～17:00
URL https://oharano-jinja.jp

神社の方からのメッセージ

御祭神の比賣大神（ひめおおかみ）は藤原氏の先祖といわれる天之子八根命（あめのこやねのみこと）と夫婦神です。女性の守護神であり、男女の縁を取りもってくれるだけでなく、夫婦や家族円満、その人にとって本当に大切な縁をつないでくれます。

春は桜、秋は紅葉と風光明媚な地として皇族や貴族たちに愛され、その美しさは『新古今和歌集』や『源氏物語』などでも語られています。広さ8万3000平方メートルもの神域は、甲子園球場およそふたつ分！　そのうち8割にあたる林は自然そのまま。神社の鎮守の杜になっています。

絶対行きたい
オススメ神社3

ハート形の御神木にパワーをお願い!

才色兼備とあがめられた三條実萬公が主祭神です。「萩の宮」と称される緑豊かな境内の散策もおすすめ。

京都市上京区

梨木神社【なしのきじんじゃ】

主祭神

三條実萬公《サンジョウサネツムコウ》
三條実美公《サンジョウサネトミコウ》

ほかにも学業成就、病気平癒、心身健康、厄除けなどの御利益が……

緑豊かな境内のなかで、空に向かってすらりと伸びる、ひときわ大きな桂の御神木。葉がハートの形をしていることから「愛の木」と呼ばれ、木に触れながら祈ると良縁に恵まれると評判のスポットです。そばにある絵馬掛けには、ご縁を願うハート形の絵馬がびっしり。「萩の宮」ともいわれる萩の名所として、秋には可憐な花が境内を埋め尽くします。

みんなのクチコミ!!

京都御苑のお隣で、緑が深くて落ち着いた境内。小さな紫の花が満開になる9月の萩まつりには舞が奉納されるなど、雅です(アン)

1000年以上湧き続ける名水

御神水「染井の井戸」は、地下水を汲み上げているので1年中ひんやり。茶の湯にもぴったりの甘くまろやかな味わいです。節度をもって頂きましょう。

御神水用ボトル(200円)

墨書/奉拝、梨木神社　印/唐菱花紋、梨木神社、梨木神社之印　●唐菱花紋は三条花角とも呼ばれ、御祭神である三條家の家紋です

お守り

萩を描いた「開運花守」(800円)

届け恋心!

御神木の葉をイメージしたグリーンのハートがかわいい「縁結び絵馬」(700円)

御朱印帳

中の奉書紙は、なめらかで墨がのりやすい鳥の子紙を使用。クリーム色の風合いが特徴です(2000円)

手水舎のそばにある御神木「愛の木」。大きく枝葉を広げ、訪れる人を包み込んでくれるようです

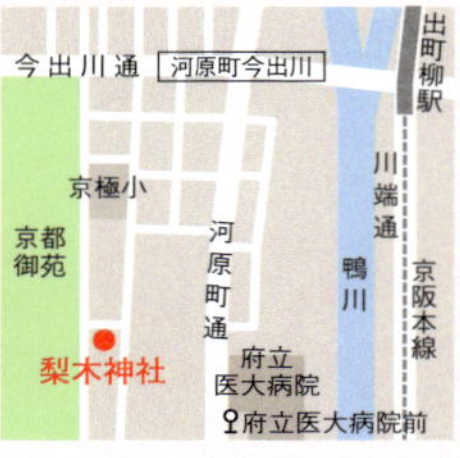

DATA
梨木神社
創建/1885(明治18)年
本殿様式/流造
住所/京都府京都市上京区寺町通広小路上ル染殿町680
電話/075-211-0885
交通/京阪本線「出町柳駅」から徒歩15分、または市バス「府立医大病院前」から徒歩3分
参拝時間/9:00～17:00
御朱印授与時間/9:00～16:30
URL https://nashinoki.jp

神社の方からのメッセージ

神社に詣でるのは、参拝して神社とご縁を結ぶためであり、御朱印を受けることが目的ではありません。御朱印は単なる記念やスタンプラリーのようなものではないので、参拝の証として大切に扱っていただけると幸いです。

境内にはたくさんの「萩」が植えられているのに、神社名は「梨木」。これはこの地が昔「梨木町」であったことに由来します。菅原道真公の生まれ変わりと崇められた三條実萬公の死後、公の功績をたたえた市民らの嘆願により創建されました。

神の力と刀が悪縁を断つ！

八幡市

相槌神社【あいつちじんじゃ】

1000年以上も昔のお話です。この神社に湧き続ける井戸水を使って刀が作られました。刀は「そこにあるだけで〝迫りくる脅威を鎮める〟働き」があると伝わっています。源家に代々伝わる源氏《げんじ》重代《じゅうだい》の宝刀『髭切《ひげきり》』『膝丸《ひざまる》』は特に有名。刀の御加護で悪縁を断ち切り、良縁の訪れを待ちましょう。

お守り

「袋守『斬』」(800円)。授与品は八幡市の春日神社の社務所にて授与していただけます

木札と名前・生年月日を書いた御神礼を「袋守」(800円)に入れ、神職が鈴祓いをしてくださいます

刀鍛冶の匠「三条小鍛冶宗近(さんじょうこかじむねちか)」が刃の焼き入れの水に用いたと伝わる「山の井戸」は八幡五水のひとつです

主祭神

宇迦之御魂《ウカノミタマ》

ほかにも立身出世、若返り、所願成就などの御利益が……

御朱印帳はP.27で紹介！

墨書／奉拝、相槌大神　印／相槌本宮、刀と井桁と槌の神紋、巴紋、梅結びの水引　●御朱印帳を頂くと、1ページ目の御朱印と裏表紙のイラストの主祭神が見開きになり、特別な1冊に

DATA
相槌神社
創建／不詳　本殿様式／不詳
住所／京都府八幡市八幡平谷10
電話／非公開
交通／京阪本線「石清水八幡宮駅」から徒歩10分　※相槌神社から春日神社(八幡市八幡西島1)まで徒歩12分　参拝時間／自由
御朱印授与時間／1日と15日の月次祭の9:30～12:00(春日神社にて)
URL https://aitsuchi-jinja.or.jp

みんなのクチコミ!!

御朱印は、月に2回のみ春日神社で頂けます(カポ)

日本神話の女神に縁結びを願おう

宇治市

縣神社【あがたじんじゃ】

縣とは、大化の改新以前に大和政権が直轄していた領地を表す言葉で、その名のとおり神代の時代からこの地を守護してきました。主祭神は木花《このはな》開耶姫命《さくやひめのみこと》。その子である火折命《ほおりのみこと》の孫は、初代天皇の神武天皇です。末永い繁栄を生み出した主祭神にあやかって恋愛のパワーを引き寄せましょう。

お守り

見事な枝垂れ桜「木の花桜」で有名なため、「紫変化花守」(500円)や「一年一願守」(500円)など桜にちなんだお守りも

授与品

「子育て(子授け)伝来人形」(2000円)と、あがた祭で使用される御幣の梵天を模した「梵天お守り」(1000円)です

主祭神

木花開耶姫命《コノハナサクヤヒメノミコト》

ほかにも安産、子授けなどの御利益が……

墨書／縣大神　印／神紋、都巽 縣神社 菟道　●桜の神様とされる主祭神。御朱印にも桜の印が押されます

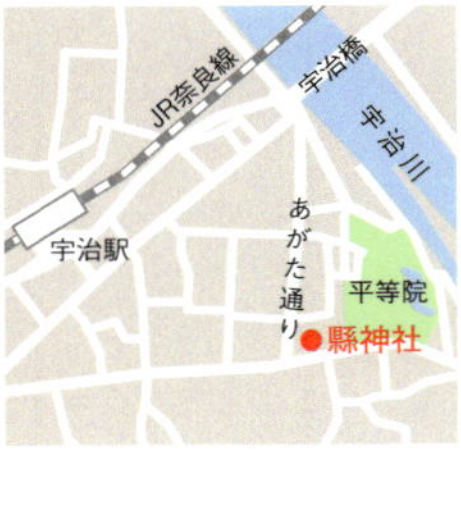

DATA
縣神社
創建／大化の改新以前
本殿様式／一間社流造
住所／京都府宇治市宇治蓮華72
電話／0774-21-3014
交通／JR奈良線「宇治駅」から徒歩10分
参拝時間／自由
御朱印授与時間／9:00～17:00
URL http://www.agatajinjya.com

みんなのクチコミ!!

別名「暗闇の奇祭」のあがた祭は必見！(裕美)

火の神様から恋に勝つ力をGET!

京都市最高峰の霊山・愛宕山頂上に位置します。全国900社あるという愛宕神社の総本宮です。

京都市右京区

愛宕神社【あたごじんじゃ】

1300年以上も前に国家の平安を祈る山岳修験道の修行霊場として開かれました。今では京都市民にとって火伏の神様としておなじみで親しみを込めて「愛宕さん」と呼ばれています。戦国時代には明智光秀、伊達政宗をはじめとする武将に信仰されていました。それは祭神が勝運を授けてくれる力の持ち主だからです。火伏だけでなく、良縁や幸せを勝ち取るパワーも授けていただけます。社殿は山頂にあるため、参拝は山道を2時間ほど登ります。

緑濃い樹木に囲まれて立つ社殿

標高924mの愛宕山頂上に社殿があります。修験道の祖・役行者（えんのぎょうじゃ）と白山を開いた泰澄（たいちょう）が神廟を建立したのが最初とされます。山頂からは京都市街や比叡山を眺望できます。

主祭神

伊弉冉尊《イザナミノミコト》　埴山姫命《ハニヤマヒメノミコト》
天熊人命《アメノクマヒトノミコト》　稚産霊命《ワクムスビノミコト》
豊受姫命《トヨウケヒメノミコト》　雷神《イカヅチノカミ》
迦遇槌命《カグツチノミコト》　破无神《ハムノカミ》

ほかにも火伏、勝運などの御利益が……

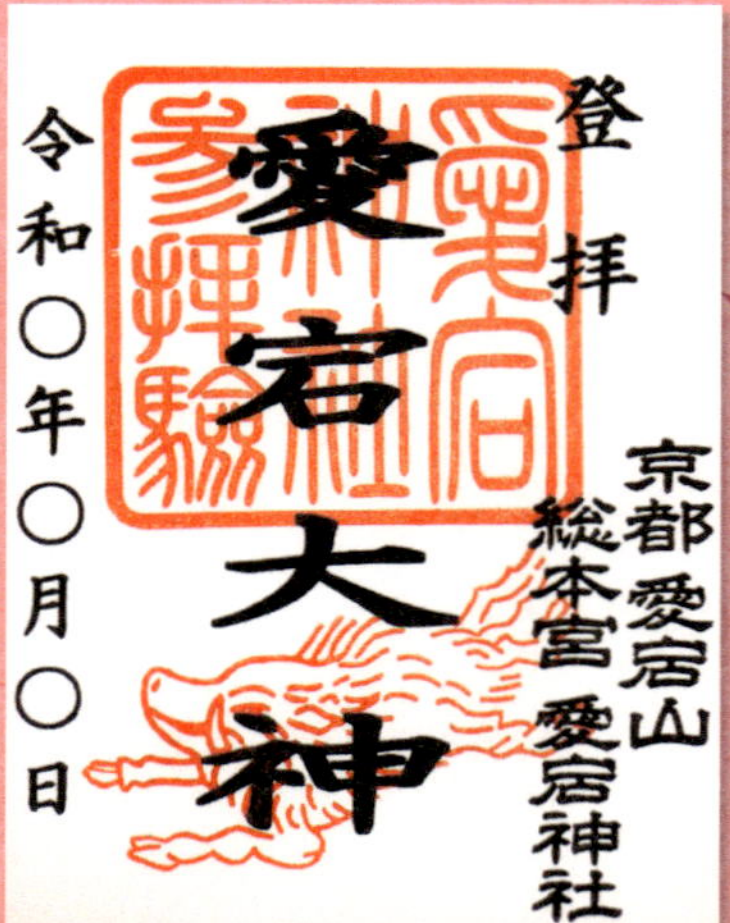

墨書／登拝、京都 愛宕山 総本宮 愛宕神社、愛宕大神　印／愛宕神社参拝験、愛宕大神の使いであるイノシシ　●山を登っての参拝なので登拝。正月三が日、千日通夜祭にはイノシシが金印になります

お札

「火迺要慎（ひのようじん）」のお札（大500円、小400円）は、京都の家庭や飲食店の台所に貼ってあるのをよく見かけます。必ずといっていいほど参拝者が頂いていきます

お守り

「学業成就御守」（800円）。勝運のパワーは受験や学業にも御利益があります

御朱印帳

奥宮社の祭神天狗太郎坊が神様の使いであるイノシシにまたがった図が表紙。裏表紙には勝軍地蔵愛宕大神の御神影が配されています（ビニール カバー付き1800円）

みんなのクチコミ!!

京都市内と愛宕山は気温差が約10度あり、秋冬の参拝は防寒対策が必要。桜の開花も市内より1ヵ月ほど遅いそうです（エルザ）

DATA

愛宕神社

創建／大宝年間（701～704年）　本殿様式／不詳
住所／京都府京都市右京区嵯峨愛宕町1
電話／075-861-0658
交通／京都バス「清滝」下車すぐの清滝（表参道登山口）から徒歩2時間
参拝時間／夏季9:00～16:00、冬季9:00～15:00
御朱印授与時間／夏季9:00～16:00、冬季9:00～15:00
URL http://atagojinjya.jp

神社の方からのメッセージ

千日通夜祭と呼ばれる習わしがあります。7月31日～8月1日早朝にかけて参拝すると1000日分の火伏・防火の御利益があるとされます。当日は表参道である登山道に朝まで明かりがともされ、深夜バスの増便もあります。

愛宕神社までの一般的な登山道は清滝登山口から片道2時間のルート。ひたすら石段や山道を登ります。下山は月輪寺を経由して清滝登山口に戻ると2時間40分ほど。往復ともに未舗装の山道なのでウエア、靴ともにハイキング用が最適です。

福をもたらす縁結びの王子様

亀岡市

出雲大神宮【いずもだいじんぐう】

写真提供：出雲大神宮

その起源は御神体山の御影山が信仰の対象とされた1万年以上前に遡ると伝わる日本有数の古社。御祭神は夫婦神です。そして大国主命《おおくにぬしのみこと》といえば、多くの女神様と結ばれ「百八十」の神をもうけたとされる日本神話きってのモテ男。縁結びの御神徳あらたかで「元出雲」とも呼ばれています。

墨書／出雲大神宮　印／丹波之国一之宮、出雲大神宮　●一之宮とは、今の都道府県になる前の68の国で最も位が高いとされる神社のこと

授与品

赤い糸を夫婦岩の周りに結んだら、「縁結守」はいつも身に付けて（各1000円）

御神石の「夫婦岩」に、縁結守に付く赤い糸を奉納して良縁を祈願

主祭神

大国主命《オオクニヌシノミコト》　三穂津姫命《ミホツヒメノミコト》

ほかにも商売繁盛や長寿などの御利益が……

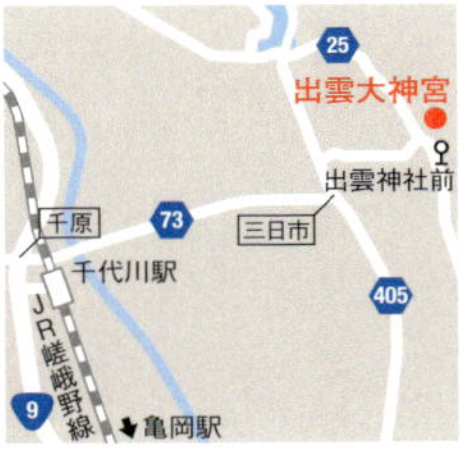

DATA

出雲大神宮

創建／709（和銅2）年

本殿様式／三間社流造

住所／京都府亀岡市千歳町出雲無番地

電話／0771-24-7799

交通／京阪京都交通バス「出雲神社前」から徒歩5分

参拝時間／9:00～17:00

御朱印授与時間／9:00～16:30

URL http://www.izumo-d.org/

みんなのクチコミ!!

背後に御影山があり、そこから流れてくる御神水の真名井の水を頂けます。敬けんな気持ちになれるパワースポット（元姫）

最古の浦島太郎伝説が残る

伊根町

浦嶋神社【うらしまじんじゃ】

日本最古の〝浦島太郎〟は「浦嶋子が、五色に輝く亀を釣りあげると、亀は美しい姫に変貌し、浦嶋子を蓬莱山へ誘う」という物語です。浦嶋子と姫は楽しく暮らしますが、地上に戻った浦嶋子が玉手箱を開けてからはご存じのとおり。主祭神は「生命の神」「人生を導く神」としても信仰されています。

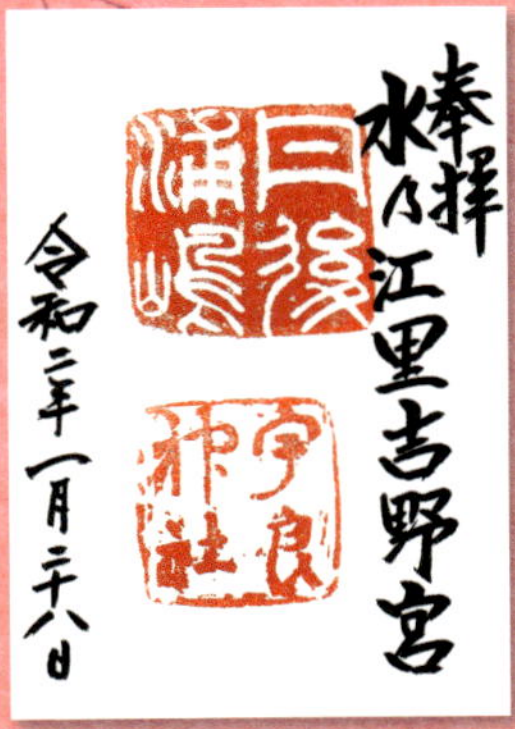

墨書／奉拝、水乃江里吉野宮　印／回復浦嶋、宇良神社　●墨書の「水之江里」は、この地の別名です。『丹後風土記』にも出てきます

お守り

病気を祓う風神雷神が描かれた「病気平癒御守」（700円）

「神亀一刀彫のお守り」（1200円）を手にすれば、すてきなご縁を運んでいただけそう

乙姫（亀姫）に誘われた蓬莱山をイメージした「蓬山（とこよ）の庭」

主祭神

浦嶋子《ウラノシマコ》（浦嶋太郎《ウラシマタロウ》）

ほかにも長寿、漁業、航海、養蚕などに御利益が……

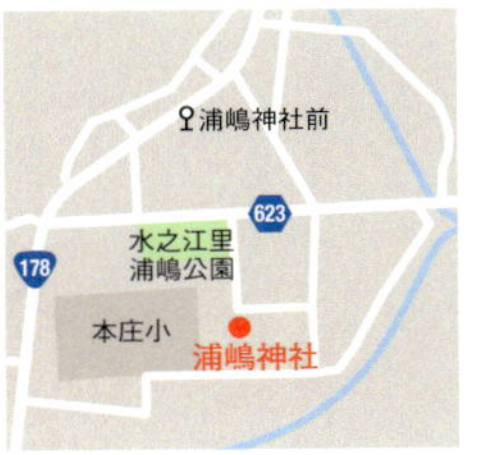

DATA

浦嶋神社

創建／825（天長2）年

本殿様式／神明造

住所／京都府伊根町本庄浜141

電話／0772-33-0721

交通／丹海バス「浦嶋神社前」から徒歩3分　参拝時間／不詳

御朱印授与時間／9:00～17:00（宝物資料館～16:30）

URL https://sites.google.com/view/urasima-shrine

みんなのクチコミ!!

神社にはあの「玉手箱」があるんですよ（翔子）

京都のお伊勢さんに良縁祈願

京都市下京区

京都大神宮

【きょうとだいじんぐう】

今では当たり前の神前結婚式、そのスタイルを広めた由緒ある神社です。伊勢神宮と同じ御祭神がおられ、お伊勢さんを参拝するのと同じ御利益が頂けます。人気の「ご神職」は、かわいいイラストの巫女さん。こっそり悩みを聞いてくれそうな優しいお姿です。身近に置いて、恋を応援してもらいましょう。

主祭神

天照皇大神《アマテラススメオオカミ》　豊受大神《トヨウケノオオカミ》

ほかにも厄除け、健康開運などの御利益が……

昔ながらの厄除け開運、護身にちなむ七色鱗形（うろこがた）のお守り。包み方も古式ゆかしい

京都の繁華街にたたずむ神社

手水舎には、秀吉ゆかりの伏見城から寄進されたと伝わる水盤が使われています。また、唐破風屋根の優美な本殿は、御苑から左大臣一条家の書院と玄関を移築したもの。歴史を感じさせるたたずまいです。

ほかの御朱印と御朱印帳はP.16・26で紹介!

墨書／奉拝　印／（右・角印）神紋の花菱、京都大神宮之印、（左・丸印）京都の中に大神宮　●季節限定印や、巫女さんの印などバリエーション豊富です。頂く前に希望の印を伝えましょう。限定御朱印（書き置き）もあります

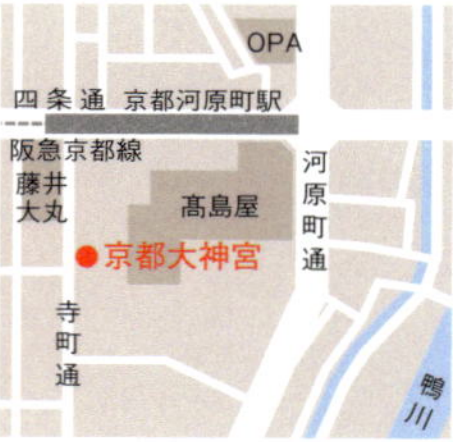

DATA
京都大神宮
創建／1873（明治6）年
本殿／御苑内の左大臣一条関白家の書院・玄関を移築
住所／京都府京都市下京区寺町通四条下ル貞安前之町622
電話／075-351-0221
交通／阪急京都線「京都河原町駅」から徒歩5分　参拝時間／8:00～18:00
御朱印授与時間／9:00～17:00
URL http://kyotodaijingu.jp

みんなのクチコミ!!

巫女さんのイラストに和みます。御朱印は印の組み合わせで頂けて、月ごとの限定印も毎回楽しみ（なお）

良縁を呼ぶ縁結びの石に願いを

京都市左京区

鷺森神社

【さぎのもりじんじゃ】

主祭神が、八岐大蛇《やまたのおろち》を退治し、櫛名田比売命《くしなだひめのみこと》を妻にしたことから、夫婦和合や良縁を授かる御利益があるとされる神社です。良縁を呼ぶと有名な縁結びの石は、素戔嗚尊が詠んだ最初の和歌にちなんで「八重垣」と呼ばれています。桜とモミジで有名な、洛北の絶景スポットでもあります。

主祭神

素戔嗚尊《スサノオノミコト》

ほかにも旅行安全、厄除け、所願成就などの御利益が……

墨書／奉拝、鬚咫天王　印／鷺森神社、洛北修学院　●平日は書き置きでの対応となります

「八重垣」に触れると悪縁を絶ち、夫婦和合や良縁を授かれるそう

社務所で「黒石とお守り袋」（大500円、小300円）を頂いたら、「八重垣」でお祈りしましょう

春は桜、秋はモミジが見事です。珍しい緑色の花を付ける御衣黄桜（ぎょいこうざくら）も見逃さないで

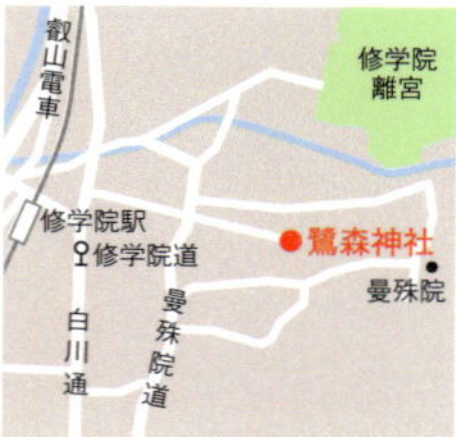

DATA
鷺森神社
創建／貞観年間（平安時代初期）
本殿様式／流造
住所／京都府京都市左京区修学院宮ノ脇町16
電話／075-781-6391
交通／叡山電車「修学院駅」または市バス「修学院道」から徒歩10分
参拝時間／自由
御朱印授与時間／土・日曜（時間不定）

みんなのクチコミ!!

御朱印は3パターンあるそうです（セイ）

縁結び

京都市中京区

武信稲荷神社

【たけのぶいなりじんじゃ】

縁を結ぶ榎にラブ運上昇祈願

坂本龍馬が恋人おりょうに伝言を刻んだという榎は縁の木とも呼ばれ、良縁をかなえる御神木です。

境内に茂る榎は樹齢850年ともいわれるパワーツリー。弁財天が宿るとされ、縁結び、恋愛の御利益で知られています。かつては榎の力にあやかろうと神社でのお見合いが多く行われていたそうです。平安時代には境内に藤原大臣の屋敷があり、おとぎ話では一寸法師が暮らした場所とされています。一寸法師は鬼退治をして姫と結ばれ、出世して打ち出の小槌で金銀財宝を打ち出したというお話。この故事にあやかり、昔から、出世や繁栄、金運の祈願も絶えません。

本殿の傍らには龍のアートがあります

2013（平成25）年8月、御神木の榎の空洞化した枝が落下。枝は長さ10m以上、太さ1.5mもあったため、チェーンソーアートの世界チャンピオン城所ケイジさんが、枝から龍を彫り出しました。城所さんは枝を見た瞬間に龍を感じたとか。

主祭神

宇迦之御魂大神《ウカノミタマノオオカミ》

ほかにも金運などの御利益が……

みんなのクチコミ!!

大晦日の23:30頃から初詣に行くと、振る舞い酒、稲荷汁、おでんの無料接待があります。境内に露店も出て参拝客でにぎわっています（こんた）

墨書／奉拝、武信稲荷　印／稲荷宝珠印、武信稲荷神社　●稲荷大神は万物の生命を守り育むパワーの持ち主。御朱印の宝珠は災難を除き、願いをかなえるという稲荷大神の力を表しています

提灯で飾られた拝殿では例祭での歌や舞の奉納のほか、津軽三味線の民謡ライブなどのイベントも行われます。境内は時代劇のロケに使用されることもあります

お守り

龍馬とおりょうのカップルを配した「龍馬御守」（500円）は良縁を授けてくれるお守り

御朱印帳

神様のお使いキツネが向かい合ったオリジナル御朱印帳（1500円）。裏表紙には宝珠にキツネ、鳥居が配されています

お札

「勝駒」（1500円）は勝負の勝運、試験に勝る、苦難に打ち勝つなどたくましく生き抜くために必要な力を授かる守護札。豊臣秀吉も戦いに持参したと伝わります。「福駒」（1500円）は開運、福を招く守護札です。2月の節分、立春、初午祭にかけて授与されます

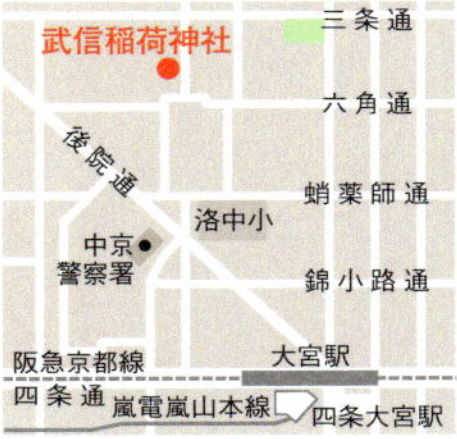

DATA

武信稲荷神社

創建／859（貞観元）年
本殿様式／流造
住所／京都府京都市中京区今新在家西町38
電話／075-841-3023
交通／阪急京都線「大宮駅」または嵐電嵐山本線「四条大宮駅」から徒歩8分
参拝時間／自由
御朱印授与時間／9:00～17:30
URL https://takenobuinari.jp

神社の方からのメッセージ

毎年5月第2日曜日に御例祭を斎行しています。当社にとって最も重要な祭事です。御本殿での祭典後は日本舞踊や仕舞などの奉納、十二単の着付け実演披露などが行われます。11月第2日曜日には御火焚祭を行っています。

武信稲荷神社は藤原良相（よしみ）により創建されました。良相は藤原氏の長として一族の名付け親でもあったため、古くから命名にゆかりのある神社とされています。今でも神社に申し込めば赤ちゃんの名前を考えていただき、命名書を発行してもらえます。

恋のライバルを打ち負かす

仲のよい夫婦神と御子神の祭神ファミリーがワンチームになって恋をかなえてくださいます。

京都市左京区

八大神社【はちだいじんじゃ】

神社は比叡山の麓、都の表鬼門に建てられています。そこで古くから「北天王」と呼ばれ、あらゆる災難を除けるパワーで都を魔から守る守護神とされてきました。また、祭神は愛情の深い夫婦神と御子神であることから、良縁と夫婦円満を授けてくれる神様ともされています。神社の境内地である「一乗下り松」は、剣豪宮本武蔵が京都の名門兵法家吉岡一門との決闘を行ったところ。この決闘に武蔵が勝利したことから、勝運を授けてくれる神社としても知られています。

主祭神

素盞嗚命《スサノオノミコト》　稲田姫命《イナダヒメノミコト》

八王子命《ハチオオジノミコト》

ほかにも勝運などの御利益が……

境内には宮本武蔵の銅像があります

2003（平成15）年に一乗寺下り松の決闘から400年を迎えることを記念してブロンズの宮本武蔵像が建立されました。吉川英治の小説『宮本武蔵』では21歳のときに吉岡一門と決闘をしたとあり、銅像は当時の若い武蔵をイメージしています。

限定御朱印はP.18で紹介！

墨書／参拝、八大神社　印／社紋（五瓜に唐花、左三つ巴）、八大神社、宮本武蔵の印、京・一乗寺下り松　●宮本武蔵が剣を構えている印は境内に立つ銅像と同じ姿

お守り

勝運を授けてくれる「勝守」（全6色、各800円）は、武蔵と吉岡一門の決闘地にあったという下り松古木の一部が封入されています

お守り

武蔵は剣術修行のため諸国を旅して歩いています。そんな武蔵にあやかったのが「旅行安全守」（全2色、各800円）。表面には武蔵と日本地図、裏面には社名と世界地図が配されています

みんなのクチコミ!!

境内の武蔵像の隣には、決闘当時から明治時代まで茂っていた松の一部が祀られています。現在の松は5代目だそう。近くには詩仙堂など社寺が多数（おつう）

御朱印帳

「剣鉾絵柄御朱印帳」（1500円）は神幸祭で巡行する剣鉾3基が表裏に、武蔵にちなんだ二刀や松の絵柄が全体に配されています

ほかの御朱印帳はP.26で紹介！

DATA

八大神社

創建／不詳　※御祭神を勧請したと伝わる1294（永仁2）年を年表の始まりとしている
本殿様式／流造
住所／京都府京都市左京区一乗寺松原町1
電話／075-781-9076
交通／叡山電車「一乗寺駅」から徒歩15分、または市バス「一乗寺下り松町」から徒歩7分
参拝時間／自由
御朱印授与時間／9:00～17:00
URL https://www.hatidai-jinja.com

神社の方からのメッセージ

御朱印帳にも配されている剣鉾は悪霊を鎮めるための祭具です。当社には龍鉾、菊鉾、柏鉾があります。毎年5月5日の神幸祭では3基の剣鉾がお神輿に先駆け氏子地域を巡行しますが、これは古式にのっとった貴重な姿です。

本殿の西側には1993（平成5）年に岐阜県根尾村から移植された薄墨桜が枝を広げています。薄墨桜はソメイヨシノより小ぶりな花で、満開を過ぎると花びらの色が薄い墨色に変わるので、この名が付いています。3月下旬頃に開花します。

可憐な桜のように人生も華麗に

平安中期に花山天皇が花を植えたことから桜の名所に。生命力を高める桜からパワーを授かりましょう。

京都市北区

平野神社

【ひらのじんじゃ】

縁結び

桜の名所として知られる神社の創建は、平安遷都と同じ794（延暦13）年。この頃から植樹され、慈しまれてきた桜が生み出す華やかなパワーに満ちています。昔から生命力や長寿の象徴とされている桜。咲き誇る花をめでて芳香に包まれたら、自然と女子力もアップしそう。桜にちなむ授与品が多いですが、ほかの季節でものんびり参拝できます。

境内の桜はおよそ60種類400本！

「胡蝶」や「白雲櫻」「御車返し」など名前も風雅な桜のなかには、平野神社から広まったとされる品種も。授与品にも名付けられている「平野妹背（ひらのいもせ）」は、花柄の先にふたつの実を付けます。

主祭神

今木皇大神《イマキノスメオオカミ》　久度大神《クドノオオカミ》

古開大神《フルアキノオオカミ》　比賣大神《ヒメノオオカミ》

ほかにも開運招福、家内安全、安産祈願、合格祈願などの御利益が……

みんなのクチコミ!!

桜の香りがするお守りなど授与品が充実♡（チェリー）

墨書／奉拝　印／八重桜紋、平野神社　●桜の神社らしく、社紋は八重桜。社紋と神社名のみのシンプルな配置に、流れるような墨書が美しい御朱印です

御朱印帳

桜の神社らしく、御朱印帳も全面桜柄。緑と桜色の2色（各1500円）

お守り

愛らしい「妹背さくら守」（800円）。妹背とは夫婦や仲のよい男女のこと。幸せが訪れそうです

花びらを塩漬けにした「開運桜」（300円）。花とともに運も開きます

大きなクスノキの周囲は絵馬掛けに。桜の絵馬がたくさん奉納されています

DATA

平野神社

創建／794（延暦13）年
本殿様式／平野造
住所／京都府京都市北区平野宮本町1
電話／075-461-4450
交通／嵐電北野線「北野白梅町駅」から徒歩10分、または市バス「衣笠校前」から徒歩3分
参拝時間／6:00～17:00
御朱印授与時間／9:00～16:00
URL https://www.hiranojinja.com

神社の方からのメッセージ

桜の見頃は3月下旬～4月下旬。4月10日に開かれる桜花祭は、時代絵巻さながらの時代行列が氏子地域を中心に練り歩く花の季節のクライマックス。ぜひその目でご覧ください。

神門そばにある枝垂れ桜の「魁桜（さきがけ）」。3月下旬にこの桜が咲くと、京都のお花見シーズン到来といわれています。60種類の桜が4月下旬まで順次開花し、長くお花見を楽しめるのも魅力。夜はライトアップされて妖艶な美しさ、夜桜デートもロマンティックに。

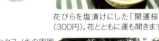

京都市北区

安産のパワーが絶大!

わら天神宮

【わらてんじんぐう】

御祭神はとっても美人だったという女神様。一夜にして懐妊し、炎の中で3人もの子を無事出産したという逸話から、その強くたくましい母親像が安産の神様とされています。安産祈願の風習がある戌の日はもちろん、平日も子の成長を願う大勢の家族がここを訪れます。

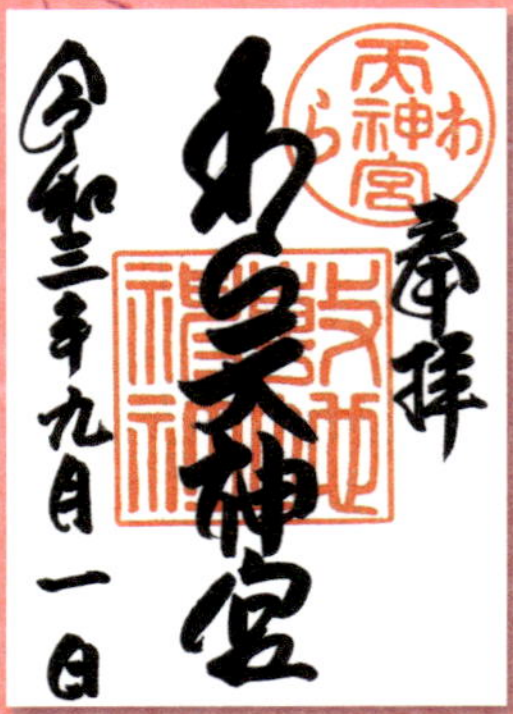

御朱印帳はP.25で紹介!

墨書／奉拝、わら天神宮　印／わら天神宮、敷地神社　●敷地神社は正式名称。摂社の六勝神社は開運・必勝合格のお宮として崇敬を集めています

授与品

「安産御守」(1000円)。内包されたわらのお守りに節があれば男児、なければ女児が生まれるという妊婦さんのうわさです

「ありがとう」の声がたくさん

無事に出産したママたちが奉納した、たくさんのよだれかけ。感謝や喜びの言葉に心があたたまります

主祭神

木花開耶姫命《コノハナノサクヤヒメノミコト》

ほかにも縁結び、開運必勝などの御利益が……

みんなのクチコミ!!

安産お守りは、生まれてくる赤ちゃんの性別を教えてくれるお楽しみがあります(きこ)

DATA

わら天神宮

創建／不詳(奈良時代頃)

本殿様式／流造

住所／京都府京都市北区衣笠天神森町10

電話／075-461-7676

交通／市バス「わら天神前」から徒歩3分

参拝時間／8:00〜17:00

御朱印授与時間／8:30〜16:30

まだまだあります!

編集部オススメ!授与品

刀剣お守り編

刀剣をモチーフにしたお守りが、厄を斬り運を切り開いてくれます。

藤森神社 P.77

日本刀「太刀銘国永(名物鶴丸)」の写し刀が奉納されたことで刀剣女子から熱い注目を集めています。「開運守護刀守」(1000円)は、鶴丸をイメージした小さな刀のお守り。

かばんや財布に入れて、いつも身に付けましょう

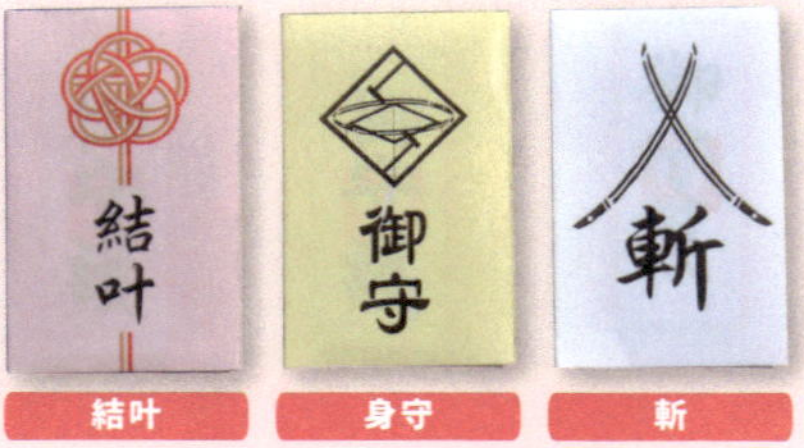

相槌神社 P.85

大神様と刀の力で悪運を斬り開く「斬(きる)」、厄災から身を守る「身守(みまもり)」、縁結びをサポートする「結叶(むすびかなう)」といったお守りがあります。3種のお守りは紙製(各300円)。月に2回のみ春日神社で授与されます。

豊国神社 P.121

神社が所蔵する鎌倉時代の名刀「骨喰藤四郎(ほねばみとうしろう)」をかたどった「御刀守」(800円)。刀の細かい彫刻まで再現されています。豊臣家筆頭の守護刀だっただけあり、懐刀として持つと無敵かも!?

第三章 御利益別！ 今行きたい神社

Part 3

金運

収入アップや宝くじの当選、商売繁盛、一攫千金など、お金に関する願いなら、金運パワーをチャージできるこちらへ。

★金運★絶対行きたいオススメ神社 2選
折上稲荷神社（京都市山科区）／金札宮（京都市伏見区）
恵美須神社（京都市東山区）
九頭竜大社（京都市左京区）
車折神社（京都市右京区）
金刀比羅神社（京丹後市）
繁昌神社（京都市下京区）／若一神社（京都市下京区）
京都御苑で参拝したいおすすめ神社
厳島神社（京都市上京区）
白雲神社（京都市上京区）／宗像神社（京都市上京区）

金運　絶対行きたいオススメ神社 2選

目指せ、一攫千金！　強力パワーで金運UP

旅行をしたり、オシャレをしたり、自分磨きや開業資金まで……
望み通りの人生を過ごすために、やっぱりお金は必要なもの。
リッチな未来の実現をサポートしてくれる神社はこちらです。

絶対行きたい
オススメ神社 1

働く女子に金運を授ける祭神パワー

伏見稲荷と一直線で結ばれるレイライン上に位置。社域全体に力強い祭神パワーが満ちています。

京都市山科区

折上稲荷神社【おりがみいなりじんじゃ】

江戸時代末期、孝明天皇に仕える女官の多くが病気にかかった際に祈祷をすると、奇跡的に回復。女官たちの間で「折上稲荷様の御利益は折り紙付き」といわれるようになったと伝わります。以後、働く女性の守り神として信仰を集めています。明治時代には、アメリカの大富豪と結婚し、「モルガンお雪」として有名になった女性も深く信仰していました。今も女性企業家や女優、女性タレントの参拝が多いそうです。

主祭神
倉稲魂神《ウカノミタマノカミ》
保食神《ウケモチノカミ》
稚産霊神《ワクムスビノカミ》

ほかにも病気平癒、出世などの御利益が……

御神木にある「お稲荷様の授け脳」

御神木はカシの大木。根元には人間の脳のように見えるコブができています。「お稲荷様の授け脳」と呼ばれるコブをなでると、前向きな思考、商売のひらめき、学力や運動能力のアップなどの御利益を授かるとされています。

墨書／奉拝、働く女性の守り神、折上大神　印／抱き稲の神紋、折上稲荷神社　●折上大神は祭神を指します。神紋には束ねた稲を輪にした抱き稲紋が使用されています。稲紋には豊作への祈願が込められていると思われます

境内の稲荷塚の裏に「裏参りの御座」と呼ばれるパワスポがあります。ここを参拝すれば一生、お金に困らないとか

稲荷塚の西側にある「寶大神」では、宝くじの高額当選など金運をアップさせるパワーが頂けるそうです

みんなのクチコミ!!

陶器の青いヒョウタンが安置されている「ひょうたん大神」は玉の輿、良縁、出世祈願のパワスポ。必ずお参りしてください（JP）

DATA
折上稲荷神社
創建／550年頃
本殿様式／流造
住所／京都府京都市山科区西野山中臣町25
電話／075-581-1834
交通／京阪バス「折上神社」から徒歩7分、または地下鉄東西線「椥辻駅」から徒歩15分
参拝時間／自由　御朱印授与時間／9:00～16:30
URL https://origami-inari.jp

お守り

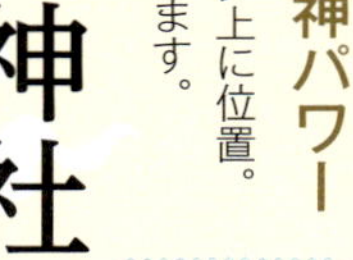

きつね折り上げ守り「金のおきつね」「銀のおきつね」（各1200円）は、1枚の紙を宮司が商売繁盛や金運、仕事運アップを祈念してていねいに折り上げています

神社の方からのメッセージ

稲荷塚は稲荷大神が最初に降りられたところで、1500年前から今も変わらず神様のパワーが湧き出ている聖地です。この稲荷塚に参拝して会社繁栄、子孫繁栄、愛や平和の存続を祈念してください。京都市の史跡です。

毎年6月第1日曜日に折上稲荷祭が行われます。土曜日は宵宮、日曜日には神輿巡行があります。三九郎稲荷の「子ども神輿」では、子供たちがキツネの面をつけてお神輿を担ぎます。また、「稲荷祭きつね折り上げ守り」が2日間限定で授与されます。

絶対行きたい
オススメ神社 2

京都市伏見区

金札宮【きんさつぐう】

金の札が降ったという伝説が残る神社

主祭神はお清めの神様。身心を祓い清め、すてきなご縁をどんどん招き入れましょう。

主祭神
天太玉命《アメノフトダマノミコト》

ほかにも五穀豊育、火難除去、家運隆昌などの御利益が……

主祭神は、占いや神事の神様です。祓い清めることへの絶大な力があり、福を呼ぶための基本となる精神や環境を整えてくださいます。身心や場を清めれば幸運も呼び込みやすくなるはずです。神社の名は、宮居《みやい》を建築していると「突然、金の札が降ってきて天太玉命の声が響いた」ことから。この伝承を基に、世阿弥は能の演目「金札」を書いたと伝わっています。

金運の願いはえびす像に伝えて

商売繁盛の神、恵比須さんには、金運のお願いをしましょう。恵比須さんに触れて、耳元で望みをささやいて伝え、願いをかなえましょう。

みんなのクチコミ!!

伏見では最も古い神社のひとつ。かつては金の灯篭があったそう(メイ)

限定御朱印はP.18で紹介!

墨書/奉拝、白菊大明神、京都 金札宮神社　印/菊の花、金札宮、金札宮　●「金札白菊大明神」は主祭神の別名です。通常御朱印はこのほかにも、恵比須神の御朱印なども授与していただけます

御神木はクロガネモチの木。いかにも金運が向上しそうな縁起のいい名前です。冬になると木々いっぱいに赤い実が付きます。霊気に満ちあふれたパワースポットとして知られています

金運が向上するという「金運守」(800円)など、金運のお守りが豊富!

お守り

「かなう～さん御守」(800円)は、かわいらしいクロガネモチの精霊が図柄に。思いや願いをかなえてくれるお守りです

「梟守り」(800円)は、学問、長寿、商売繁盛とオールマイティなご縁を運んでくれます

DATA
金札宮
創建/750(天宝勝宝2)年
本殿様式/流造切妻平入
住所/京都府京都市伏見区鷹匠町8
電話/075-611-9035
交通/京阪本線「丹波橋駅」または近鉄京都線「近鉄丹波橋駅」から徒歩8分
参拝時間/8:00～17:00
御朱印授与時間/9:00～17:00
URL http://www.kinsatsugu.jp

神社の方からのメッセージ

金運アップのツアーで参拝される方も多くいらっしゃいます。ほかに、宝くじを買う前にお参りをしてくださる皆さんも。多くの方に幸運が降りてくるよう、心よりお祈りしております。

不吉な流れ星を見た天皇が、干ばつを恐れていた昔々のこと。「この白菊の露を注げば、湧き水が出ますよ」と、白菊から清らかな水を出して安心させたという主祭神。別名「金札白菊大明神」の名でも信仰されています。

運がよければ頂ける！

京都御苑で参拝したいおすすめ神社

御所をぐるりと囲む京都御苑。ここにはかつて公家の邸宅があり、各家を守る社がありました。この社を起源とする３つの神社で御朱印が頂けます。ただし神職はご不在であることが多く、頂けるかどうかは運次第！　超レア御朱印は、GETできたら大吉確定です！

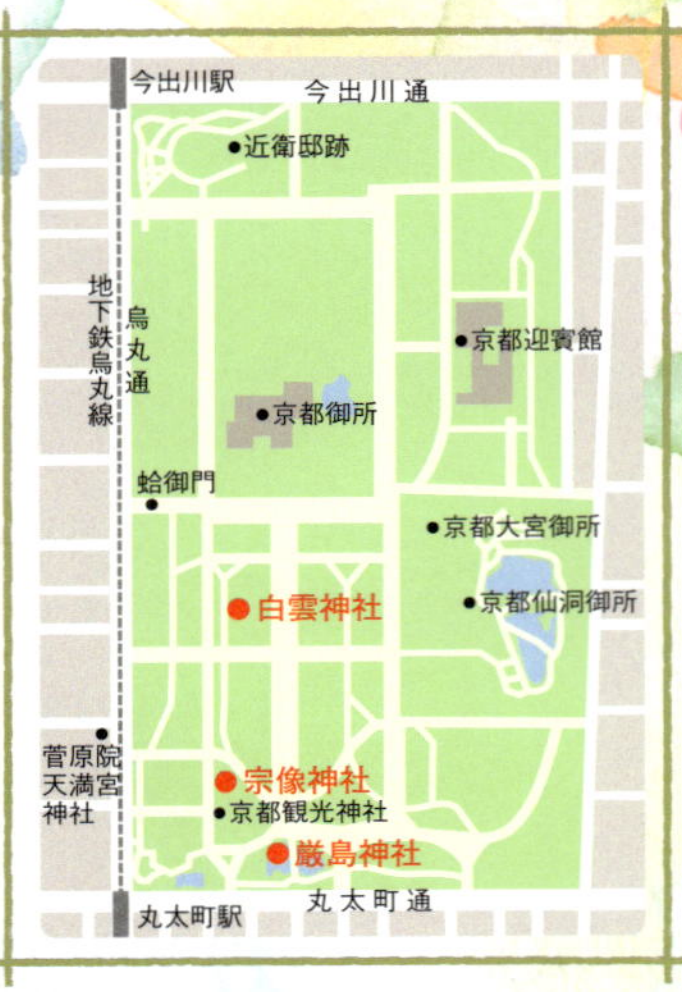

おすすめ神社１

美しい庭園で清らかなエネルギーをチャージ

日本を代表する公家である「五摂家」の守り神として現代まで続く、壮大な祈りのパワーを手にしましょう。

京都市上京区

厳島神社【いつくしまじんじゃ】

平清盛が母である祇園女御のために、安芸の宮島の厳島神社をこの地に勧請したのが始まりで、後に五摂家のひとつである九條家の鎮守社となりました。市杵島姫命は、財運の神様です。さらに、日本の伝統を支えた公家の一家の守り神にお参りすれば、大きな幸運がもたらされそう。九條池に浮かぶ中島にある社殿の美しいたたずまいも必見です。

主祭神
市杵島姫命《イチキシマヒメノミコト》
田心姫命《タゴリヒメノミコト》
湍津姫命《タギツヒメノミコト》
祇園女御《ギオンニョウゴ》

ほかにも航海安全、水難除けなどの御利益が……

京都三珍鳥居「唐破風《からはふ》鳥居《とりい》」

唐破風とは、城郭建築などに見られる、頭部に丸みをつけた様式のこと。今ではあまり見ることができない、珍しい形の鳥居です。ほかのふたつは、市内最古の神社とされる木嶋坐天照御魂神社（このしまにますあまてらすみたまじんじゃ／京都市右京区）と北野天満宮（→P.50）にあります。

みんなのクチコミ!!

社務所が閉まっていたら、御苑の西にある菅原院天満宮神社を訪ねましょう（千夏）

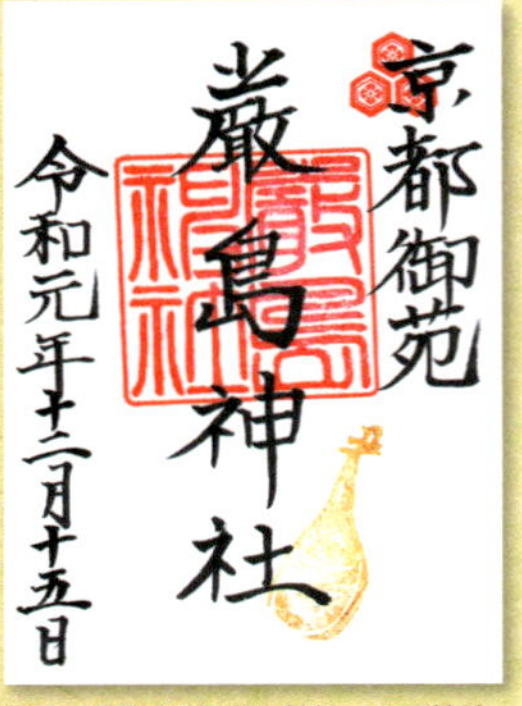

墨書／京都御苑、厳島神社　印／神紋、厳島神社、琵琶　●毎月１日と15日のみの授与。それ以外は、菅原院天満宮神社（→P.120）でも頂くことができます

DATA
厳島神社
創建／不詳
本殿様式／流造
住所／京都府京都市上京区京都御苑6
電話／075-211-4769（菅原院天満宮神社）
交通／地下鉄烏丸線「丸太町駅」から徒歩5分
参拝時間／自由
御朱印授与時間／毎月1・15日の8:00～16:00のみ
※それ以外は菅原院天満宮神社にて授与

御苑の南にある九條池。社殿には小さな橋を渡って向かいます

お守り

女神の刺繍がかわいい「御守」（700円）は肌身離さず身につけて

神社の方からのメッセージ

社殿に隣接する拾翠亭（しゅうすいてい）は、九條家の茶室だったものです。茶室からは「東山を借景に取り入れ勾玉形の池が広がる」美しい風景が楽しめたそうです。内部は非公開ですが、周囲の景色もお楽しみください。

大正天皇の皇后である貞明皇后は、九條（九条）家のご出身。この地にあった九條家の家屋は、明治時代になって東京に移築されました。現在、上野にある東京国立博物館内でその一部が「九条館」の名で公開されています。

おすすめ神社 2

金閣寺造営にも関わりあり!

西園寺《さいおんじ》公経《きんつね》が北山殿（現在の金閣寺）造営時に建立した妙音堂に由来する神社です。

京都市上京区

白雲神社【しらくもじんじゃ】

西園寺家は琵琶を家職としていました。西園寺家の鎮守社に由来する白雲神社の祭神は、琵琶を奏でる妙音弁財天。音楽の神様であり、財運の神様でもあります。また、この地は京都の名門・立命館大学の基となる私塾があった場所。学力向上の御利益も頂けそうです。

主祭神

妙音弁財天《ミョウオンベンザイテン》（市杵島姫命《イチキシマヒメノミコト》）

お守り

音楽コンクールを控えた学校の先生が、生徒全員分を頂いたという「芸道守」（800円）。これを手に、自信をもって当日を迎えられたそう

絵馬

琵琶を弾く妙音弁財天の横顔が美しい「絵馬」（1500円）

ほかにも芸道上達などの御利益が……

みんなのクチコミ!!

御神水は茶会でお茶をたてる際にも使われます（真由美）

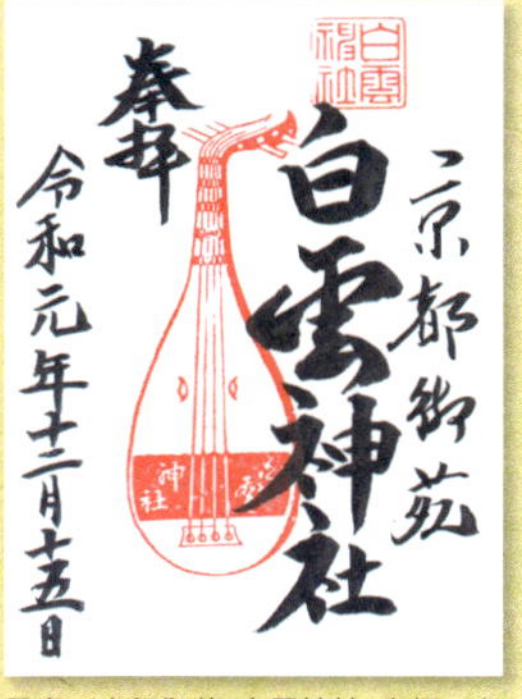

墨書／京都御苑、白雲神社、奉拝　印／白雲神社、琵琶　●中央に押された琵琶の朱印が鮮やかな御朱印。レアなデザインをぜひ手に入れたい！

DATA
白雲神社
創建／1224（元仁元）年
本殿様式／切妻造
住所／京都府京都市上京区京都御苑
電話／075-211-1857
交通／地下鉄烏丸線「丸太町駅」から徒歩10分
参拝時間／6:00～18:00
御朱印授与時間／9:00～17:00

境内のパワースポット「御所のへそ石」

正式な名前は「薬師石（やくしせき）」で、本殿の後ろにあります。石をなでてから体の悪い部分をさすると、不調が治ると伝わっています。石から強いパワーを感じる人もいるという必訪スポットです。

おすすめ神社 3

すべての道を司る神様に人生の安寧を祈願

京都市上京区

宗像神社【むなかたじんじゃ】

主祭神の宗像三女神は、別名を道主貴《みちぬしのむち》といい、道を司る神様です。道路や海路はもちろん、茶道・華道といった文化など、あらゆる道の安全繁栄の守護神として信仰されてきました。火伏せの神として信仰のあつい花山稲荷神社や、祇園会ゆかりの少将井神社、繁栄稲荷社、京都観光神社などの境内社があります。

ほかにも厄除け、無病息災などの御利益が……

みんなのクチコミ!!

参道左側にある「京都観光神社」は、道案内の神様である猿田彦大神を祀っています（ミチコ）

主祭神

宗像三女神《ムナカタサンジョシン》（多紀理比売命《タキリヒメノミコト》、多岐都比売命《タギツヒメノミコト》、市寸島比売命《イチキシマヒメノミコト》）

DATA
宗像神社
創建／795（延暦14）年
本殿様式／一間社流造銅葺
住所／京都府京都市上京区京都御苑9
電話／075-231-6080（兼FAX）
交通／地下鉄烏丸線「丸太町駅」から徒歩5分
参拝時間／6:00～18:00

福笹の小判に開運、招福を願う

5日間にわたって行われる初ゑびすは神社最大のお祭り。商売繁盛や招財を願います。

京都市東山区

恵美須神社

【えびすじんじゃ】

西宮・大坂今宮神社と並ぶ日本三大えびすのひとつで「えべっさん」と呼ばれ、親しまれています。神社の向かい側に立つ建仁寺の守護神としてお祀りしたのが最初と伝わります。境内が最もにぎわうのが1月8～12日の5日間にわたって行われる「十日ゑびす大祭(初ゑびす)」です。商売繁盛や家運隆盛を祈願した吉兆笹(福笹)を授与され、縁起物の福俵、福鯛、福銭、小判などを買い求め、笹に付けてもらいます。笹は葉が落ちずに青々と茂るので縁起がよいとされています。

主祭神

八代言代主大神《ヤエコトシロヌシノオオカミ》　大国主大神《オオクニヌシノオオカミ》

少彦名神《スクナヒコナノカミ》

ほかにも商売繁盛、家運隆盛、交通安全などの御利益が……

えびす様にはノックしてから参拝を

参拝後は拝殿の左側に回ってお参りを。拝殿裏の一部が拝殿になっていて、「優しくトントンとたたいてください」と右隅に書かれています。高齢のため耳が聞こえにくくなったえびす様に戸をたたいて参拝に来たことをお知らせするそうです。

拝殿に参拝後は裏に回りましょう。境内には平安時代の歌人・在原業平を祀る岩本社や、古くなったお財布や名刺を供養する財布塚と名刺塚があります

二の鳥居に来たら、鳥居の上を見てください。中央に、えびす様の大きな顔が配された箕(「み」と読み、農具の一種)と熊手の像が据えられ、金網が張られています。鳥居の下からお金を投げてこの金網の中に入ると縁起がいいそうです

みんなのクチコミ!!

十日ゑびすでは10日に東映の女優さん、11日には祇園と宮川町の舞妓さんが神社に来て、参拝者に福笹を授与してくれます。とても華やかです(恵美)

お守り

小さな鯛が配されたお守りは「願いが叶う めでたい事を呼ぶお守」(800円)

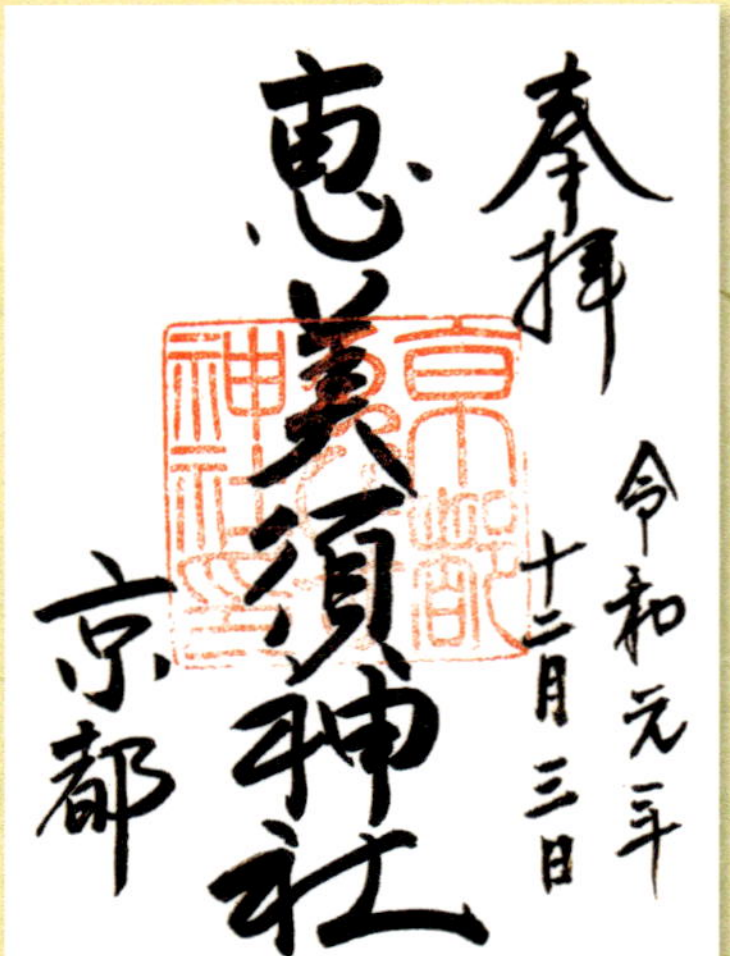

墨書／奉拝、恵美須神社、京都　印／京都ゑびす神社印
●社名の恵美須は祭神の言代主大神のこと。大国主大神の息子神で、もともとは漁業の神様とされています

DATA
恵美須神社
創建／1202(建仁2)年
本殿様式／不詳
住所／京都府京都市東山区大和大路通四条下ル小松町125
電話／075-525-0005
交通／京阪本線「祇園四条駅」から徒歩6分
参拝時間／9:00～17:00
御朱印授与時間／9:00～16:30
URL http://www.kyoto-ebisu.jp

＼神社の方からのメッセージ／

建仁寺を開いた禅僧栄西が修行を終えて中国から日本に戻る際、船が暴風雨に襲われ遭難しそうになったとき、海上に恵美須神が現れて、難を逃れたと伝わります。そこで恵美須神は交通安全の神様ともされています。

建仁寺は宋からお茶を日本に伝えた栄西禅師が開いた京都最古の禅寺です。寺宝として俵屋宗達の「風神雷神図」が伝わります。本堂の天井には日本画家・小泉淳作の「双龍図」が描かれ、荘厳な雰囲気を創り上げています。

八方塞がりの窮地を救済！

心優しい女神が人生のさまざまな災いを除き、福や富を授け、幸運に導いてくださいます。

京都市左京区

九頭竜大社【くずりゅうたいしゃ】

主祭神

九頭竜弁財天大神《クズリュウベンザイテンオオガミ》

あらゆる災難を除き、福徳を与えてくれるという女神が開祖の夢に現れ、発祥したと伝わります。事業資金に困り、参拝を続けたところ、事業を立て直すことができたという企業家も珍しくないとか。金運のピンチも救っていただけるはずです。社名の〝九〟という数字は神様の無限の加護、宇宙を表し、強力な力をもつ竜神が宿る神社という意味だそうです。参拝は〝お千度〟という独特の参拝方法があります。これは本殿の周囲を時計回りに9回回ってお参りする方法です。

手水舎でも竜のパワーを感じます

石鳥居から境内に入ると左手に手水舎があります。手水舎は岩の手水鉢を龍がぐるりと取り囲む珍しいデザイン。澄んだ水が満ち、パワーが感じられます。右手には本殿が見えます。お千度参りでは本殿や御神木の周囲を回ります。

ほかにも開運などの御利益が……

みんなのクチコミ!!

境内にある「蛇石」は2013（平成25）年の巳年に、石の表面にヘビの姿が浮き上がったとうわさになった石。弁財天のお使いのヘビに金運アップを祈願！（ひな）

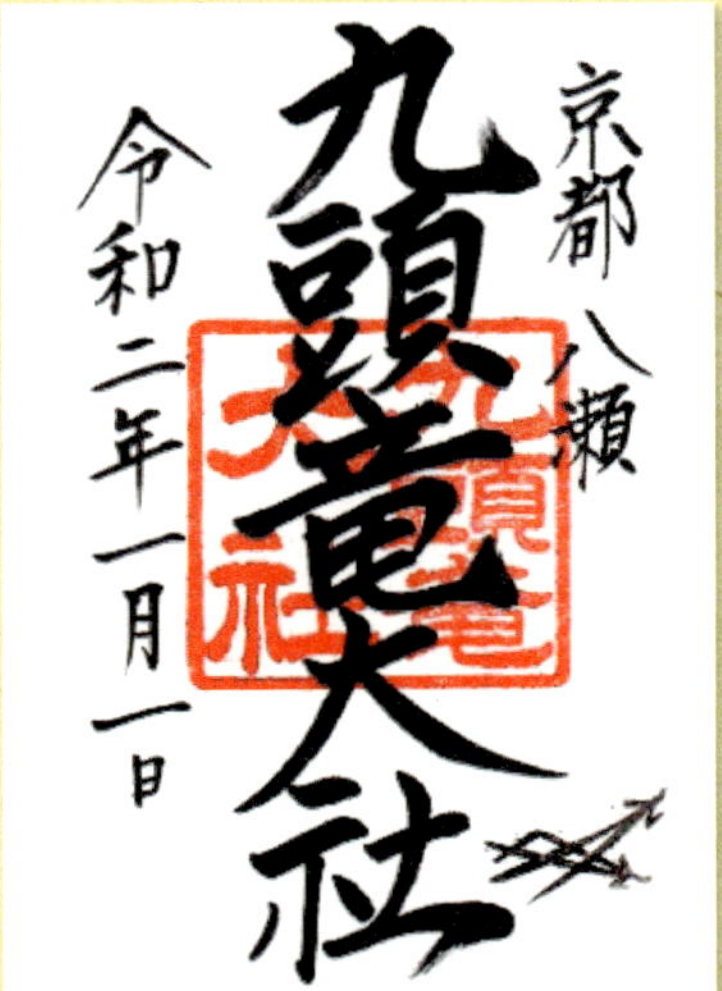

墨書／京都八瀬、九頭竜大社　印／九頭竜大社、松の葉　●「京都八瀬」は神社のある場所で、比叡山の麓です。緑豊かで、社域全体に清浄な空気が満ちています

お守り

すべてのお守りには教主が神様のパワーが宿るよう〝御念入れ〟を行っています。「奇蹟守」（各1000円）は、身に付ければ神様の奇蹟の守護を頂けるお守りです

お守り

何事も慎むべきといわれる八方塞がりの年齢が9年に1回めぐってくるとされます。そんな状態が悪化しないよう守ってくれるのが「八方塞がり除守」（各1000円）です。もちろん、八方塞がりにならないようにとの願いも込められています

DATA

九頭竜大社

創建／1954（昭和29）年
本殿様式／正面千鳥縋付唐破風入母屋造
住所／京都府京都市左京区八瀬近衛町681
電話／075-781-6405
交通／叡山電車叡山本線「八瀬比叡山口駅」から徒歩15分、または京都バス「九頭竜弁天前」から徒歩1分
参拝時間／9:00～17:00
御朱印授与時間／9:00～17:00
URL https://www.kuzuryutaisha.or.jp

神社の方からのメッセージ

八方塞がりの年齢は、例えば28歳のように数え年で10の位と1の位を足して10になる年齢です。人生の冬ともいえるこの時期はあまり新しいことに手を出さず、足元を見つめ直しましょう。時期がくれば道は開けます。

九頭竜大社のおみくじは大吉・中吉・小吉が書かれたおみくじではありません。自分の祈願に対して、祭神からのアドバイスが書かれています。例えば、「心をおごるなかれ」は、謙虚な気持ちを忘れずにという忠告。とても当たると好評です。

良縁と財運アップのパワーを授かる

フルパワーの主祭神が願いをあと押し。良縁へと導く神様に身を委ねましょう。

京都市右京区

車折神社【くるまざきじんじゃ】

主祭神は「約束を違えないこと」をお守りくださる神様。契約やお金のめぐりをスムーズにして商売繁盛、恋愛や結婚の誓いも守ってもらえます。授与品の「祈念神石《きねんしんせき》」はあらゆる願いをかなえてくれるパワーストーン。参拝の前に頂き、神様の前で両手に挟みながらお願いを念じます。そのまま持ち帰ってパワーを身近に感じましょう。

主祭神
清原頼業公《キヨハラヨリナリコウ》

ほかにも良縁、学業成就、試験合格、芸事向上などの御利益が……

厄災を浄化する「清めの社」

本殿にお参りする前に、石鳥居の脇にある境内社「清めの社」へ参拝し、心身を清めます。境内全体に厄災消除の御神力が充満しています。円錐形の立砂が悪運を祓ってくれるのだそう。

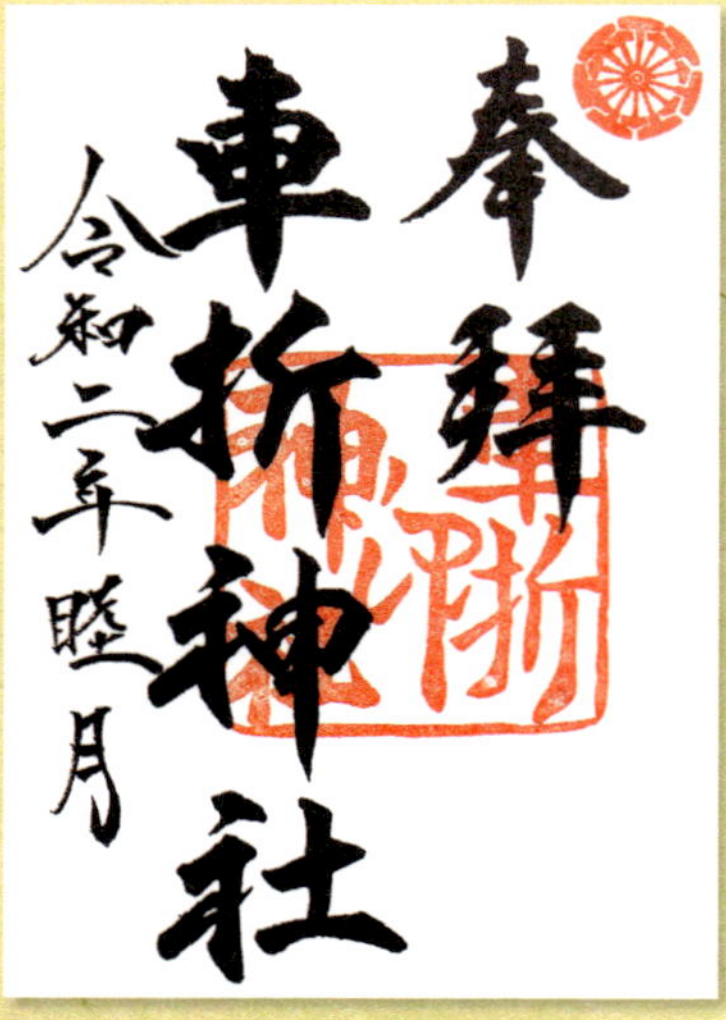

墨書／奉拝、車折神社　印／牛車の車輪、車折神社印
●社名の由来となった車輪の印は、細かい部分までこだわった趣のあるデザイン

境内社の「芸能神社」（御祭神・天宇受売命あめのうずめのみこと）は、芸事のスキルを高めてくれると有名です。赤い玉垣の奉納者名には、伝統芸能の継承者から有名芸能人までずらりと並び、御利益パワーを感じます

みんなのクチコミ!!

願いがかなった人の納めた石が山になっていて、あやかりたいと思いました。境内にある芸能神社の奉納玉垣で有名人の名前を見るのも楽しいです（すずちゃん）

授与品

「祈念神石」（700円）で願いごとがかなったら、自宅や川でひろった石を洗い清めて奉納します。本殿前にはお礼の石が山のように！

冬至から立春までの限定授与品「一陽来復」お守り。お札とパワーコインのセットで、お札は玄関の内側に貼り、コインはお金を呼ぶ種銭として財布の中へ。「お金に困らず1年間ハッピーに過ごせる」と評判です（1000円）

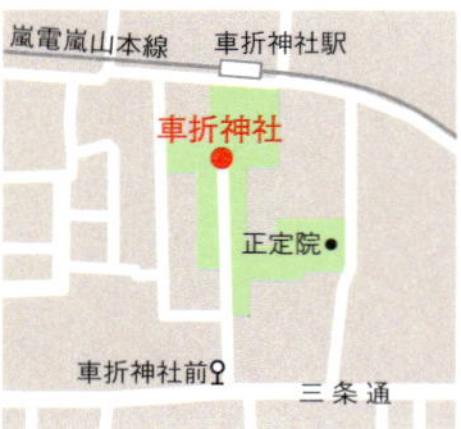

DATA
車折神社
創建／1189（文治5）年
本殿様式／禅寺様式に近い
住所／京都府京都市右京区嵯峨朝日町23
電話／075-861-0039
交通／市バス「車折神社前」または嵐電嵐山本線「車折神社駅」からすぐ
参拝時間／9:30～17:00
御朱印授与時間／9:00～17:00
URL https://www.kurumazakijinja.or.jp

神社の方からのメッセージ

御朱印ブームに対し「スタンプラリー感覚は×」という声もありますが、最初は興味本位でも、まずは御来社いただくことが大切ですので、御朱印めぐりが「神道」について学んでいただく「きっかけ」になれば幸いです。

最寄り駅のある京福電車の嵐電嵐山本線は路面電車で、車と並走しながら寺社と人々の暮らしが同居する京都の街並みを、車窓からのんびり見せてくれます。「車折神社駅」に降りると目の前が裏参道。清めの社がすぐそこです。

丹後ちりめん発祥地の発展を支える神

人々が切望した神社には、祈りを聞き届けかなえてくれるようなパワーが満ちています。

京丹後市

金刀比羅神社【ことひらじんじゃ】

旧峯山藩の藩主は讃岐金毘羅権現を信仰しており、この地にも金毘羅社を勧請したいと切望していました。いつしかそれは町の共通の願いとなり、とうとう7代藩主の時代、一国一社の先例を廃して、金刀比羅神社を建立できたのです。「願いてかなわざることなき大神」とたたえられる御神徳がある祭神のもと、丹後ちりめんの商工業者、丹後・若狭の海事従業者の心のよりどころとして今も崇敬されています。

主祭神

大物主大神《オオモノヌシノオオカミ》

ほかにも家内安全、大漁満足、夫婦和合などの御利益が……

金運

日本で唯一と伝わる「狛猫《こまねこ》」は必見！

機織養蚕の守護神である境内社の木島社の前では、珍しい「狛猫」が参拝者を見守っています。ちりめんや蚕をネズミの害から守ったことにちなんで建立されました。足元の子猫もかわいい！

墨書／丹後峰山、金刀比羅神社　印／金、金刀比羅社印
●丸に金と太字で記された朱印は、大きな金運が引き寄せられそうな力強さを感じます

鮮やかな朱色の神門が、山の中にスッと現れます

お守り

「狛猫御守」（700円）は、黄金の小判付き！　まるで招き猫のような姿で、金運を招いてくれるかも!?

みんなのクチコミ!!

狛猫にちなんで、猫の形をした絵馬に顔を描ける「猫の顔絵馬」（700円）もありますよ（咲子）

絵馬

「狛猫絵馬」（700円）には、とっておきの願いを託しましょう

DATA

金刀比羅神社

創建／1811（文化8）年
本殿様式／流造
住所／京都府京丹後市峰山町泉1165-2
電話／0772-62-0225
交通／京都丹後鉄道宮豊線「峰山駅」から徒歩20分、または丹後海陸交通バス「金刀比羅神社前」からすぐ
参拝時間／自由
御朱印授与時間／8:00～17:00
URL https://konpirasan.com

神社の方からのメッセージ

2019（令和元）年11月、旧峯山藩主京極家の御廟所御門の修復が、完了いたしました。この御廟所一帯は、京都府暫定登録文化財に指定されております。参拝の折には、往年の姿がよみがえった御門にもぜひ足をお運びください。

9月に行われる「こまねこまつり」は、丹後ちりめんと猫をテーマにした行事です。丹後ちりめん約300年の歴史を次世代につなごうと、神社を中心にいろいろなイベントを開催しています。当日は猫の絵画展や、陶器の猫への絵付け体験などが楽しめますよ。

全国で唯一「繁昌」の名を冠す

京都市下京区

繁昌神社【はんじょうじんじゃ】

朱色の板塀が美しく、小さいながら存在感抜群です。主祭神は宗像三女《むなかたさんじょ》神《しん》と呼ばれる海運の守り神。転じて「流通」や「市」の神として信仰されています。特に市杵島姫命《いちきしまひめのみこと》は、財運の神である弁財天と同一視される存在です。全国で祀られていますが、商売繁昌を名に冠するのはここだけとか。

主祭神

市杵島姫命《イチキシマヒメノミコト》　田心姫命《タゴリヒメノミコト》

湍津姫命《タギツヒメノミコト》

ほかにも諸芸成就、良縁成就などの御利益が……

お守り

「商業開運の根付け」(300円)のお守りには、そろばんの玉が付いています

奥の院に祀る「班女塚(はんにょづか)」。不遇な身を嘆いていた姫のもとに女神が現れ、「皆の幸せを祈りなさい」と桃の枝を渡したという言い伝えから桃が神紋になりました

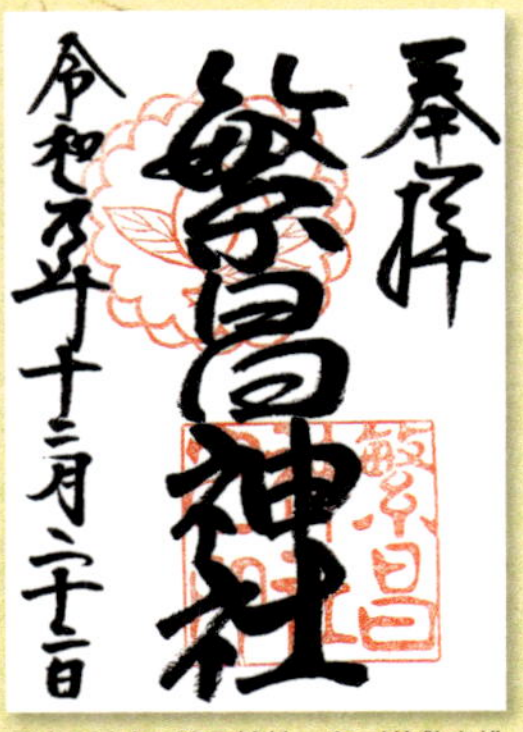

墨書／奉拝、繁昌神社　印／葉敷き桃の神紋、繁昌神社之印　●かわいらしい桃の印が特徴です。神職不在時は書き置きでの対応となります

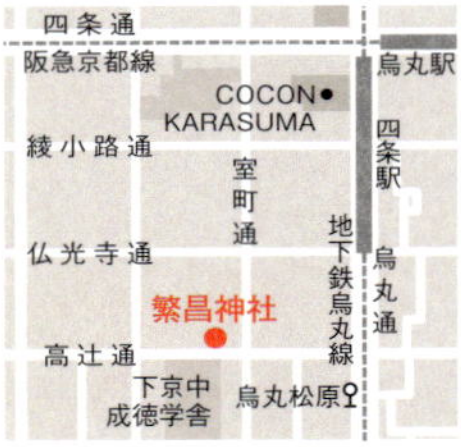

DATA

繁昌神社

創建／延喜年間(平安時代)

本殿様式／銅葺一間社流造

住所／京都府京都市下京区高辻通室町西入ル繁昌町308

電話／非公開

交通／地下鉄烏丸線「四条駅」から徒歩5分

参拝時間／9:00～17:30

御朱印授与時間／開門中書き置きを設置

みんなのクチコミ!!

祈願ろうそくは桃が描かれていてかわいいですよ(孝子)

平清盛公が見つけた御神体を祀る

京都市下京区

若一神社【にゃくいちじんじゃ】

境内はかつて、平清盛公の別邸でした。「邸内に、熊野権現の第一王子の御神体がある」というお告げを受けた清盛公が御神体を見つけ、お祀りしたところ、見事出世を果たしました。清盛公の御手植えの楠に「金運を呼ぶ座敷童」がいるといううわさも。清盛公に出世運や金運を願いましょう!

主祭神

若一王子《ニャクイチオウジ》

ほかにも開運出世、社運隆昌、開運招福などの御利益が……

お守り

金色の袋で運気がUPしそうな「開運御守」(800円)、「清盛公ストラップ」(1000円)は、清盛公ファンは必携です

境内の清盛公の像は、珍しい束帯姿です。清盛公の熱病を祓ったと伝わる御神水も境内で頂けます

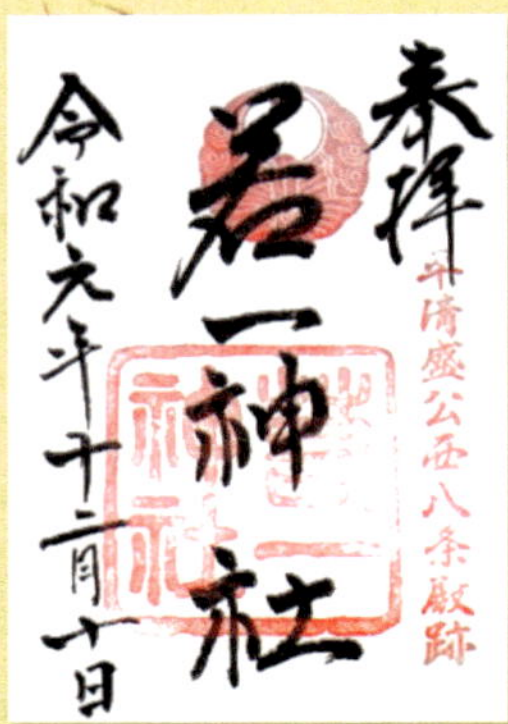

墨書／奉拝、若一神社　印／平清盛公西八条殿跡、浮線蝶、若一神社　●清盛公の別邸であることが印にもしっかりと記されています

DATA

若一神社

創建／1166(仁安元)年

本殿様式／不詳　住所／京都府京都市下京区七条御所ノ内本町98

電話／075-313-8928

交通／JR京都線「西大路駅」から徒歩7分、または市バス「西大路八条」からすぐ

参拝時間／自由

御朱印授与時間／9:00～17:00

URL http://www.kyoto-jinjacho.or.jp/shrine/05/010/

みんなのクチコミ!!

「清盛公　御手植えの楠」は境内に入る前の道路にあります(秀)

第三章

御利益別！ 今行きたい神社

Part 4

美容・健康

すべての幸せは心と体の健康から。老若男女の強い味方になってくれる神様に会いに行きましょう。

★美容・健康★絶対行きたいオススメ神社 3選

- 御髪神社（京都市右京区）／護王神社（京都市上京区）／若宮八幡宮（京都市東山区）
- 新熊野神社（京都市東山区）／新日吉神宮（京都市東山区）
- 熊野神社 衣笠分社（京都市北区）／玄武神社（京都市北区）
- 御香宮神社（京都市伏見区）／五條天神宮（京都市下京区）
- 御靈神社（上御霊神社）（京都市上京区）／西院春日神社（京都市右京区）
- 山王宮日吉神社（宮津市）
- 下御霊神社（京都市中京区）
- 剣神社（京都市東山区）
- 三宅八幡宮（京都市左京区）
- 隼神社（京都市中京区）／元祇園 梛神社（京都市中京区）
- 與杼神社（京都市伏見区）／六孫王神社（京都市南区）

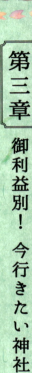

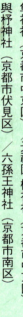

美容◆健康 絶対行きたいオススメ神社 3選

身も心も美しく、ビューティ祈願で女子力アップ！

全国で唯一、髪の毛の神様を祀る「御髪神社」。足腰の健康に御利益ありの「護王神社」。
永遠の美をサポートする「若宮八幡宮」。こちらで願いを伝えれば、
男女問わず健康で美しい毎日を授けていただけるはずです。

絶対行きたい
オススメ神社 1

艶めくきれいな髪で美人度アップ

さまざまな髪の悩みやトラブルを祓ってくれる神社。「髪」は「神」に通じるとし全国から参拝者が訪れます。

京都市
右京区

御髪神社

【みかみじんじゃ】

主祭神
藤原采女亮政之公《フジワラウネメノスケマサユキコウ》

ほかにも合格祈願、開運などの御利益が……

きれいな髪は美人の必須条件。女子力アップを願う人は参拝マストな神社です。神職の方いわく「髪は体のいちばん上、神様の最も近くに位置する部分であり、神様から頂いた天然の冠なんですよ」とのこと。御祭神は、日本で初めて髪結いを生業とされました。日本でここだけというレアな御利益に、髪の毛をきれいにしたい女性はもちろん、美容・理容関係の人、病で髪が減った人、男性も多数訪れます。

お守り

「合格守」（1100円）は、特に美容・理容関係の資格試験を控えた人がこぞって希望するのだそう

＼風流な柄♪／

お守りだって周囲にバレない!? ミニサイズのくし形がキュートな「御櫛守(おぐしまもり)」（各800円）

墨書／奉拝、御髪神社　印／下がり藤、菊のなかに「髪」の神紋、京都嵯峨御髪神社　●「髪」の文字が入った珍しい神紋が目を引きます

髪を納めて美髪祈願

本殿横には髪塚が。御髪献納袋を頂き、髪を3～4cm切って納めると、神職の方が日々祈祷してくださいます（500円）。

みんなのクチコミ!!

絵馬やお守りまでくし形やはさみ形で、髪や理美容にとことんこだわっていて楽しい!!（みき）

DATA
御髪神社
創建／1961(昭和36)年
本殿様式／切妻造
住所／京都府京都市右京区嵯峨小倉山田淵山町10
電話／075-882-9771
交通／JR嵯峨野線「嵯峨嵐山駅」、嵐電嵐山本線「嵐山駅」から徒歩15分、または嵯峨野観光鉄道「トロッコ嵐山駅」からすぐ
参拝時間／自由
御朱印授与時間／9:30～16:00
URL https://mikami-jinjya-kyoto.com

神社は「トロッコ嵐山駅」のほど近くにあり、目の前は小倉池。青々と茂る木々は四季折々で色を変え、その風情で参拝者の目を楽しませてくれます

＼神社の方からのメッセージ／

髪は大切な体の一部。病気などで髪が減ったと当社へお参りされた方が、後日「おかげで髪が戻りました!」とお礼参りに見えることがこれまで何度もありました。そのたびに喜びと御神威の偉大さを感じます。

玉垣には育毛・植毛で有名な諸企業や、シャンプーなどを製造する大手化粧品メーカーの名前がズラリ。社を挙げて祈祷に臨む会社、修学旅行で毎年必ず訪れる美容学校など、業界では特にあつく崇敬されています。

絶対行きたい
オススメ神社 2

足腰の健康を守護するイノシシが象徴

足形の石上に乗ったり碑をさすったりすると、足腰の病気やけがが緩和された！と御利益絶大です。

京都市
上京区

護王神社【ごおうじんじゃ】

主祭神
和気清麻呂公命《ワケノキヨマロコウノミコト》
和気広虫姫命《ワケノヒロムシヒメノミコト》

ほかにも亥《いのしし》年生まれの御守護、子育て守護、喘息封じなどの御利益が……

病気平癒とけが回復、特に長生きの秘訣ともいえる足腰の健康に御利益のある神社です。けん属がイノシシなのは、御祭神・和気清麻呂公が足を痛めながらの旅路において、不意に現れたイノシシの群れに守護されて無事に目的地へ到着。やがて足も回復したという逸話から来ていて、境内にはイノシシにまつわる奉納品がそこかしこに。健康長寿を願う人をはじめスポーツ愛好家も多く訪れるそうで、けがの回復だけでなく、けがをしないようにとお参りする人も絶えません。

なでてハッピーに「幸運の霊猪《れいちょ》」像
手水舎で水を出しているのもイノシシ。「幸運の霊猪」像として、鼻をなでると幸せが訪れるそう。ピカピカお鼻の艶やかさに、多くの人にかわいがられた様子がうかがえます。

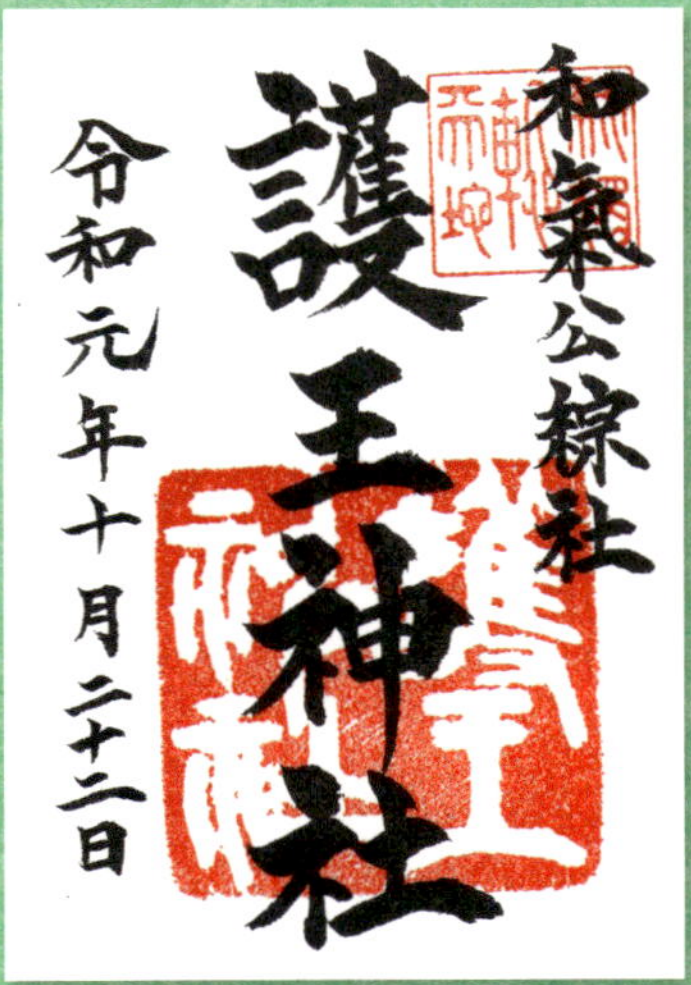

墨書／和氣公綜社、護王神社　印／我獨慙天地、護王神社　●「我獨慙天地」とは、自身を慎んで物事を行うという清麻呂公の言葉です

みんなのクチコミ!!

御所の西側・蛤御門の向かいで、足腰の神様として有名。腰痛もち旦那のためにとお参りしました。足形の石の上に乗って祈願するのがユニーク（RIKA）

清麻呂公とイノシシの深い縁から、神社を護るのは狛犬ではなく「狛イノシシ」なのです

祈願殿を建設する際に伐採した樹齢300年の桂の根がチェーンソーアートで「飛翔親子猪」像に生まれ変わりました。翼の生えた神猪が子猪を守る様子が表現されています

御朱印帳

表は格式の高い向かい四つ藤の社紋、裏は御神木のカリンの花とイノシシが描かれています（1700円）

お守り

ピンポイントで御利益祈願！腰のお守りと足のお守り（各800円）

まゆ玉でできた運気上昇のキュートなお守りの「まゆいのしし」（各500円）。お部屋に飾れます

DATA
護王神社
創建／不詳
本殿様式／流造
住所／京都府京都市上京区烏丸通下長者町下ル桜鶴円町385
電話／075-441-5458
交通／地下鉄烏丸線「丸太町駅」から徒歩8分
参拝時間／6:00～21:00
御朱印授与時間／9:00～17:00
URL https://www.goooujinja.or.jp

＼神社の方からのメッセージ／

御祭神・和気清麻呂公の故事から、足腰の神様として崇敬される神社です。スポーツ選手も多く参拝されます。足腰の難儀にお悩みの方はもちろん、より健康に過ごしたい方、スポーツでの足腰守護と上達を祈願される方、皆さまのご参拝をお待ちしております。

境内のイノシシ・コレクションの豊富さから、地元では「イノシシ神社」として親しまれているというのも納得です。もう１柱の御祭神・和気広虫姫命は清麻呂公のお姉さん。戦乱で身寄りを亡くした子供83人を引き取って育てた慈悲深い人で、子育ての御加護も。

絶対行きたい
オススメ神社 3

美貌の神様が強力サポート

縁結びの御神木やハート形の神石と境内は恋愛の御利益スポットが満載です。

京都市東山区

若宮八幡宮【わかみやはちまんぐう】

主祭神

応神天皇《オウジンテンノウ》

仲哀天皇《チュウアイテンノウ》　神功皇后《ジングウコウゴウ》

ほかにも縁結び、安産、子育て、災難除け、勝運などの御利益が……

美人祈願の強力な御利益が話題の神社。女性として美しく母として強く、政治や戦でも活躍した女神様があつい信仰を集めています。「永遠の美とは、何歳でもその時々の輝きや美しさをもてること。心を磨き、体を健康に。御神力があなたを後押ししてくれますよ」と宮司さん。パワスポいっぱいの御神域で、内側からの美を手に入れましょう。

美しさは表情としぐさに宿る

「お参り後、浄化されたことで穏やかな表情を浮かべる自身の姿を見てほしい」との思いから設けられた「美貌の碑」の姿見。隣には宮司さんのお話どおり「身も心も美しく」と掲げられています。

お守り

ミニサイズのお守りと鳩のチャームがかわいい♪開運のお守り(500円)

墨書／奉拝、若宮八幡宮、京・五条坂　印／鳩をあしらった「若宮八幡宮」の印、若宮八幡宮　●向かい合う1対の鳩は神様のお使いです

足利尊氏が納めた「蓬莱石」
なでるとパワーを頂けます

縁結びに
御利益が!

境内から発掘された神秘的なハート形の石

みんなのクチコミ!!

赤い縁取りのハート形絵馬がかわいい。同じハート形で隠せる保護シールも付けてくれるので、恋愛のお願いをしっかり書いても恥ずかしくない。神様だけに見てもらえます(りっこ)

「美の鏡御守」は美しいコンパクトミラーのお守り。西陣織を使い、中に護符が納められています。通常の鏡と拡大鏡の2面式、巾着付き(2000円)

いつも持ち歩いて!

DATA

若宮八幡宮

創建／1053(天喜元)年
本殿様式／三間社流造
住所／京都府京都市東山区五条橋東5-480
電話／075-561-1261
交通／京阪本線「清水五条駅」から徒歩10分、または市バス「五条坂」から徒歩5分
参拝時間／自由
御朱印授与時間／9:00～18:00 ※季節により異なる
URL https://wakamiya-hachimangu.jp

神社の方からのメッセージ

悩みを抱える方は一見してわかるので、様子をうかがってお声がけするようにしています。当神社でよい気を授かり「お参りしてよかった」と幸せな気持ちでお帰りいただきたい、いつもそう願っております。

陶祖神の椎根津彦命（しいねつひこのみこと）が合祀されていることから「陶器神社」とも呼ばれています。8月の例祭、若宮八幡宮大祭と同時に斎行される陶器神社大祭（陶器まつり）は、京都の代表的な夏の風物詩として多くの人でにぎわいます。

京都市東山区

おなかの健康を守ってくれる

新熊野神社

【いまくまのじんじゃ】

紀州熊野三山の新宮に相当する、別宮として創建されました。ひときわ目立つのが樹齢900年と推定されるクスノキ。後白河上皇が平清盛に命じて植えさせたところ、おなかの持病が治まったといわれています。「おなかの神様」として、健康長寿や悪病退散の力を授かりたいと参拝する人が多くいます。

印／新熊野社、八咫烏、新熊野神社、新熊野神事猿楽演能之地　●「新熊野社」の印は、熊野三山に伝わる「からす文字」という特殊な文字です

お守り

御神木の「おなかの神様」のパワーを頂く「健康長寿」のお守り（600円）。八咫烏がデザインされています

後白河上皇手植えのクスノキと伝わる御神木。樟龍弁財天が祀られています

主祭神

熊野牟須美大神《クマノムスビノオオカミ》　速玉之男大神《ハヤタマノオノオオカミ》

熊野家津御子大神《クマノケツミコノオオカミ》

ほかにも縁結び、交通安全、安産などの御利益が……

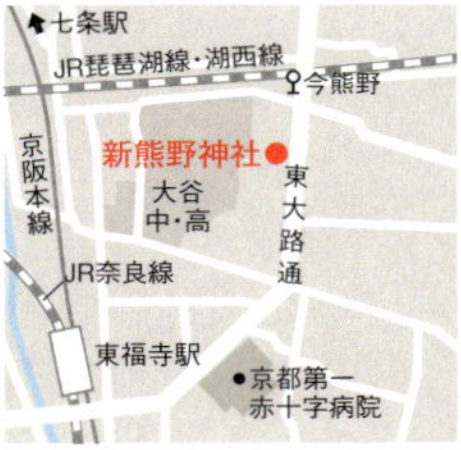

DATA

新熊野神社

創建／1160（永暦元）年　本殿様式／熊野造　住所／京都府京都市東山区今熊野椥ノ森町42

電話／075-561-4892

交通／京阪本線「七条駅」「東福寺駅」から徒歩10～15分、または市バス「今熊野」から徒歩3分

参拝時間／不詳

御朱印授与時間／不詳

URL http://imakumanojinja.or.jp

みんなのクチコミ!!

12月23日にはクスノキに新しいしめ縄を張る「つなかけ祭」が行われます（ゆみ）

京都市東山区

医薬の神様が病を癒やす

新日吉神宮

【いまひえじんぐう】

平安時代、後白河上皇が比叡山東坂本の日吉大社から山王七社の神々を勧請したのが最初です。祭神のお使いがサルであることが、病魔が“去る”のゆえんとされます。本殿前には狛犬ではなく狛猿が鎮座しています。樹齢500年以上のスダジイは御神木で、京都市の保護樹に指定されています。

墨書／奉拝、新日吉神宮　印／神猿、新日吉神宮　●神猿は神様のお使い。印の神猿は手に神楽鈴を持っています。鈴の音で神を呼び、魔を祓う姿です

お守り

神猿が織り込まれたかわいい「まさる守」（350円）。さまざまな災難から身を守ってくれます

置物

「まさるご神猿」（1000円）は「魔を去る」、「優る」に通じる縁起のよい置物

主祭神

大山咋神《オオヤマクイノカミ》　大己貴命《オオナムチノミコト》

賀茂玉依姫命《カモタマヨリヒメノミコト》　後白河天皇《ゴシラカワテンノウ》

ほかにも厄除けなどの御利益が……

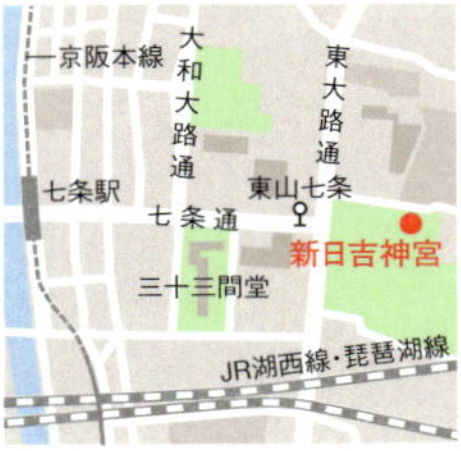

DATA

新日吉神宮

創建／1160（永暦元）年

本殿様式／流造

住所／京都府京都市東山区東大路七条東入ル

電話／075-561-3769

交通／京阪本線「七条駅」から徒歩15分、または市バス「東山七条」から徒歩5分

参拝時間／9:00～17:00

御朱印授与時間／9:00～16:00

URL http://www.imahie.sakura.ne.jp

コンクリート打ちっぱなしの神社!?

京都市北区

熊野神社 衣笠分社

【くまのじんじゃ きぬがさぶんしゃ】

左京区神宮丸田町にある京都熊野神社（→P.135）の分社です。熊野神社を崇敬していた典薬医の屋敷でしたが、典薬医の没後、神社に屋敷地が寄進され、モダンな分社ができました。日本の祖神ともいえる2柱の神が御祭神です。いつまでも健康に繁栄を続けられるようお祈りしましょう。

お守り

「八咫烏鈴」（700円）があれば健脚になれるかも!?

幸せを運んでくれそうな文字が並ぶ「加楽寿（からす）御守」（各700円）は安産祈願に

整えられたお社から、大切に守られてきたことが伝わります

主祭神

伊弉冉尊《イザナミノミコト》　伊弉諾尊《イザナギノミコト》

ほかにも縁結び、安産などの御利益が……

みんなのクチコミ!!

住宅街にこつ然と現れます！（カナ）

墨書／奉拝、衣笠　印／神紋の八咫烏、熊野神社　●八咫烏が高く昇る姿の印が頂けます。八咫烏はサッカー日本代表のシンボルとして有名です

DATA

熊野神社 衣笠分社

創建／1983（昭和58）年 ※本社は811（弘仁2）年

本殿様式／鉄筋コンクリート造

住所／京都府京都市北区小松原北町135

電話／075-461-7836

交通／嵐電北野線「北野白梅町駅」から徒歩8分、または市バス「衣笠校前」から徒歩5分

参拝時間／自由　御朱印授与時間／9:00～17:00 ※不定休あり

京の3大奇祭で健康運をGET

京都市北区

玄武神社

【げんぶじんじゃ】

毎年4月第2日曜日に行われる「玄武やすらい祭」は、京都の3大奇祭のひとつ。春の花が飛び散ると、悪霊や疫神も飛び散ると考えられていますが、祭り行列の花傘に入ると、負のものを追い祓い、さらに疫神を神社に封じ込められるそう。歴史ある風習にあやかって、無病息災を願いましょう。

お守り

玉虫色の鮮やかな「御守」（各500円）

絵馬

玄武は亀と蛇が合わさった神獣。「絵馬」（500円）に健康を願いましょう

玄武神社本殿に北の方位を守る神獣・玄武の像があります

主祭神

惟喬親王《コレタカシンノウ》

ほかにも厄除け、方位除けなどの御利益が……

みんなのクチコミ!!

かわいい季節の特別御朱印も要チェックですよ（ハル）

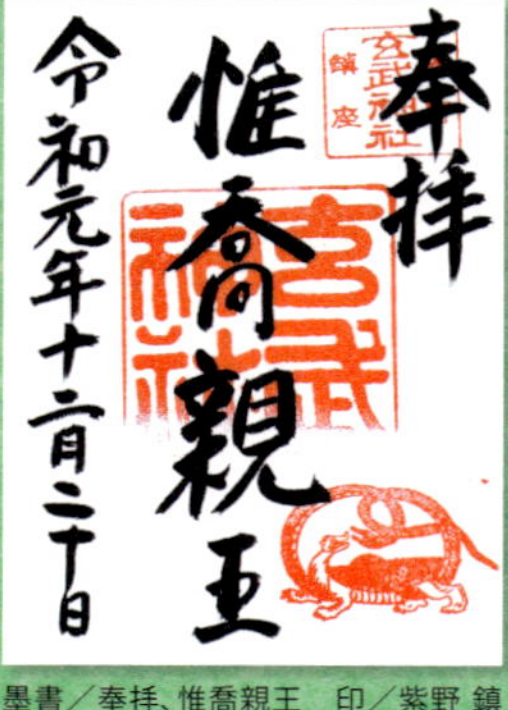

墨書／奉拝、惟喬親王　印／紫野 鎮座 玄武神社、玄武神社、玄武（亀蛇）　●文徳天皇の第一皇子であり悲運の皇子・惟喬親王の御霊をなぐさめるために建立された神社でもあります

DATA

玄武神社

創建／元慶年間（877～884年）

本殿様式／流造

住所／京都府京都市北区紫野雲林院町88

電話／075-451-4680

交通／市バス「大徳寺前」から徒歩8分

参拝時間／自由

御朱印授与時間／9:00～16:00

URL http://yasurai.org

安産を強力バックアップ

京都市伏見区

御香宮神社【ごこうのみやじんじゃ】

古くから「日本第一安産守護之大神」として信仰を集めています。社名は、境内に「御香水」と名付けられた名水が湧くことに由来します。10月初旬に9日間行われる神幸祭は、周辺地域の総鎮守の祭礼で、「花傘祭」とも呼ばれます。お神輿の巡行などがあり、洛南で最大の祭礼とされています。

限定御朱印と御朱印帳はP.16・25で紹介!

お守り袋がきれいな色の「安産御守」(右から1200円、700円、700円)

御香水は環境省から「名水100選」に認定されています。7:00～19:00にお水取りができます

主祭神
神功皇后《ジングウコウゴウ》

ほかにも長寿などの御利益が……

墨書/伏見桃山、御香宮　印/祭神神功皇后、伏見御香宮之印、御香宮神社参拜之章　●祭神は女神で安産、長寿の神様として知られます

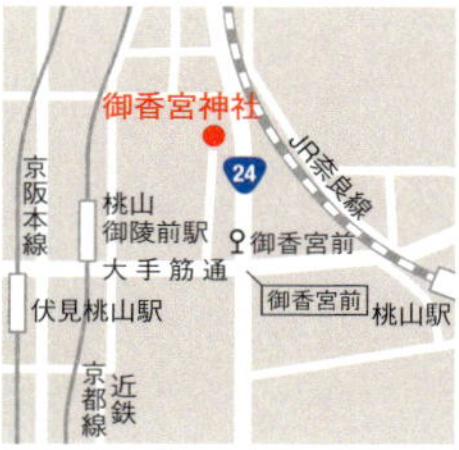

DATA

御香宮神社

創建/不詳　本殿様式/五間社流造

住所/京都府京都市伏見区御香宮門前町174　電話/075-611-0559

交通/近鉄京都線「桃山御陵前駅」から徒歩2分、京阪本線「伏見桃山駅」、JR奈良線「桃山駅」から徒歩5分、または市バス「御香宮前」から徒歩1分

参拝時間/自由

御朱印授与時間/9:00～16:00

URL https://www.gokounomiya.kyoto.jp

みんなのクチコミ!!

神幸祭は境内に100軒以上の露店が並び、にぎわいます。最終日には武者行列があります(まゆみ)

節分の宝船図で病魔退散

京都市下京区

五條天神宮【ごじょうてんしんぐう】

創建当初の名は「天使の宮」「天使社」。祭神は医学の神様で、平安京遷都の際、病魔退散のために建てられたとされます。『義経記』には源義経と弁慶が最初に出会った場所として登場します。節分限定で授与される宝船の絵図は、家にお祀りすると厄除け、病除けの御利益があるとされます。

節分に授与される宝船の図は、船に稲穂をひと束乗せただけの絵です。日本最古の宝船の図だとか

境内には高さ約2mの「醫祖神之碑」が立っています。石碑には医学の神様である少彦名命をたたえる碑文が刻まれています

主祭神
少彦名命《スクナビコナノミコト》　大己貴命《オオナムチノミコト》
天照皇大神《アマテラススメオオカミ》

ほかにも厄除けなどの御利益が……

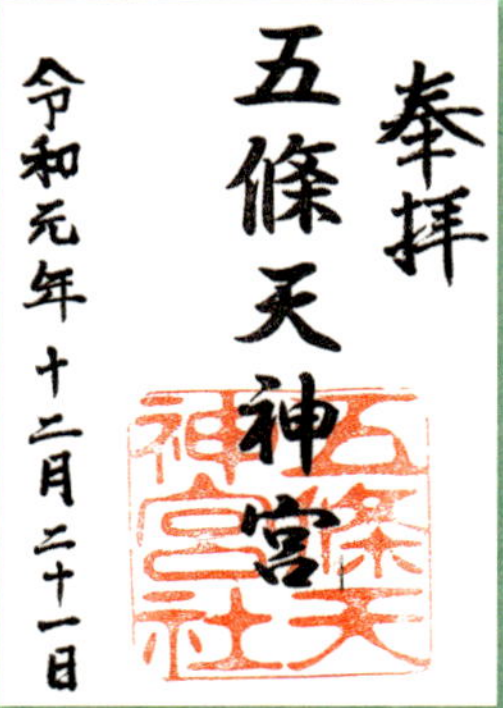

墨書/奉拝、五條天神宮　印/五條天神宮社　●社名の「五條」は社域北側の松原通がかつて五條通と呼ばれていたことに由来するとされます

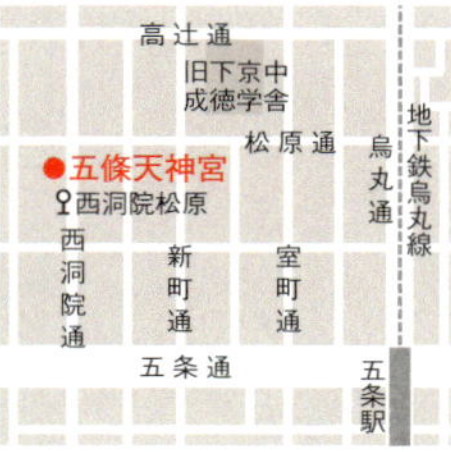

DATA

五條天神宮

創建/794(延暦13)年

本殿様式/不詳

住所/京都府京都市下京区天神前町351-2

電話/075-351-7021

交通/市バス「西洞院松原」からすぐ、または地下鉄烏丸線「五条駅」から徒歩10分

参拝時間/9:00～18:00

御朱印授与時間/不定

みんなのクチコミ!!

神社の前は商店街になっていて、とてもにぎやかです(未来)

病は気から。心穏やかに参拝を

京都市上京区

御靈神社【ごりょうじんじゃ】（上御霊神社）【かみごりょうじんじゃ】

平安時代初期、桓武天皇の実弟である早良親王の御神霊を和め鎮めるために創建され、その御神力で瞬く間に疫病除けの霊社として名を知られるようになりました。不安や怒り、ストレスを抱えている人はぜひ訪れてみて。御神域のパワーで心が安らぎ、健康になれますよ。

境内の御霊の森は、戦国時代の争いの火蓋を切った「応仁の乱」発端の地。それを記した石碑があります

お守り

かわいい巾着型のお守りに大祓詞（おおはらえのことば）付き。心を落ち着けたいときには声に出して読んでみましょう。「こころしづめ守」（1000円）

墨書／奉拝、御靈社　印／有職桐紋（ゆうそくきりもん）、御靈神社　●荒ぶる魂をていねいに祀り、災いをなくそうという御霊信仰。その祭礼の発祥神社です

主祭神

早良親王《サワラシンノウ》　八所御霊《ハッショゴリョウ》

ほかにも厄除け、学業成就、書道上達などの御利益が……

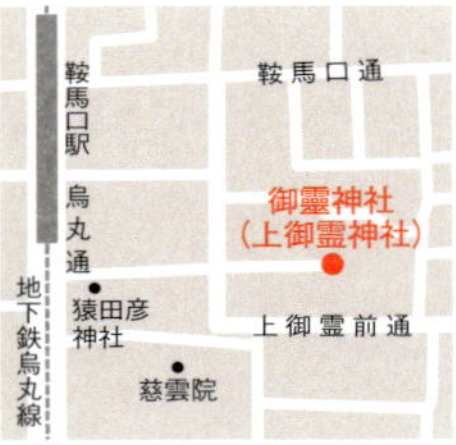

DATA

御靈神社（上御霊神社）

創建／794（延暦13）年

本殿様式／入母屋平入

住所／京都府京都市上京区上御霊竪町495

電話／075-441-2260

交通／地下鉄烏丸線「鞍馬口駅」から徒歩3分　参拝時間／9:00～17:00※季節により変動あり

御朱印授与時間／9:00～17:00

みんなのクチコミ!!

京都の人の「先の戦争」とは応仁の乱を指すそうですが、その勃発の地だそうで、京都の歴史を感じます（みはま）

病の内親王を救った神社

京都市右京区

西院春日神社【さいいんかすがじんじゃ】

平安初期、崇子《たかこ》内親王が患った天然痘（疱瘡）を一夜で治したと伝わる霊石「疱瘡石」が祀られています。歴代天皇も健康を祈願しに訪れた記録が残ります。境内社には、物事を元に戻すという「西院還来《もどろぎ》神社」があり、健康祈願はもちろん、物事の軌道を修正したいと願う人々が足を運びます。

御朱印帳はP.26で紹介！

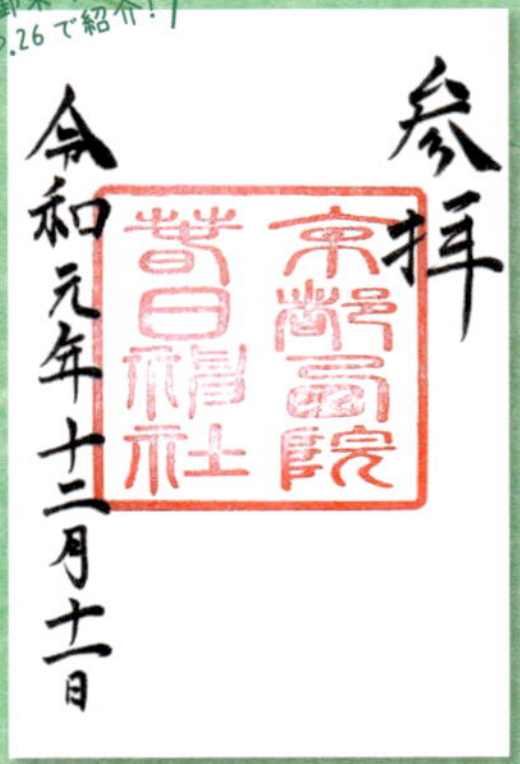

墨書／参拝　印／京都西院春日神社　●印にある春日神社の「春」の字は、鹿の角のようなデザインです

お守り

「六尺藤」の名所として知られ、「健康災除御守」（2000円）にもフジの花があしらわれています

春日神社で「神の使い」とされる鹿が元気に跳ねる図柄の「交通安全御守」（2000円）

邪気除けの「勾玉守」（2000円）は、曇りのない透明な石を使用

主祭神

建御賀豆智命《タケミカヅチノミコト》　伊波比主命《イワイヌシノミコト》

天児屋根命《アメノコヤネノミコト》　比売神《ヒメガミ》

ほかにも旅行安全、交通安全、災難厄除などの御利益が……

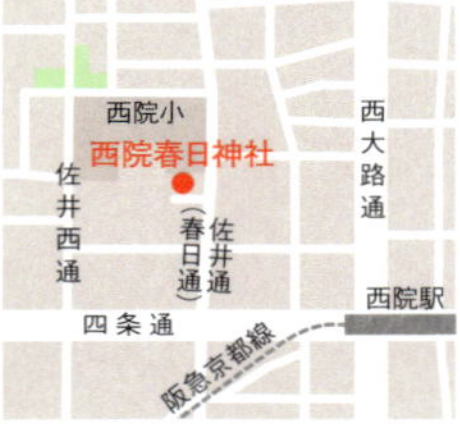

DATA

西院春日神社

創建／833（天長10）年

本殿様式／春日造

住所／京都府京都市右京区西院春日町61

電話／075-312-0474

交通／阪急京都線「西院駅」から徒歩5分

参拝時間／自由

御朱印授与時間／9:00～18:00

URL http://www.kasuga.or.jp

みんなのクチコミ!!

霊石は毎月1・11・15日に公開されます（武）

江戸時代から続く「赤ちゃん初土俵入」

赤ちゃんへの健康を授ける神事のほか
大人の災厄除去にも御利益あり！

宮津市

山王宮日吉神社【さんのうぐうひよしじんじゃ】

天橋立を有する宮津市。かつてこの地にあった宮津城の城下町を見下ろす高台が、山王宮日吉神社の神域です。古来、山王神は鬼門を護り、災厄除去に御利益があるとされてきました。それにより、「魔を祓う強い御神力をもつ神」としても信仰を集めました。山王神の使いとされるサルは、元気に子を産み、懸命に育てることから安産・子育ての神様としても知られています。

主祭神
大山咋神《オオヤマクイノカミ》　大己貴神《オオナムチノカミ》

ほかにも災厄除去、安産、子育てなどの御利益が……

御神域は京都府文化財環境保全地区
写真の本殿は1688（貞享5）年に、拝殿は1834（天保5）年に、当時の宮津藩主がそれぞれ再建・創建しました。四季折々の自然と調和する光景を眺めれば、心も美しくなれそう。

お守り

「赤ちゃん初土俵入」は、化粧回し姿の赤ちゃんが見えない神様を相手に相撲を取るという、全国でも極めて珍しい神事です。魔が去るとされる「山王神猿まもり」（700円）は、かわいいデザインで、子供に持たせたい！

みんなのクチコミ!!

女の子の土俵入りをここ数年受け付けてくれています！赤い化粧回しがとってもかわいいです（美樹）

印／奉拝、山王宮、宮津藩主 本庄宗秀 筆、杉末神社 日吉神社、小槌印の中に参拝記念　●中央の「山王宮」の文字は、宮津藩主の筆が印になったものです

絵馬

御神域全体を描いた「絵馬」（500円）からも、木々に囲まれた神社であることがわかります

DATA
山王宮日吉神社
創建／元宮とされる境内の杉末神社は572（敏達天皇元）年鎮座
本殿様式／向拝のある檜皮葺入母屋造
住所／京都府宮津市宮町1408
電話／0772-22-3356
交通／JR·京都丹後鉄道「宮津駅」から徒歩20分、または丹後海陸交通バス「山王橋」から徒歩3分
参拝時間／自由
御朱印授与時間／9:00～17:00
URL https://www.sannougu.jp

神社の方からのメッセージ

当社には樹齢1000年と伝わる椎の御神木など、名木がたくさんあります。宮津市指定天然記念物の大サザンカは、樹齢約400年の大木ながら満開が1ヵ月も続きます。含紅桜（がんこうざくら）は、江戸初期に藩主が植えました。

少し疲れていた含紅桜でしたが、2018（平成30）年には樹木医が集まって蘇生治療を試み、古い枝からいくつもの新芽を吹き出させました。木がもつ力と人の想いが結集し、令和の時代に命をつなぎます。

才にあふれた祭神が力を授ける！

都を守護する御霊八所《ごりょうはっしょ》の神々のパワーにあやかれるよう、心清らかに参拝を。

京都市中京区

下御霊神社

【しもごりょうじんじゃ】

平安時代にえん罪によって亡くなられた貴人八柱「御霊八所の神」が主祭神です。聡明と伝わる人物、音楽の能力がある方、優れた筆のもち主など、どの祭神も秀でた才をもちながら、政争に巻き込まれ非業の死を迎えました。しかし、下御霊神社がお祀りしたことで、疾病災厄から都を守護する存在となっています。優れた知性をはじめ、さまざまな叡智に触れたい人はぜひ参拝を！

大きな口を開けて笑う狛犬

阿吽の狛犬の1体が「まるで大笑いしているかのよう」とSNSなどで話題になりました。「わっはっは」という声が聞こえてきそうな狛犬は、よいご縁を招いてくれるかも。

主祭神

崇道天皇《スドウテンノウ》(早良親王《サワラシンノウ》)　伊豫親王《イヨシンノウ》
藤原吉子《フジワラノキッシ》　藤原廣嗣《フジワラノヒロツグ》
橘逸勢《タチバナノハヤナリ》　文屋宮田麻呂《ブンヤノミヤタマロ》
吉備聖霊《キビノショウリョウ》　火雷天神《カライノテンジン》

ほかにも病期平癒、災厄除けなどの御利益が……

墨書／奉拝、下御靈神社　印／神紋、下御靈神社印、下御靈神社参拝章　●名水が湧く神社としても有名です。美しい神紋は沢瀉（おもだか）に水。「この神紋はすべての水に守護があります」と神社の方

お守り

境内に湧く御神水でお祓いしています

水の合わない場所や関係との滞りがなくなる「御霊水守」（1000円）は、自分に合った水とのご縁を結んでくれます

みんなのクチコミ!!

落語会やジャズライブなどイベントもめじろ押しの神社です（優衣）

絵馬

笑う狛犬がコミカルにデザインされた「狛犬絵馬」（700円）には、笑顔になれるような願いを込めましょう

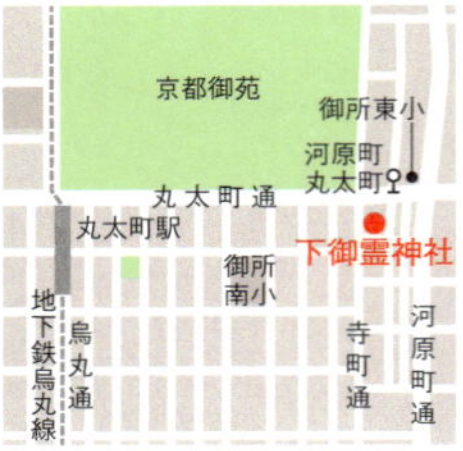

DATA

下御霊神社

創建／平安時代初期
本殿様式／仮皇居の賢所旧殿を社殿用に改築したもの
住所／京都府京都市中京区寺町通丸太町下ル下御霊前町634
電話／075-231-3530
交通／地下鉄烏丸線「丸太町駅」から徒歩10分、または市バス「河原町丸太町」から徒歩1分
参拝時間／6:00～19:30
御朱印授与時間／9:00～17:00
URL https://shimogoryo.main.jp

神社の方からのメッセージ

令和元年には、約80年ぶりとなる神幸祭（しんこうさい）の巡幸と約150年ぶりとなる京都御苑への神輿巡幸、並びに、当社とゆかりの深い霊元上皇が住まわれた仙洞（せんとう）御所前での神輿奉安を復活させました。

京都御所の産土神（生まれた土地を守る鎮守の神様）は、下御霊神社と御靈神社（→P.110）です。令和元年は神幸祭と御即位の日が重なるおめでたい1日になりました。京都御所が天皇のお住まいであった時代は、神輿巡行を天皇も観覧されたそうです。

子供の健康を守る神様にお願い

子供の健康を守護する神様のもとには各地から参拝者が訪れます。「剣さん」と呼ばれることも。

京都市東山区

剣神社【つるぎじんじゃ】

平安遷都の際、都を魔から守るため、都の巽《たつみ》(東南の方角)の地に宝剣を埋め、社殿を立てたのが最初と伝わります。御祭神は今熊野一帯を守る産土神《うぶすながみ》として崇敬されています。子供の健康、特に「かんの虫封じ」に御利益があるとされ、遠方からの参詣も珍しくありません。「かんの虫」とは子供のひきつけや夜泣き、かんしゃくを指します。毎年2月11日には厄除け祈願の御弓始祭があります。

主祭神

伊弉諾神《イザナギノカミ》　伊弉冉神《イザナミノカミ》
瓊々杵神《ニニギノミコト》　白山姫神《シラヤマヒメノミコト》

ほかにも厄除けなどの御利益が……

かつて文人たちが集った名所

神社の周辺はかつてホトトギスの名所とされ、多くの文人墨客が訪れました。和歌にも数多く詠まれています。現在は住宅街となり、当時の姿をしのぶことはできませんが、今なお静かなたたずまいを残しています。

墨書／子供乃守護神、剣神社　印／剣神社璽、都留機能や志侶(つるきのやしろ)　●子供を諸病から守る子供の守護神とされてきました

絵馬

京都には祈願成就までトビウオを食べないトビウオ断ちの風習があります。その風習にちなんだ「絵馬」(500円)です。木の板に一つひとつ手描きしています

みんなのクチコミ!!

11月上旬の三宿封じ火焚祭が有名。授与された焼きミカンを食べると、風邪の予防になるとか(林檎)

お守り

社紋の三つ巴が配された「肌守」(各500円)。子供が健やかに育つように見守ってくれます

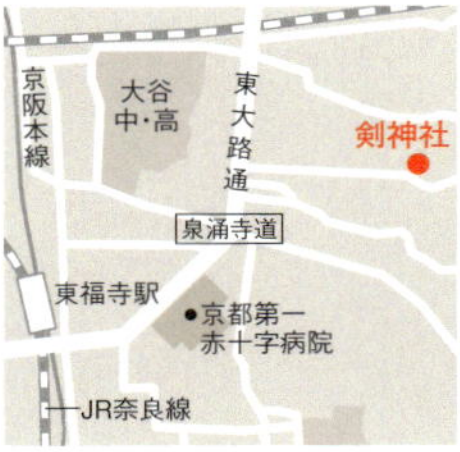

DATA
剣神社
創建／不詳
本殿様式／流造
住所／京都府京都市東山区今熊野剣宮町13
電話／075-561-3738
交通／京阪本線、JR奈良線「東福寺駅」から徒歩11分
参拝時間／6:00～日没
御朱印授与時間／6:00～日没

神社の方からのメッセージ

2月11日に斎行されるつるぎ御弓始祭では、鬼と書かれた的に矢を放ち、厄除けを祈願します。同日、護摩木を焚き上げて祈願成就や厄除けを願う厄除火焚祭も行われます。厄除祈祷は新年から2月11日までに行うとよいでしょう。

神社の境内にある「撫で石」は、神社創建以来の御神石です。石をなでてから自分の体の気になる部分をなでさすると、御加護が頂けると言い伝えられています。願いを込めて自身の穢れを祓いましょう。

京都市左京区

三宅八幡宮【みやけはちまんぐう】

子供の健やかな成長を見守ってくれる

豊かな自然に囲まれた桜と紅葉の隠れた名所です。虫除けの御利益から「虫八幡さん」とも呼ばれます。

小野妹子は遣隋使としての旅の道中、病気になりました。その際、宇佐八幡宮に祈願するとすぐに全快。隋に渡ったあとも数々の危難を免れ、無事帰国することができました。その恩に報いるために、小野妹子が建立したと伝わります。子供の守り神として「かん虫封じ」「病気平癒」「夜泣き封じ」などの御利益で知られていますが、虫退治の神様として「害虫駆除」の御利益もあります。

主祭神

応神天皇《オウジンテンノウ》（八幡大神《ハチマンオオカミ》）

ほかにも学業成就、害虫駆除などの御利益が……

当時の風俗習慣がわかる大絵馬を展示

境内にある絵馬展示資料館には、子供の成長を願い奉納された絵馬が多数展示されています。絵馬124点は、国の重要有形民俗文化財に指定。かん虫封じのお礼参りの様子が描かれた大絵馬も。開館時間10:00～15:00、入館料300円。

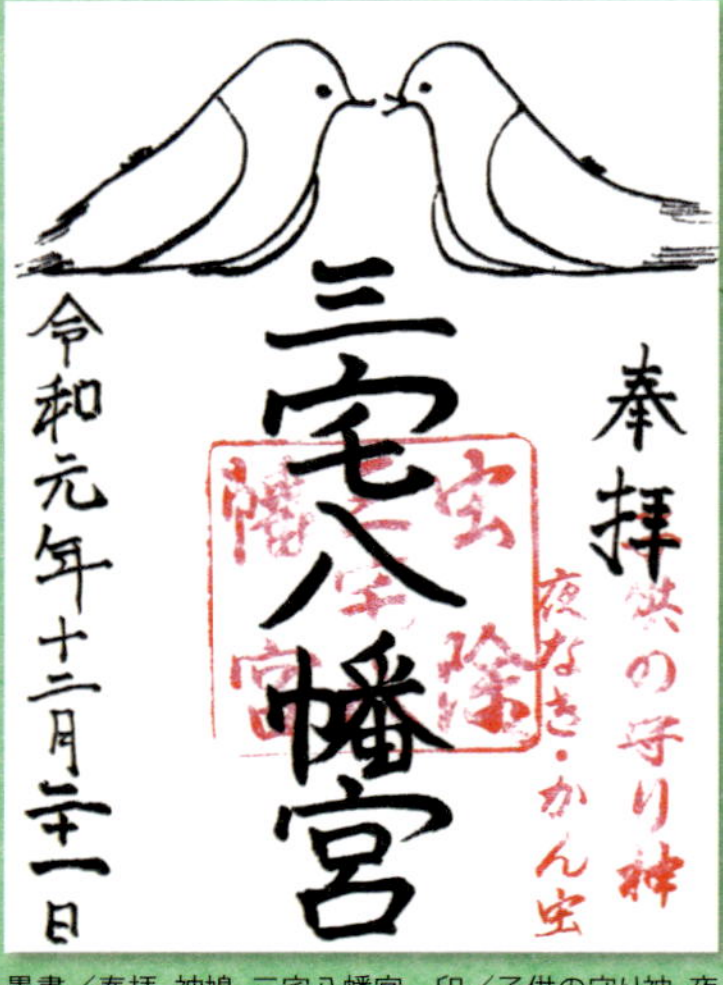

墨書／奉拝、神鳩、三宅八幡宮　印／子供の守り神、夜なき・かん虫、虫除三宅八幡宮　●愛らしい神鳩の墨書きは、描く係の人が在席しているときのみ頂ける貴重なものです

お守り

伏見人形の窯元で作られている対の「神鳩（しんばと）」（2体セット1700円）は、金の首輪をしている（写真右）鳩がオス。子育て祈願で頂いたあと、その子が健やかに成長すると、お礼参りで納めに来るのが習わしです

みんなのクチコミ!!

9月に営まれる秋の大祭（放生会）は、五穀豊穣を感謝するお祭り。多くの参拝客が訪れます（マヤ）

おみくじ

置物の中におみくじが入っている「鳩みくじ」（300円）。置物は奉納しても、持ち帰ってもOKです

絵馬

素焼きに青く色付けされた「神鳩」が描かれた「絵馬」（600円）

DATA

三宅八幡宮

創建／飛鳥時代と伝わる

本殿様式／銅葺入母屋造

住所／京都府京都市左京区上高野三宅町22

電話／075-781-5003

交通／叡山電車鞍馬線「八幡前駅」から徒歩4分、または京都バス「八幡前」から徒歩2分

参拝時間／9:00～16:00

御朱印授与時間／9:00～16:00

URL https://www.miyake-hachiman.com

神社の方からのメッセージ

子育て祈願絵馬は、幕末から昭和にかけて参詣者から奉納されたものです。人々の信仰の姿が周辺の風景とともに描かれた絵馬に、いつの時代も変わらぬ親の子に対する健やかな成育への思いや願いを見ることができます。

三宅八幡宮でしか頂くことができない隠れた人気商品が、鳩をかたどった「鳩もち」。米の粉を蒸した、むっちりとした食感と控えめな甘さが特徴のお菓子です。白、ニッキ、抹茶の3種類あり、参道にある茶店で頂けます。

健やかな体になれるようお参りを

京都市中京区

隼神社【はやぶさじんじゃ】

四条通に面した鳥居をくぐると、静かな空気が漂います。元祇園 梛《なぎ》神社（下記）と隣り合う隼神社は、格式の高い神社として数々の歴史書にその名が見られます。御祭神は病気平癒や厄除けの神として信仰され、武神であることから特に最近はスポーツの上達を願う参拝者が多く訪れています。

限定御朱印はP.17で紹介！

墨書／奉拝、隼神社　印／花、式内隼神社　●写真の通常御朱印のほか、華やかなデザインの限定御朱印が人気

お守り

「肌守り」（800円）は、身体健康のオールマイティなお守り。お肌のトラブルにも御利益があるとか

御朱印帳

年に数回だけ授与される、オリジナルの御朱印帳（1800円）は出合えたらラッキー！　すべて一点物の手作り御朱印帳（2000円）もごくまれに授与されます

隣り合う元祇園 梛神社と共通の鳥居です

DATA
隼神社
創建／不詳 ※794（延暦13）年とも伝えられている　本殿様式／流造
住所／京都府京都市中京区壬生梛ノ宮町18-2
電話／075-841-4069
交通／阪急京都線「大宮駅」、嵐電嵐山本線「四条大宮駅」から徒歩5分、または市バス「壬生寺道」からすぐ
参拝時間／自由
御朱印授与時間／9:00～17:00

主祭神
武甕槌神《タケミカヅチノカミ》（隼大神《ハヤブサオオカミ》）

ほかにも勝負運、スポーツ運などの御利益が……

みんなのクチコミ!!

限定御朱印が豊富！何度も訪れたい（あゆ）

祇園祭の起源はこの神社にあり！

京都市中京区

元祇園 梛神社【もとぎおん なぎじんじゃ】

平安時代、京都を襲ったはやり病をなぎ払うため、八坂神社（祇園社）の建立が決まりました。数万本の梛《なぎ》の林があったこの地は、八坂の神様を仮祭祀した場所。そのことから「元祇園社」と呼ばれます。ここから八坂神社まで、神輿を遷祀《せんし》したのが祇園祭の起源です。

限定御朱印と御朱印帳はP.17・25で紹介！

墨書／奉拝、梛神社　印／五瓜に唐花、左三つ巴の神紋、梛の葉、元祇園梛神社　●梛の葉の印が押されます。引っ張っても切れない梛の葉は、ご縁を結ぶとされています

お守り

「願いの実 梛の実 おみくじ付き」（800円）は、お守りとして持ち帰るほか、願いごとを書いてから御神木につるす方法もあります

御神木の梛は苦難を「なぎ」倒す、波風が立たない「凪」に通じることなどから縁起がよい木です

DATA
元祇園 梛神社
創建／869（貞観11）年
本殿様式／流造
住所／京都府京都市中京区壬生梛ノ宮町18-2
電話／075-841-4069
交通／阪急京都線「大宮駅」、嵐電嵐山本線「四条大宮駅」から徒歩5分、または市バス「壬生寺道」からすぐ
参拝時間／自由
御朱印授与時間／9:00～17:00

主祭神
素盞嗚尊《スサノオノミコト》

ほかにも厄除け、縁結びなどの御利益が……

みんなのクチコミ!!

隼神社（上記）と隣り合う神社。限定御朱印は要チェック！（ミナ）

命の源〝水〟にまつわる御利益を

京都市伏見区

與杼神社【よどじんじゃ】

もとは桂川のほとりにありましたが、今は桂川、木津川、宇治川の交わる淀城址に位置しています。主祭神の速秋津《はやあきつ》姫命《ひめのみこと》は、港の守護神。豊玉姫命《とよたまひめのみこと》は海の神様の娘です。生命活動に欠くことができない水とのゆかりが深いこの神社で、心身ともに健やかに過ごせるよう祈願しましょう。

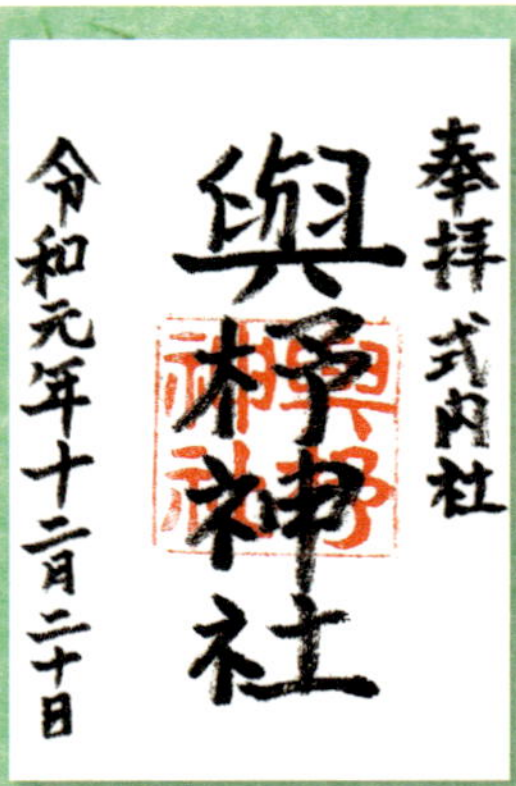

墨書／奉拝、式内社、與杼神社　印／與杼神社　●式内社とは、延喜年間に鎮座していた由緒ある神社のことです

お守り

昭和期に焼失した本殿は、後に再建。平成期には長らく途絶えていた神輿渡御が復活するなど、パワーが盛り返している神社。「御守」(各500円)にもそんな力が込められているかも

大阪の淀屋橋の地名の由来になった江戸時代の豪商、大阪淀屋の高灯篭が境内に。この付近の出身と伝わっています

DATA

與杼神社

創建／応和年間(961～963年)
本殿様式／三間社流造
住所／京都府京都市伏見区淀本町167
電話／075-631-2061
交通／京阪本線「淀駅」から徒歩3分
参拝時間／9:00～18:00
御朱印授与時間／9:00～17:00
URL http://www.yodojinja.com

主祭神

豊玉姫命《トヨタマヒメノミコト》　高皇産霊神《タカミムスビノカミ》
速秋津姫命《ハヤアキツヒメノミコト》

ほかにも家内安全、社運隆昌などの御利益が……

みんなのクチコミ!!

昔は神輿が船に乗せられて桂川を渡ったとか(マツコ)

安産、子孫繁栄をかなえる

京都市南区

六孫王神社【ろくそんのおうじんじゃ】

六孫王は源経基《みなもとのつねもと》のことで、清和天皇の孫。源氏の武士団をつくったことから清和源氏発祥の宮ともいわれます。境内には経基の子、満仲《みつなか》の安産を祈願した弁財天が祀られています。満仲の産湯に使ったという名水が湧く井戸の上に祀られたことから、誕生水弁財天と呼ばれるようになりました。

墨書／奉拝　印／菊紋、六孫王神社印、牡丹の印　●御祭神が天皇家と関係があるため菊紋が押され、御祭神が愛したという牡丹の印が配されています

御朱印帳

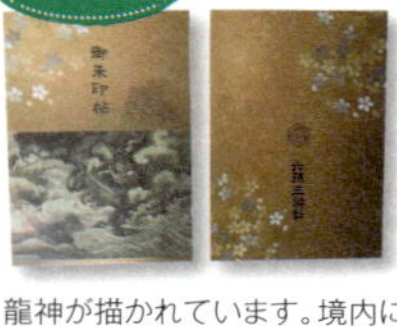

「御朱印帖」(1000円)には祭神の龍神が描かれています。境内に咲く桜や牡丹も表紙に配されています

お守り

境内の池にはコイが泳ぎます。コイが出世すると龍になるという故事にちなみ、「出世開運のお守り」(700円)を授与しています

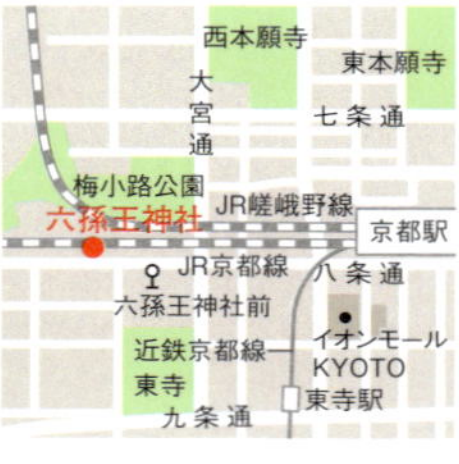

DATA

六孫王神社

創建／平安時代中期
本殿様式／複合建築
住所／京都府京都市南区壬生通八条上ル八条町509
電話／075-691-0310
交通／JR「京都駅」から徒歩15分、または市バス「六孫王神社前」から徒歩3分　参拝時間／自由
御朱印授与時間／9:00～17:00
URL http://www.rokunomiya.ecnet.jp

主祭神

六孫王大神《ロクソンノオウオオカミ》

ほかにも安産などの御利益が……

みんなのクチコミ!!

清和天皇の第六皇子(貞純親王)の息子だから「六孫王」といわれています(ヒロ)

第三章

御利益別！ 今行きたい神社

Part5

仕事・学業

受験やビジネスの成功、キャリアアップなど、夢の実現を神様があと押し！
新たな道を進むパワーを頂きましょう。

- ★仕事・学業★絶対行きたいオススメ神社 3選
  宇治上神社（宇治市）／菅原院天満宮神社（京都市上京区）／
  豊国神社（京都市東山区）
- 合槌稲荷神社（京都市東山区）／宇治神社（宇治市）
- 大田神社（京都市北区）
- 御辰稲荷神社（京都市左京区）
- 花山稲荷神社（京都市山科区）
- 菅大臣神社（京都市下京区）／長岡天満宮（長岡京市）
- 出世稲荷神社（京都市左京区）
- 青龍妙音辨財天（京都市上京区）／
  吉祥院天満宮（京都市南区）
- 錦天満宮（京都市中京区）
- 編集部オススメ！ 授与品 ～御利益別に見る授与品～

仕事◆学業 絶対行きたいオススメ神社 3選

成功への道を切り開く3社をめぐり、テッペン目指す！

学力向上や、ビジネス成功の夢をつかみ取るための
勝運を授けてくれる３社には、強いエネルギーがみなぎっています。
夢の実現を決意したら迷わず参拝し、ここぞというときの底力を授かりましょう。

絶対行きたい
オススメ神社 1

宇治市

宇治上神社【うじかみじんじゃ】

親子３神の霊力で神サポート！

本殿は神社建築日本最古の国宝。頭脳明晰な菟道稚郎子《うじのわきいらつこ》のパワーがあふれています。

主祭神

菟道稚郎子《ウジノワキイラツコ》
応神天皇《オウジンテンノウ》　仁徳天皇《ニントクテンノウ》

ほかにも諸願成就、病気平癒、悪運を切り良縁を結ぶなどの御利益が……

カラフルな御朱印が魅力的な、京都の隠れパワースポット。国宝の美しい本殿・拝殿がある境内全域や背後の小高い山からも強いエネルギーを感じ取れます。御祭神は応神天皇とその御子二兄弟ですが、主祭神はなぜか弟の菟道稚郎子。そのわけを神職の方に尋ねると、そこには皇位継承にまつわる伝説がありました。菟道稚郎子は学識ある人格者で、兄たちを飛び越して父から皇太子に指名されるほどの人物でしたが、父亡きあとに兄弟で皇位を譲り合う間に世が乱れたのを嘆き、自ら命を絶って兄を天皇にしたと伝わります。この学識豊かな神様にあやかって学業成就、合格祈願に訪れる人も多く、親子の神様方が人生を切り開いて進む人をあと押ししてくれます。

親子３神を祀る本殿

本殿は、内殿の３棟が「覆屋（おおいや）」で覆われています。内殿と覆屋のすべてが現存する最古の神社建築として、国宝に指定されています。

みんなのクチコミ!!

「世界一狭い世界遺産」と話題になったけれど、凝縮された浄化パワーがスゴイ！（メイッコ）

お守り

御朱印と同様にお守りもカラフル！ 開運・厄除けに（各500円）

取材スタッフのこぼれ話

宇治といえば、『源氏物語』最後の「宇治十帖」の舞台。光源氏の息子と孫、そして宇治に住む八の宮家の3人の娘が繰り広げる恋の物語です。八の宮のモデルは菟道稚郎子といわれ、現在の宇治上神社周辺がその離宮「桐原日桁宮（きりはらひけたのみや）」跡と考えられています。源氏物語ファンにとっても見逃せない聖地！

土地を浄化する「清め砂」

拝殿前には、円錐形の砂の山がふたつ盛られています。これは「清め砂」。毎年9月1日に氏子たちが奉納し、境内の清めの砂として1年間盛られたあと、お正月やお祭りのときにまかれ、境内を清浄にします。

室町時代に栄えた宇治茶にちなみ、「宇治七名水」が定められました。そのひとつ、境内の「桐原水」は唯一現存し、今もこんこんと湧き出す、いわば奇跡の水。これも御神徳かも

水を汲みに来る人も!

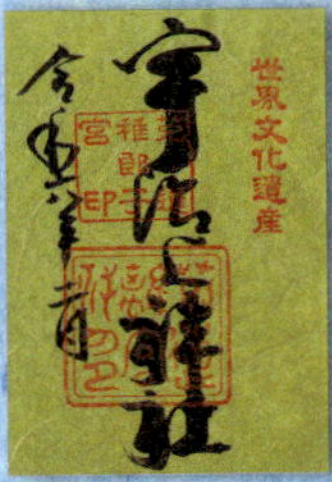

茶加美《ちゃかみ》朱印

墨書／宇治上神社　印／世界文化遺産、莵道稚郎子宮印、莵道離宮社印／●宇治茶にちなむ抹茶色の色紙に墨書、本物の「印泥」（朱肉）を使用した印を押しています

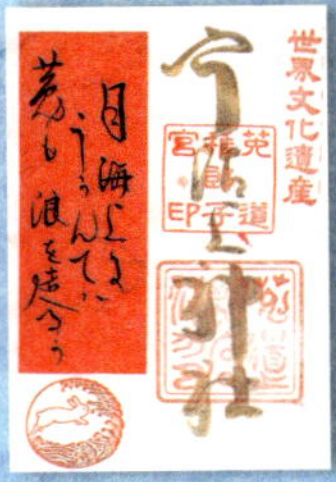

うさぎ美朱印

金字／宇治上神社、離宮大神　印／世界文化遺産、莵道稚郎子宮印、莵道離宮社印、ウサギ　●ウサギに関する和歌や俳句、謡曲の一節が書かれています

金字朱印

金字／離宮明神宇治上神社　印／世界文化遺産、莵道稚郎子宮印、莵道離宮社印、ウサギ　●「離宮明神」とは江戸時代の史料に書かれた宇治上神社の名前。台紙の色は紫式部にちなみます

墨書／宇治上神社　印／世界文化遺産、ウサギ、莵道稚郎子宮印、莵道離宮社印　●いずれの御朱印も宮司ひとりで心を込めて書いています。こちらは宮司の在社時のみ御朱印帳に書いていただけます

「莵道（うじ）」の「莵」は うさぎの「う」

おみくじ

御祭神の名前にもご縁がある、「うさぎおみくじ」（各500円）。金色うさぎも登場

授与品

源氏物語にちなむ絵柄の「人形（ひとがた）」。願いごとと氏名を書いて納めると、神前にささげて一願成就を祈願してもらえます（各700円）

こちらに願いごとと名前を!

DATA
宇治上神社
創建／不詳
本殿様式／一間社流造の内殿三社・覆屋
住所／京都府宇治市宇治山田59
電話／0774-21-4634
交通／京阪宇治線「宇治駅」から徒歩10分、またはJR奈良線「宇治駅」から徒歩20分
参拝時間／7:00～16:20
御朱印授与時間／9:00～15:50
URL https://www.ujikamijinja.jp

神社の方からのメッセージ

世界遺産には当社の敷地、境内のすべてが指定されました。その昔、「離宮」と呼ばれた静かなたたずまいが当社の特色です。悠久の時を経ても当時の荘厳な趣をそのままに伝えていますので、ぜひ訪れて体感してください。

宇治上神社へ続くさわらびの道をさらに先へ進むと、3分ほどで「宇治市源氏物語ミュージアム」に到着。モダンな館内では音声や映像、復元資料などで『源氏物語』の「宇治十帖」の世界を体感できます。開館時間9:00～17:00（入館は16:30まで）、月曜休館、観覧料大人600円。

絶対行きたい
オススメ神社 2

道真公の邸宅跡で学業成就を祈願

「烏丸の天神さん」とも呼ばれる親しみ深い神社です。アトピー快癒に御利益ありの大明神様も。

京都市
上京区

菅原院天満宮神社

【すがわらいんてんまんぐうじんじゃ】

京都御苑の下立売御門《しもだちうりごもん》のそばにあり、通りの名から通称は「烏丸の天神さん」。菅原家の邸宅跡で、父の是善卿、祖父の清公卿が住まい、道真公もここで生まれたといわれる由緒ある地です。産湯に使われたという説がある「道真公初湯の井戸」は、一度はかれたものの神社の尽力で見事復活。菅公ゆかりの御神水を頂けば、知性アップ間違いなし！

主祭神

菅原道真公《スガワラノミチザネコウ》

菅原是善卿《スガワラノコレヨシキョウ》　菅原清公卿《スガワラノキヨキミキョウ》

ほかにも身体健全、子供守護、水に関する御利益が……

**がん封じの
御利益、梅丸大明神**

「梅丸大明神」は、がん封じやできもの、アトピー快癒に御利益があるといわれます。台座の平癒石をなでてから、体の悪い部分を触るとよいそう。

ガーゼハンカチ(700円)で平癒石をなでて御利益を持ち帰ろう

なでてみて！

道真公の産湯が汲まれたという井戸は公開されていて、その御神水は給水所で頂けます。まろやかな味わいでペットボトルにも注ぎやすいです

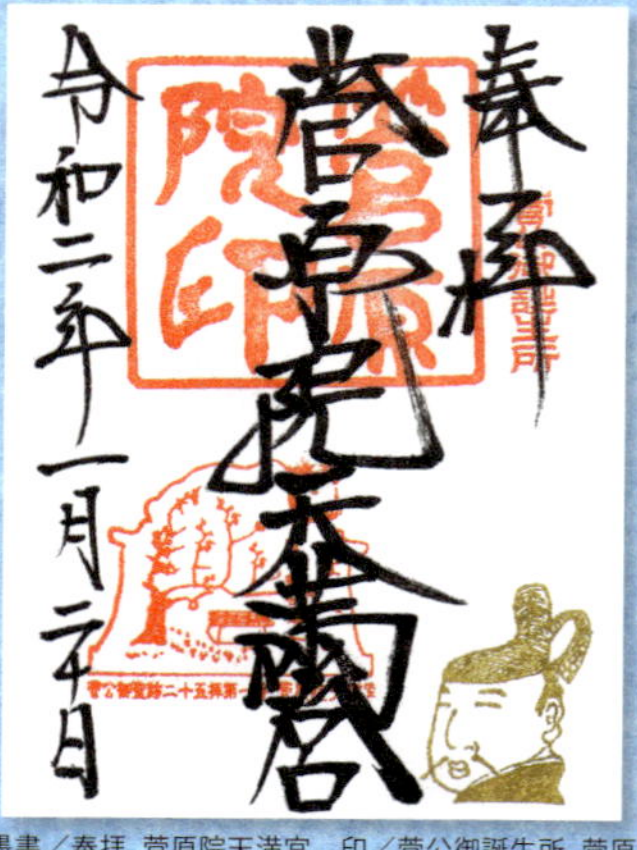

墨書／奉拝、菅原院天満宮　印／菅公御誕生所、菅原院印、菅公、牛像をかたどった中に菅公御初湯之井と梅の木・菅公御聖跡二十五拝第一番菅原院天満宮　●菅公御聖跡二十五拝とは京都から太宰府天満宮へ伝承地を結ぶ25の遺跡を指し、その筆頭が菅原院天満宮です

御朱印帳はP.26で紹介！

墨書／癌封じ、梅丸大明神　印／梅丸大神、梅枝、鈴　●金の鈴印は、鈴の音が邪気を祓うことから

絵馬

幼少時と大人バージョンの道真公絵馬(各500円)

みんなのクチコミ!!

2月25日の祈年祭（梅花祭）や11月25日の新嘗祭のほか、毎月1日と25日には月始祭、月次祭が執り行われています（しょこ）

愛らしい丑の置物(1000円)

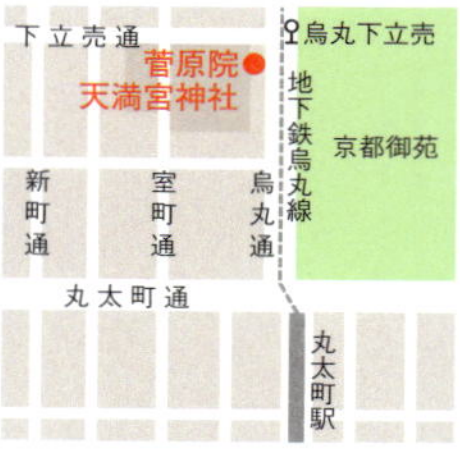

DATA
菅原院天満宮神社
創建／不詳
本殿様式／流造
住所／京都府京都市上京区烏丸通下立売下ル堀松町408
電話／075-211-4769
交通／地下鉄烏丸線「丸太町駅」から徒歩5分、または市バス「烏丸下立売」から徒歩1分
参拝時間／6:00～17:00※年末年始は変更あり
御朱印授与時間／7:00～18:00
URL https://sugawarain.jp

神社の方からのメッセージ

梅丸大明神の御神体は謎に満ちた存在で、道真公の子孫が明治の東京遷都で移住される際に託され、長年お祀りしてきたことのほか、詳しいことはわかっていません。梅丸大明神の御朱印も承りますので、ぜひ声をかけてください。

鳥居の足もとにかかる看板で、菅公がにこやかに参拝者をお迎えしてくれます。愛嬌あるこのイラストは宮司御子息のお友達作だそうで、御朱印帳の表紙にも登場。学力アップとリラックス効果がありそうな癒やしキャラの菅公です。

絶対行きたい
オススメ神社 3

出世開運のパワーでステージアップ

御祭神は天下を取るまでに出世した豊臣秀吉公。境内のあちこちに家紋の桐紋の意匠が施されています。

京都市東山区

豊国神社【とよくにじんじゃ】

主祭神
豊国大明神《トヨクニダイミョウジン》

ほかにも良縁成就などの御利益が……

豊臣秀吉公を祀る神社は全国にありますが、ここが総本社。戦国時代に織田信長に仕え足軽から関白へ駆け上がり天下統一を果たした、誰もが知る時代のヒーロー。ビジネスの成功祈願、出世開運の御利益は絶大です。御朱印の墨書「寿比南山 関白 福如東海」は、神社の宝物である秀吉公の「関白印」に使われている銘を引用しています。南山は唐にあった霊験あらたかな山、東海も仙人がすむといわれた蓬莱山がある地のことで、この言葉には「南山や東海の仙人のごとく、寿命も福も永く多くありますように」という祈りが込められているのです。落ち込んだときはこの御朱印を拝んで、やる気をチャージ!

太閤ゆかりの品々を展示する豊国神社宝物館

宝物館は秀吉公愛用の品が展示され、戦国時代ファンには見逃せない場所。鎌倉時代の名刀『骨喰藤四郎(ほねばみとうしろう)』を所有するのがこの神社ですが、実物はお隣の京都国立博物館にあり、運がよければ見ることができます。

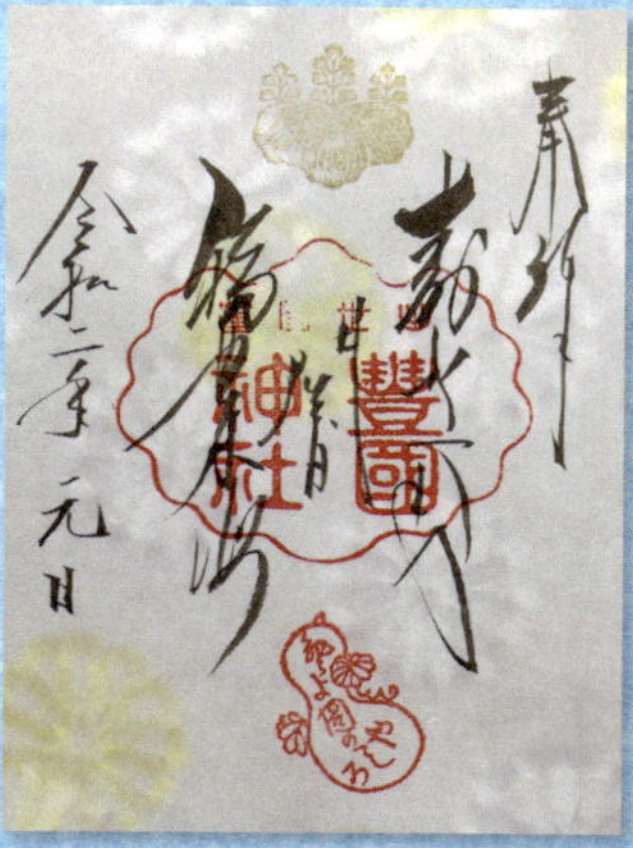

墨書／奉拝、寿比南山 関白 福如東海　印／豊臣家家紋の桐紋、出世開運豊國神社、ヒョウタン印の中に「とよ国のやしろ」 ●ヒョウタンは秀吉公の馬印(戦場で馬のそばに立てた目印)です

みんなのクチコミ!!

境内の裏手にひっそりと立つ「五輪塔」(馬塚)。人前で秀吉の名を出すことを控えた時期は、こちらで拝まれていたとか(モン)

御朱印帳

表紙には豊臣家の家紋である五七の桐紋、裏面は秀吉公のサインである花押の柄が描かれ渋い色調(1200円)

お守り

信長の草履を懐で温めたことから引き立てられた逸話にちなんで、懐に入れて出世街道を歩もう! 「太閤出世ぞうり」(1000円)

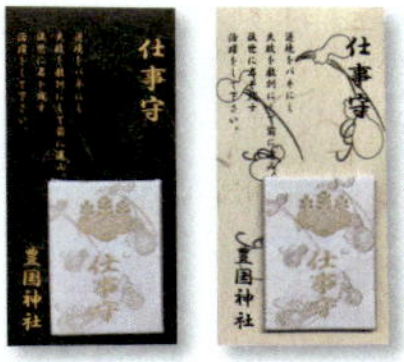

仕事がいつも順風満帆なんてありえない。むしろ逆。だからこそ、数々の逆境や失敗を乗り越えて偉業をなし遂げた秀吉公の胆力を見習いたい。「仕事守」(各1000円)

太閤お好みの黄金色とヒョウタンで金運到来の「太閤黄金守」(1000円)

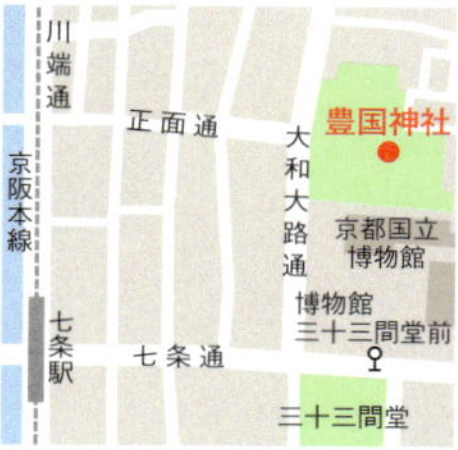

DATA
豊国神社
創建／1599(慶長4)年
本殿様式／一間社流造
住所／京都府京都市東山区大和大路正面茶屋町
電話／075-561-3802
交通／京阪本線「七条駅」から徒歩10分、または市バス「博物館三十三間堂前」から徒歩5分
参拝時間／自由(宝物館は9:00～17:00)
御朱印授与時間／9:00～17:00
宝物館拝観料／500円(大人)

＼神社の方からのメッセージ／

ご参拝の皆さんがいつも気持ちよくお過ごしになれるよう心がけています。御朱印に押す桐紋の印は、お正月の三が日と旧暦の元日、そして秀吉公の月命日となる毎月18日にのみ、特別に金色の押印となります。

唐門は伏見城の遺構と伝えられており、国宝に指定されています。門の前後に破風がつく豪華絢爛な造りで、左甚五郎作『鯉の滝登り』などの彫刻も施されています。立身出世の象徴であるこの鯉の滝登りもしっかり拝んで恩恵にあやかりましょう。

刀匠の仕事を助けた神様

京都市東山区

合槌稲荷神社【あいづちいなりじんじゃ】

天皇から守り刀を打つよう命じられた刀匠・三条宗近が稲荷大明神に祈願すると、お使い神狐である童子が現れ、刀を打つのを手伝い、見事な刀が完成しました。宗近はこの刀を『小狐丸』と名付けたとされます。稲荷大明神を祀るこの神社では、商売や仕事を成功に導く力を授けていただけます。

三条通に面して立つ民家と民家の間の細い路地が合槌稲荷神社の参道です。赤い鳥居が並んでいて、境内には弁財天も祀られています。三条通を挟んだ向かい側に粟田神社の参道入口があります

主祭神

稲荷大明神《イナリダイミョウジン》

ほかにも商売繁盛などの御利益が……

みんなのクチコミ!!

伝説の名刀・小狐丸の実物は行方不明。刀剣乱舞ファンにとっては聖地的な神社です（右近）

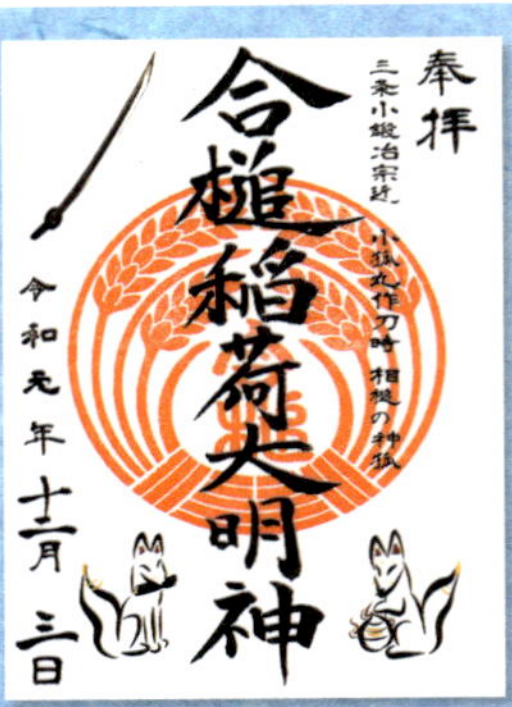

墨書／奉拝、三条小鍛冶宗近 小狐丸作刀時 相槌の神狐 合槌稲荷大明神 印／稲穂の社紋、合槌、刀、神狐 ●御朱印は相槌稲荷神社の向かい側に位置する粟田神社（→P.69）社務所で授与

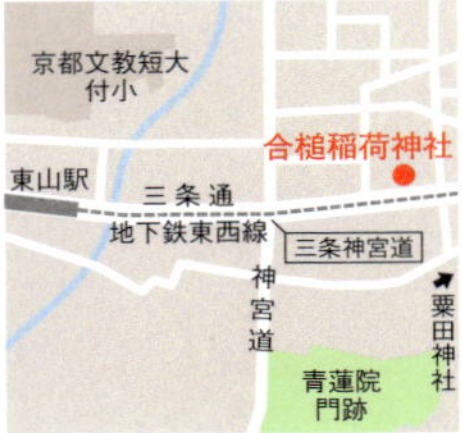

DATA

合槌稲荷神社

創建／不詳

本殿様式／不詳

住所／京都府京都市東山区中之町196

電話／075-551-3154（粟田神社）

交通／地下鉄東西線「東山駅」から徒歩4分

参拝時間／自由

御朱印授与時間／粟田神社にて8:30～17:00（書き置き）

聡明な御祭神に学力UPを祈ろう！

宇治市

宇治神社【うじじんじゃ】

古代の日本では、跡継ぎは若いほうがよいとされていたため、第15代応神天皇は、若い息子であった御祭神を皇太子に指名しました。しかし、御祭神は皇位を継ぐ前に自害し、兄に天皇の座を譲りました。幼い頃より聡明だったと伝わる御祭神に、学業の向上を願う人が絶えません。

授与品

かわいらしい姿が人気の「みかえり兎おみくじ」（500円）

本殿右側にある遥拝所は、宇治神社のパワースポット！ 木々に囲まれた場所にちょこんと横たわるウサギの像は必見です。忘れずに足を運んで

主祭神

菟道稚郎子命《ウジノワキイラツコノミコト》

ほかにも厄除け、安産成就などの御利益が……

みんなのクチコミ!!

手水舎のりりしいウサギの像も必見（春）

墨書／奉拝、宇治神社 印／菟道離宮社印、式内宇治神社 ●写真の通常御朱印のほか、期間限定の特別御朱印もあります。運がよければ御朱印にハートの印を頂けるときもあるそうです

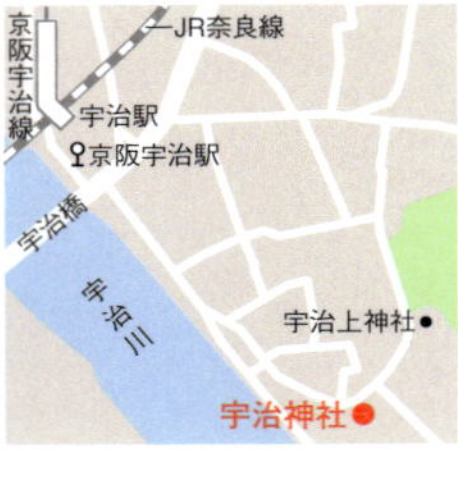

DATA

宇治神社

創祀／312年

本殿様式／三間社流造

住所／京都府宇治市宇治山田1

電話／0774-21-3041

交通／JR奈良線「宇治駅」から徒歩16分、または京阪宇治線「宇治駅」、京阪バス「京阪宇治駅」から徒歩10分

参拝時間／自由（御祈祷は16:00まで受付）

御朱印授与時間／9:00～16:30

URL http://uji-jinja.com

アート系の上達は女神におまかせ！

創建の詳細は不明ですが、平安時代よりも前。上賀茂では最古の神社とされる古社です。

京都市北区

大田神社

【おおたじんじゃ】

上賀茂神社が創建される前から、この地にあったと考えられ、古くは恩多社《おんたしゃ》と呼ばれていました。祭神は天照大御神が天岩戸に隠れたとき、岩戸の前で見事な踊りを披露した女神。芸能上達をかなえてくれる神様とされ、天鈿女命《あまのうずめのみこと》を祀る神社は芸能人やアーティストからの信仰を集めています。きっとアート系科目の成績アップや学校受験に力を貸していただけるはず。境内にはカキツバタの群生地があり、国の天然記念物に指定されています。

主祭神

天鈿女命《アマノウズメノミコト》

ほかにも縁結びなどの御利益が……

2万5000株が自生するカキツバタ群生地

境内の東側には約2000平方メートルの沼沢地が広がっています。カキツバタの群生地として有名で、平安時代には歌人藤原俊成が「神山や大田の沢のかきつばた ふかきたのみは色に見ゆらむ」と和歌を詠んでいるほど。花の見頃は5月上旬～中旬。

墨書／奉拝、大田神社　印／大田神社、カキツバタ

●境内に咲くカキツバタをイメージした紫の花印が押印される、きれいな御朱印。5月限定で御朱印の右上に芸能上達を願う神楽鈴の印を押していただけます

参道沿いにはモミジなどが茂り、秋は鮮やかに紅葉します。鳥居をくぐると右手に授与所があり、御朱印を書いていただけます

みんなのクチコミ!!

鳥居前に架かる石橋の右側には「蛇の枕」と呼ばれる石があります。この石をたたくと雨が降るとされ、雨乞いのときに使われた石だそうです（みーこ）

お守り

カキツバタがデザインされたきれいな「御守」（各500円）

カキツバタや桜などが配された「芸能上達守」(800円)

お守り

カキツバタの花言葉は「幸せは必ず来る」。花言葉にあやかった「御守」（800円）と「かきつばた守ストラップ」(800円)

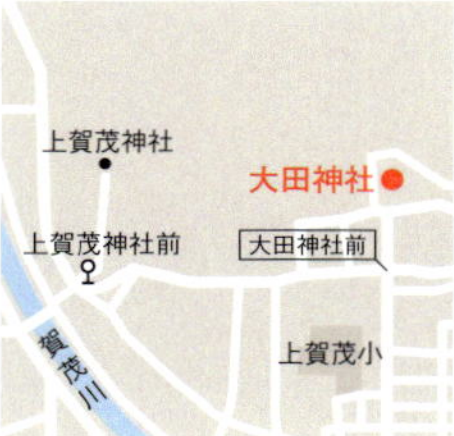

DATA

大田神社

創建／不詳（平安時代以前）
本殿様式／三間社流造
住所／京都府京都市北区上賀茂本山340
電話／075-781-0907
交通／市バス「上賀茂神社前」から徒歩8分
参拝時間／9:30～16:30
御朱印授与時間／9:30～16:30

神社の方からのメッセージ

当社は上賀茂神社の摂社ですが、歴史は上賀茂神社より古いと思われます。平安時代には鳥羽天皇や皇族の参拝が多くありました。4月10日の例祭では里神楽、11月10日の例祭では里神楽に加え火焚祭が行われます。

境内の東側に広がる大田沢は古代、京都盆地が湖だった頃の面影を残す沼地のひとつです。尾形光琳の『燕子花図』は大田沢がモチーフとの伝承があります。境内裏手には「大田の小径」という散策路が設けられ、裏山に登ることができます。

お琴好きの風流なキツネが祀られる

江戸から明治にかけて御利益の報告が多数ある霊験あらたかなパワースポットです。

京都市左京区

御辰稲荷神社

【おたついなりじんじゃ】

ある日、天皇に仕える女官の夢枕に白いキツネが立ち「御所の辰の方角にある森に祀れ」と言いました。そこで聖護院の森（現在の平安神宮の北側）に祠を建てたのが、神社の始まりです。江戸時代には、神社の〝辰〟の名が「上達」「達成」につながると、願望成就の祈願に訪れる人でにぎわいました。緑の木々に、朱色の鳥居が映える小さな美しい神社には、今も技芸の上達を祈る参拝者が絶えません。

幸福石大明神「京の秘石」

御辰稲荷を信仰する夫婦の満願の日、妻の襟首に真っ黒な小石が。その石を祀ると、妻は身ごもり、生まれた娘は大名へ嫁ぐことに。また、明治期にも願掛け後に「財宝を生む石を授ける」と夢を見た者の手に石が届き、事業が大成功したとか。

主祭神

宇迦之御魂神《ウカノミタマノカミ》

ほかにも商売繁盛、厄除けなどの御利益が……

みんなのクチコミ!!

お琴の上手なキツネにあやかって、芸妓さんもお参りされるそう（尚実）

お守り

「真黒秘石（まぐろひせき）」（500円）を幸福石大明神に置いて祈願をすると、願いごとがかなうといわれます。成就の暁には、家の近くの川に石を流すか、お礼参りに訪れましょう

絵馬

「絵馬」（1500円）は、おかめとキツネの面が付いていて持ち帰りたくなるかわいさ

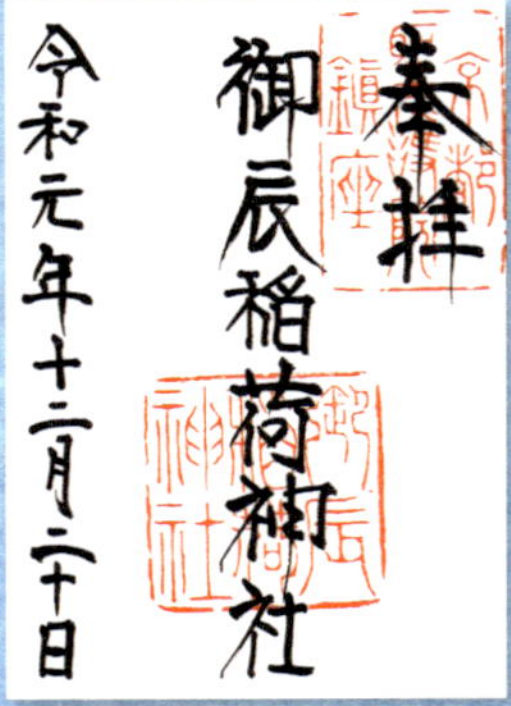

墨書／奉拝、御辰稲荷神社　印／京都聖護院鎮座、御辰稲荷神社　●写真のほかに境内社の亀石大明神のものなど書き置きの御朱印があり、全部で8種類授与いただけます

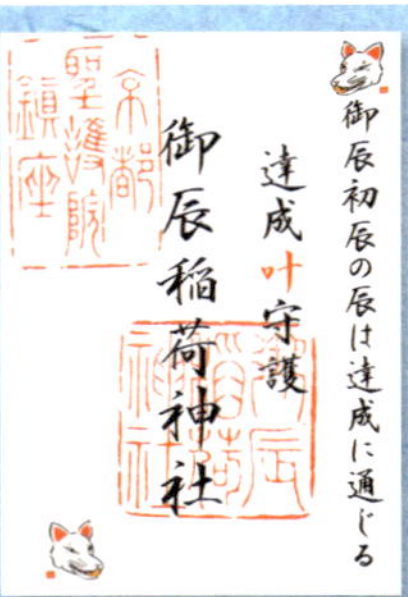

墨書／御辰初辰の辰は達成に通じる、達成叶守護、御辰稲荷神社　印／京都聖護院鎮座、御辰稲荷神社

DATA

御辰稲荷神社

創建／宝永年間（1704～1711年）
本殿様式／三間社入母屋造
住所／京都府京都市左京区聖護院円頓美町29-1
電話／075-771-9349
交通／京阪本線「神宮丸太町駅」から徒歩12分、または市バス「熊野神社前」から徒歩5分
参拝時間／8:00～17:00
御朱印授与時間／9:00～15:00

神社の方からのメッセージ

かつて聖護院の森を通ると琴の音が聴こえるといわれました。「京の風流狐は、碁の好きな宗旦狐（そうたんぎつね）と琴の上手な御辰狐」という童歌にもなっています。芸事の上達や、何かを達成したいときにどうぞお参りください。

宗旦狐は、上京区の相国寺に伝わる化けギツネです。千家の3代目千宗旦（せんのそうたん）に化けては、茶室に現れました。お茶をたしなむキツネに琴を奏でるキツネと、京都のキツネは本当に風流ですね。

技術をみがいてキャリアアップ

京都では仏具や飾り金具を作る職人さんが技術の上達を願い、たびたび参拝に訪れます。

京都市山科区

花山稲荷神社

【かざんいなりじんじゃ】

創建時は西山稲荷と呼ばれていたのが、平安時代後期に花山天皇が深く信仰したことから現在の名称に変わったとされます。

その頃、刀鍛冶の三条小鍛冶宗近が神社にこもり、祭神の力を借りて名刀を仕上げたとされ、それを聞いた刀鍛冶が諸国から参拝し、技の向上を願ったといわれます。江戸時代には大石内蔵助が仇討ち成功を祈願したとか。技術者には技の向上を、また目的達成のために努力する人には必勝・合格の力を授けていただけるそうです。

境内には数々の末社があります

赤い鳥居をくぐり、真っすぐ歩くと拝殿が立っています。境内には海の神様を祀る熊丸神社、交易の守護神などの神様を祀る達光宮、家屋を守護する神様が主祭神の四社神社、水の神様を安置する水分社などがあります。

主祭神

宇迦之御魂大神《ウカノミタマノオオカミ》　神大市比売大神《カムオオイチヒメノオオカミ》

大土御祖大神《オオツチノミオヤノオオカミ》

ほかにも開運、健康、厄除けなどの御利益が……

みんなのクチコミ!!

春はお花見の名所になります。ソメイヨシノや山桜が咲きます。そのなかで「おゆき桜」と呼ばれる枝垂れ桜がとても見事です（シイナ）

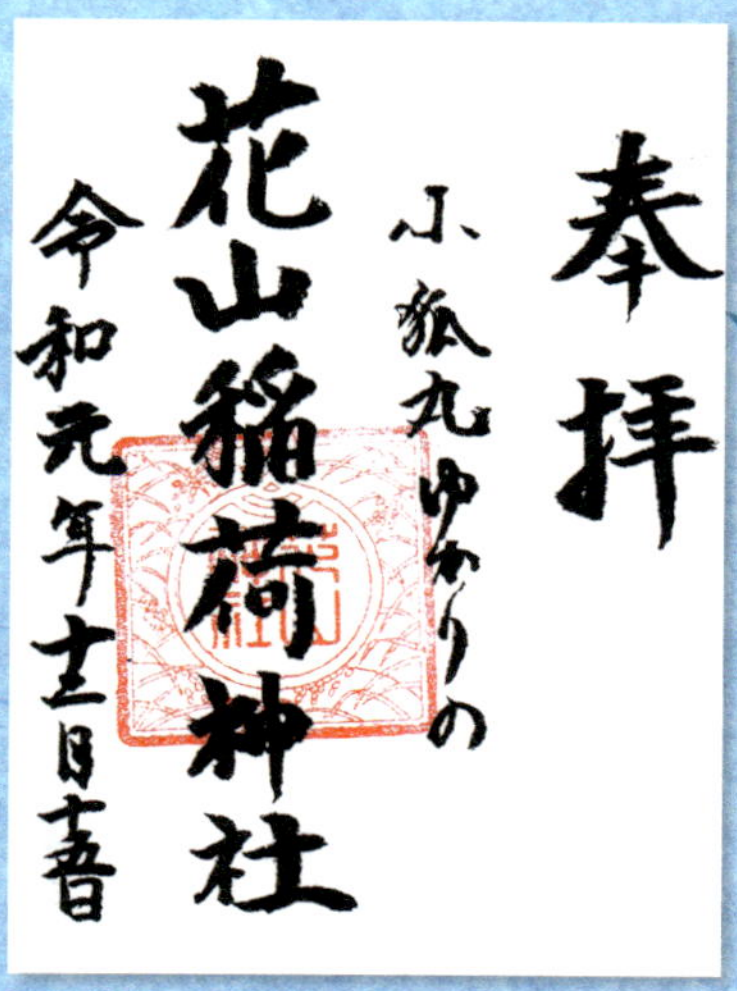

墨書／奉拝、小狐丸ゆかりの花山稲荷神社　印／花山神社　●印は稲穂に囲まれた宝珠の中に社名が書かれています。小狐丸は三条小鍛冶宗近が花山稲荷神社にこもって打ったとされる名刀の名前です

拝殿の背後に回ると塀越しに主祭神を祀る御本殿があります

名刀・小狐丸をイメージした「太刀守」（500円）

お守り

「キツネさんキーホルダー型御守」（300円）は参拝者に人気の授与品。キツネさんの顔は一つひとつ手描きなので皆、表情が異なります。お気に入りを見つけてください

開運と健康を願い、災厄から身を守ってくれる「御守」（各500円）が各種あります。どれも華麗な京都西陣の金襴の専用袋に入っています

DATA

花山稲荷神社

創建／903（延喜3）年

本殿様式／不詳

住所／京都府京都市山科区西野山欠ノ上町65

電話／075-581-0329

交通／京阪バス「川田道」から徒歩8分、または京阪バス「花山稲荷」から徒歩6分

参拝時間／自由

御朱印授与時間／9:00～18:00 ※不在の場合あり

URL http://kwazan-inari.jp

神社の方からのメッセージ

祭神の神大市比売大神は伏見稲荷の祭神である宇迦之御魂大神の母神様です。そこで当社は伏見稲荷大社の「本宮・母宮・奥宮」とも呼ばれています。大土御祖大神は導きの神様、交通の神様でもあります。

2月11日（祝日）には初午祭を斎行。参拝者に甘酒接待が行われ、神銭が授与されます。11月第2日曜日には三条小鍛冶宗近の故事にちなむ火焚祭が行われます。祭りでは火焚串を独特の形に積み上げて焚き上げ、火焚串奉納者にお火焚饅頭が授与されます。

菅原道真公ゆかりの地に鎮座

京都市下京区

菅大臣神社

【かんだいじんじんじゃ】

学問の神様・菅原道真公が生まれ、暮らしたといわれるお屋敷や「菅家《かんけ》廊下《ろうか》」と呼ばれた学問所がすべて社地です。道真公が左遷された大宰府にまで飛んだという「飛梅《とびうめ》伝説」の梅も、もちろんこの地のもの。境内のあちらこちらに、さまざまなパワーが息づいています。

お守り

ここに来たら「勧学御守」（各500円）ははずせません！

道真公が使ったと伝わる産湯の井戸が保存されています

自分の悪いところをさするとよいと伝わる「なで牛」も、道真公とゆかりが深い

墨書／奉拝　印／星梅鉢の神紋、菅大臣神社印　●道真公ゆかりの梅のデザインの神紋が押されます

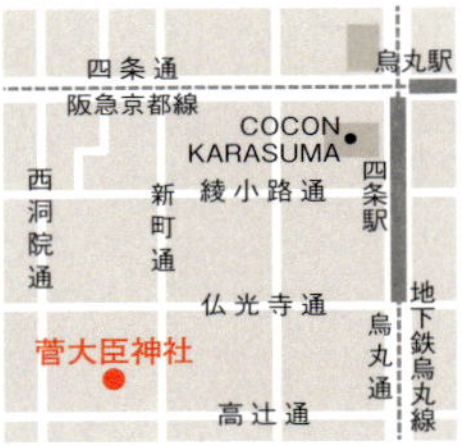

DATA

菅大臣神社

創建／不詳（鎌倉時代との説も）

本殿様式／八棟造

住所／京都府京都市下京区菅大臣町187

電話／075-351-6389

交通／地下鉄烏丸線「四条駅」から徒歩5分

参拝時間／9:00～17:00

御朱印授与時間／不詳

主祭神

菅原道真公《スガワラノミチザネコウ》　尼神《アマガミ》

大己貴命《オオナムチノミコト》

ほかにも開運厄除けなどの御利益が……

みんなのクチコミ!!

伝説の「飛梅」は福岡県の太宰府天満宮に今も咲いています（祐子）

燃えるつつじを愛でながら参拝

長岡京市

長岡天満宮

【ながおかてんまんぐう】

美しい風景と季節のうつろいを愛でた道真公が在原業平《ありわらのなりひら》らと和歌を詠み、管弦の宴を開いたというゆかりの地にあります。本殿や祝詞舎は京都の平安神宮の社殿を拝領し、移築したもの。今も梅や桜、菖蒲、そして「キリシマツツジ」など、季節の花が楽しめます。風流を愛した道真公の心に触れてみては。

合格セット！

授与品

合格守、学徳御札、合格鉛筆、絵馬のセット（3000円）

真紅の花を咲かせる「キリシマツツジ」は樹齢約160年。満開時は壮観のひとこと！開花時期は、4月下旬頃です

墨書／奉拝、長岡天満宮　印／長岡天満宮印、梅鉢紋、臥牛　●梅鉢の社紋は天満宮の証。臥牛とは「座った姿勢の牛」のことで、丑年生まれの道真公は、牛を生涯こよなく愛しました

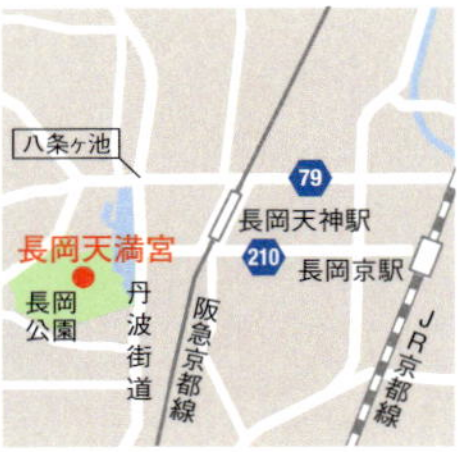

DATA

長岡天満宮

創建／不詳　本殿様式／流造

住所／京都府長岡京市天神2-15-13

電話／075-951-1025

交通／阪急京都線「長岡天神駅」から徒歩10分、またはJR「長岡京駅」から徒歩20分

参拝時間／自由

御朱印授与時間／9:00～17:00

URL http://www.nagaokatenmangu.or.jp

主祭神

菅原道真公《スガワラノミチザネコウ》

ほかにも厄除け、身体健全、諸願成就などの御利益が……

みんなのクチコミ!!

八条ヶ池周辺の景色を愛でながらの散歩がおすすめ（ミカ）

出世祈願はここ！ 大原の里に鎮座する神社

開運出世、地位名望、武運長久、千客万来……
諸大名がこぞって信仰した出世の神様！

京都市左京区

出世稲荷神社

【しゅっせいなりじんじゃ】

豊臣秀吉公が聚楽第《じゅらくてい》を造営した際に、邸内で日頃より信仰していた稲荷社を勧請しました。

翌年、後陽成天皇《ごようぜいてんのう》が聚楽第に行幸した際、その稲荷社に参拝され、立身出世を遂げた秀吉公にちなんで「出世稲荷」の号を授けて、この名になりました。開運出世の御利益に預かろうと諸大名が出世祈願に訪れた神社で、江戸後期には寄進された鳥居の数が329本に達したと伝わっています。

美しい清水焼の御神体

社殿が御開扉され、天鈿女命をイメージした女神像の御神体が拝観できます。250年の伝統がある京焼の本流、6代目清水六兵衛により奉納された清水焼です。

墨書／奉拝、出世稲荷神社　印／豊太閤御創立 出世宮、出世稲荷神社 ●豊太閤御創立の文字の朱印が押され、秀吉公ゆかりの神社であることがわかります

迫力ある雲龍図は、京都生まれの日本画家堂本印象（どうもといんしょう）画伯の筆によるもの。かつて天井画であったものが社殿に移設されており、こちらも拝観することができます

お守り

ここに来たらやっぱり手に入れたい「開運出世御守」（各600円）

コロンとしたフォルムが愛らしい「出世鈴」（700円）

主祭神

稲倉魂命《ウカノミタマノミコト》　猿田彦命《サルタヒコノミコト》
天鈿女命《アメノウズメノミコト》　大己貴命《オオナムチノミコト》
保食命《ウケモチノミコト》

ほかにも衆人愛敬の福、善智識の福などの御利益が……

みんなのクチコミ!!

節分のヒイラギにちなみ、授与品「出世鈴」を飾った魔除けの「ひいら木」（2500円）が2月限定で頂けます（香奈）

DATA
出世稲荷神社
創建／1587（天正15）年
本殿様式／不詳
住所／京都府京都市左京区大原来迎院町148
電話／075-744-4070
交通／京都バス「大原」から徒歩10分
参拝時間／9:00～17:00
御朱印授与時間／9:00～17:00
URL http://syusseinari.or.jp

神社の方からのメッセージ

2012（平成24）年に、市内中心地の千本旧二条より、ここ大原に移転いたしました。千本通界隈は映画興行の街であったため、牧野省三や尾上松之助といった芸能にゆかりのある人物が寄進した鳥居も移転しております。

特に奥の院は、大原の四季折々の風景を楽しむことができ、雄大な自然のなかに溶け込んだかのような神社です。すがすがしい空気に触れれば、身も心も新たに日々の仕事に取り組めること間違いなしです。

技芸上達を見守る美しい神様

京都市上京区

青龍妙音弁財天

【せいりゅうみょうおんべんざいてん】

妙音とは「このうえなく美しい音声、音楽」を表す言葉。琵琶を持つ美しい辨財天は、音楽をはじめとする技芸の上達をサポートしてくれます。また、辨財天は武器を持つ武神としての一面も。「京都でいちばん厳しい」と評判のおみくじを引いて、厳しくもあたたかい御神託に耳を傾けてみましょう。

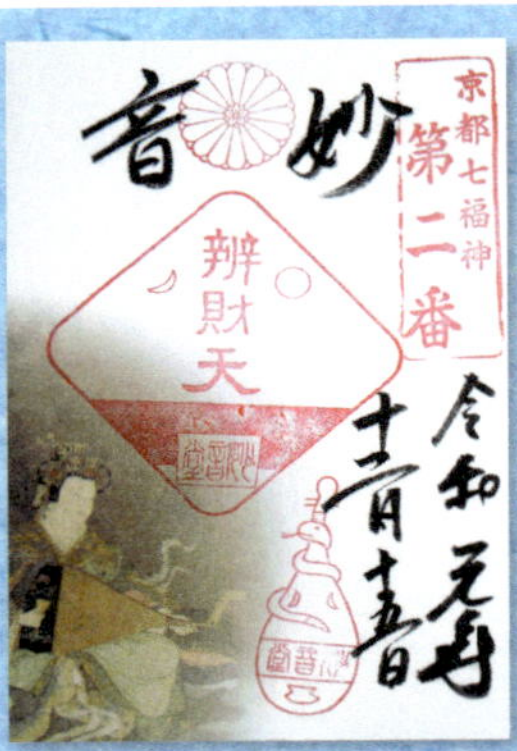

墨書／妙音　印／京都七福神 第二番、十六菊花紋、辨財天 妙音堂、琵琶とヘビ、妙音堂　●辨財天の使いのヘビが琵琶に巻き付く印が押されます

お守り

キラキラ輝く辨財天と巳の「お守りカード」（各1800円）。金運UP間違いなし!?

願をかけて、六角堂を3回（または年の数）回ると願いが成就すると伝わります

主祭神

辨財天《ベンザイテン》

ほかにも財宝増益、福徳円満、身体健全などの御利益が……

みんなのクチコミ!!

弁舌にも御利益があるとか。営業マンなら必訪です（ユウキ）

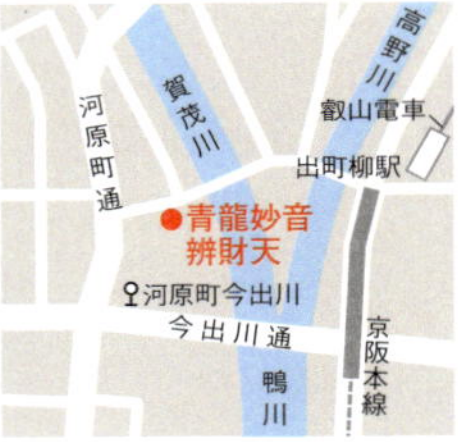

DATA

青龍妙音辨財天

創建／1901（明治34）年
本殿様式／六角堂
住所／京都府京都市上京区青龍町232-1
電話／075-241-2454
交通／京阪本線「出町柳駅」または市バス「河原町今出川」から徒歩5分
参拝時間／8:00～17:00（年末年始は終日）
御朱印授与時間／8:00～17:00

開運招福と能力開発の神様

京都市南区

吉祥院天満宮

【きっしょういんてんまんぐう】

菅原道真公の没後31年目に創建。この地は道真公誕生の地といわれ、へその緒を埋めたと伝わる「胞衣塚《えなづか》」、少年時代に習字に利用した「硯の水」や顔を映したという「鑑《かがみ》の井戸」があります。道真公の祖父がお堂を建てて吉祥天女を祀っていたとの故事が吉祥院という地名の由来となっています。

墨書／奉拝、菅原大神　印／菅公御誕生之地、吉祥院天満宮、梅と松、吉祥院天満宮、朱雀天皇承平四年菅神御勧請最初鎮座天満宮御誕生所吉祥神璽、洛坤菅原御殿舊地　●「吉祥天女」と墨書された御朱印も

お守り

お守り袋に勾玉が配された「能力開発御守」（700円）は才能を伸ばし、目標達成の道を開くお守りです

モミジや梅花があしらわれたカラフルな「夢かなう守」（500円）から夢と希望の実現に向けたエネルギーを頂けます

主祭神

菅原道真公《スガワラノミチザネコウ》

ほかにも美文字などの御利益が……

みんなのクチコミ!!

「硯の水」は湧き水で、お水取りができます。この水で習字をすると美文字になれるとか（ミッツ）

DATA

吉祥院天満宮

創建／934（承平4）年
本殿様式／三間社流造
住所／京都府京都市南区吉祥院政所町3
電話／075-691-5303
交通／JR京都線「西大路駅」から徒歩15分、または市バス「吉祥院天満宮前」から徒歩3分
参拝時間／自由
御朱印授与時間／9:00～17:00

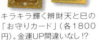

京都を代表する繁華街唯一の鎮守社

観光客でにぎわう新京極商店街に鎮座する天満宮。御朱印は19時45分まで頂けます。

京都市中京区

錦天満宮

【にしきてんまんぐう】

京の台所・錦市場の東側突き当たりでもあり、「錦の天神さん」と呼ばれ親しまれています。

「近隣の方も遠方からの方も、気軽に立ち寄れる場所でありたいと思っています」と神職の方がお話しされる通り、境内は買い物ついでにふらりと入りやすい雰囲気で、常に参拝者の姿があります。カジュアルな印象ですが、実は菅原道真公を祀る天満宮のなかでも、特に由緒ある25社の第2番目に位置づけられた格式高い神社なのです。

仕事◆学業

主祭神

菅原道真公《スガワラノミチザネコウ》

ほかにも招福、厄除け、災難除けなどの御利益が……

御神牛のブロンズ像をしっかりなでて商運アップ！

菅原道真公が愛した牛は、天神様のお使いであると同時に、農耕のシンボルでもあります。頭や腕、腰など自分の体の気になる箇所と同じ部位をさすると回復するとの言い伝えがあります。

境内の入口では奉納された提灯が、夜を明るく照らしてくれています。19:45まで御朱印を頂けるのが、旅行者にもうれしい！

みんなのクチコミ!!

鳥居を見上げると両側とも隣の壁に突き刺さっていてビックリします。参道整備のあとにビルが立ったからだそうだけど、刺さったお店側も中で鳥居をお祀りしていて楽しい（びーちゃん）

授与品

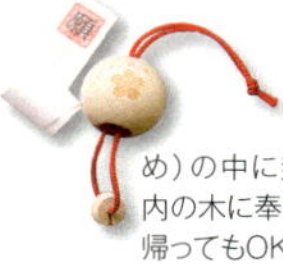

願い紙に願いごとを書き、大願梅（たいがんうめ）の中に封じます。境内の木に奉納しても持ち帰ってもOK！（500円）

恋人だけでなく友達や親子の縁も結んでくれるそう。「なかよしお守り」（500円）

コロコロと澄んだ音を響かせる合格守の土鈴は直径約6cmのビッグサイズ！（1000円）

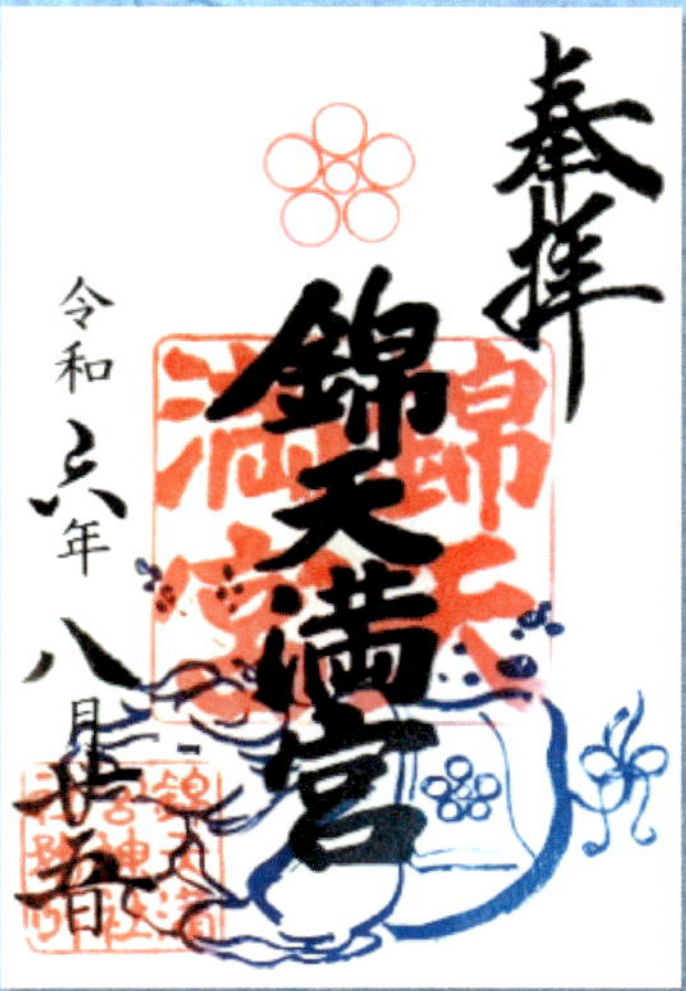

墨書／奉拝、錦天満宮　印／梅紋、錦天満宮、錦天満宮神社社務所　●御神牛が描かれた御朱印は書き置き

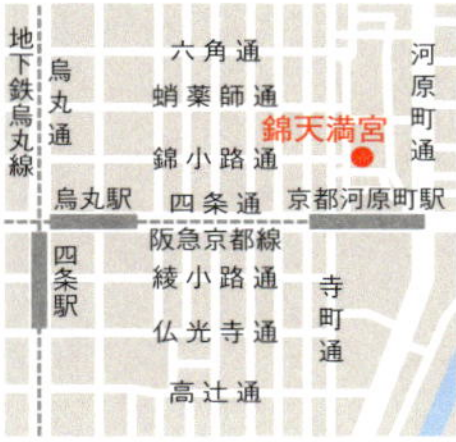

DATA

錦天満宮

創建／1003（長保5）年
本殿様式／流造
住所／京都府京都市中京区新京極通り四条上る中之町537
電話／075-231-5732
交通／阪急京都線「京都河原町駅」から徒歩5分、地下鉄烏丸線「四条駅」から徒歩10分
参拝時間／8:00～20:00
御朱印授与時間／9:00～19:45
URL https://nishikitenmangu.or.jp

神社の方からのメッセージ

「関東からまた来たよ」、「北海道から来たけど、また来ますね」と、参拝された方々が声をかけてくださるのは、うれしいですね。当神社は市内繁華街に鎮座しており、境内には緑も多く、皆さんが安らげる神社であればと願っています。

お店が並ぶイメージの新京極ですが、実は錦天満宮のほかに7つの寺院があります。四条通から上ると染殿院、錦天満宮、善長寺、安養寺、永福寺、西光寺、誠心院、誓願寺の順。入口が目立たない寺院もありますが、探して御朱印めぐりをするのも新京極の新しい楽しみ方。

まだまだあります！

編集部オススメ！授与品

授与品は、神職が参拝者の幸せを祈り、願いがかなうよう考えたものです。神様のパワーを封じ込めた授与品を御利益ごとにチェックしましょう。

縁結び

出雲大神宮 P.87

縁結びの御利益で知られる出雲大神宮の3大御神徳である「縁結び」「長寿」「金運」を祈念した最強のお守り。

「三大御神徳守」（桐箱入り 2000円）

金運

金札宮 P.95

黄金色に輝く授与品がたくさん。「金札招福小判」は、財布の中に入れると金運上昇！

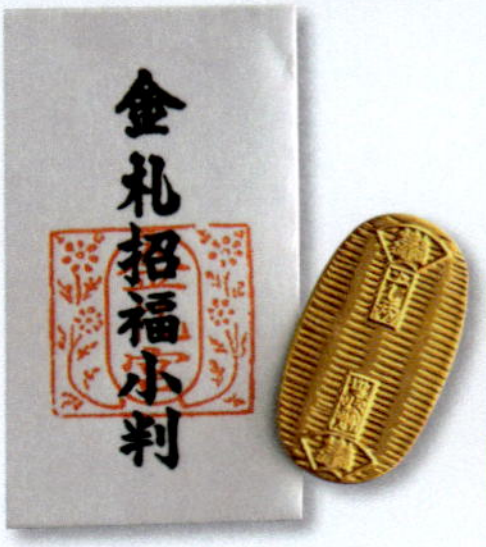

「金札招福小判」（500円）

繁昌神社 P.102

「繁昌」に御利益がある全国でも珍しい神社。ろうそくを献灯して御利益を祈願し、守り札を財布に入れれば効果抜群！

カードタイプの「お財布守り札」（300円）

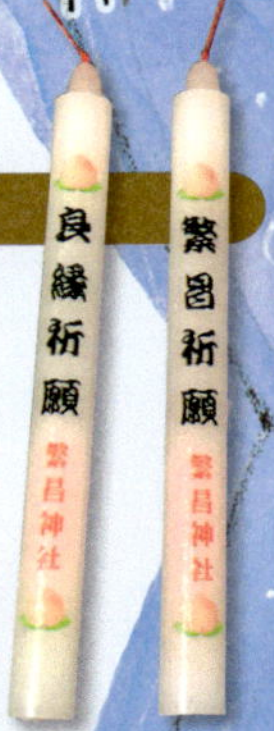

「繁昌祈願ろうそく」、「良縁祈願ろうそく」（各100円）

仕事・学業

菅原院天満宮神社 P.120

「学問の神様」として知られる祭神・菅原道真公の御利益にあやかって、学業・合格のお守りが豊富。高校や大学、資格の受験など、試験の際に心強い味方となりそうです。

道真公の姿がキュートな「学業・合格御守」（500円）

試験のときに使いたい「合格鉛筆」（500円）

吉祥院天満宮 P.128

菅原道真公ゆかりの天満宮だけあって、受験合格や学業成就、諸業上達などの御神徳があります。受験生はもちろん、目標を達成したい人におすすめの授与品が頂けます。

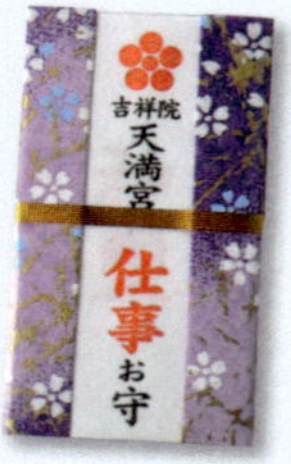

薄型で身に付けやすい「仕事お守」（500円）

受験生に人気の「合格御守」（700円）

吉祥天女の御加護が頂ける「渡航安全守」（700円）

美容・健康

御髪神社 P.104

日本で唯一の髪の神社、御髪神社のお守りはどれも個性的。髪の美しさを引き出すクシや、美容・理容技術の向上を祈願してハサミをモチーフにした授与品が多く見られます。

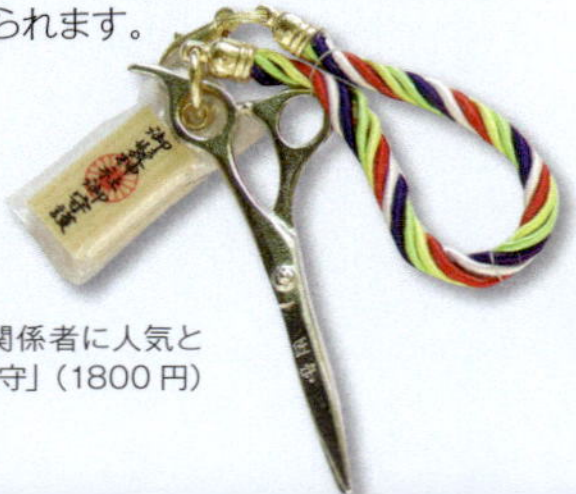

理美容関係者に人気という「匠守」（1800円）

護符とミニハサミ＆クシが入った「福髪守」（1000円）

薄毛に悩む人におすすめの「房々（ふさふさ）守」（1000円）

レア

京都熊野神社 P.135

京都三熊野の最古社で、歴史ある神社です。熊野大神のお使いであり、神武天皇の道案内をした八咫烏が描かれたお守りは、万事よい方向へ導いてくれる御利益があります。

少し小ぶりな「加楽寿御守（からすおまもり）」（700円）

第三章

御利益別！ 今行きたい神社

Part6

レア御利益

空や旅の安全を司る神様から油の神様まで、珍しい神様を祀る神社をご紹介。悩みや願いに合った神様を見つけて。

- ★レア御利益★絶対行きたいオススメ神社 2選
  城南宮（京都市伏見区）／大将軍八神社（京都市上京区）
- 首途八幡宮（京都市上京区）／京都霊山護國神社（京都市東山区）
- 京都熊野神社（京都市左京区）／須賀神社・交通神社（京都市左京区）
- 晴明神社（京都市上京区）／高松神明神社（京都市中京区）
- 飛行神社（八幡市）
- 離宮八幡宮（大山崎町）／靈明神社（京都市東山区）
- ツウに聞く！ 御朱印の頂き方

✿レア御利益✿ 絶対行きたいオススメ神社 2選

個性的な神社で人生を好転させる御利益ゲット！

ピンポイントのお願いごとならおまかせあれ！のちょっぴりレアな神社も見逃せません。
「城南宮」は旅の安全を約束してくれ、「大将軍八神社」は
方位からくる厄や災いをシャットアウトしてくれます。

絶対行きたい
オススメ神社 1

夢をかなえてくれる方除パワーが楽しい

都の守護と国の安泰を願い平安遷都の際に創建。旅の災難を防ぎ、家相の凶を除いてくれる神様です。

京都市
伏見区

城南宮【じょうなんぐう】

主祭神

国常立尊《クニノトコタチノミコト》
八千矛神《ヤチホコノカミ》
息長帯日売尊《オキナガタラシヒメノミコト》

ほかにも家庭や人間関係円満、交通安全、美容健康などの御利益が……

　平安京の南で都をまもる城南宮は、方除《ほうよけ》の神様。例えば、旅行や引っ越し先でのアクシデントは、行った先が悪い方角なのかもしれません。昔から方位と吉凶は深い関係があるとされますが、この方位からくる災いを除いてくれるのが方除です。旅や移転だけでなく、建築工事や進学、商売など日々の暮らしで方位の障りがないよう、日夜を問わずまもってもらえます。

方除のパワーみなぎる神紋

神紋は「三光の御神紋」というレアな紋。御祭神である息長帯日売尊（神功皇后）の御座船に立てた旗印に由来しています。

墨書／方除の大社、城南宮　印／神紋、城南宮　●神紋「三光の御神紋」には太陽と月と星が表れています。昼も夜も途切れずに輝くパワーでまもってもらえそう

境内を水と緑が豊かに取り囲む神苑には、『源氏物語』の草木をはじめ100種ほどの植物が植栽され、枝垂れ梅、桜、藤、ツツジやモミジなど、平安の雅を思わせる風景が楽しめます。拝観時間9:00～16:30（受付16:00）

みんなのクチコミ!!

神苑の枝垂れ梅が見事です。下に広がるこけの緑と、散ったツバキのコントラストも絵のような美しさでした（波柳）

知らずに悪い方角へ行ってもまもってくれる「方除御守」（1000円）。方位盤をかたどって八角形をしています

銀銅2色の銭が重なる「福銭御守」（1000円）。片面に「一陽来復」、もう片面に「和風清気」と刻印されています。開運招福祈願に

DATA
城南宮
創建／794（延暦13）年
本殿様式／素木の三間社流造
住所／京都府京都市伏見区中島鳥羽離宮町7
電話／075-623-0846
交通／地下鉄烏丸線・近鉄京都線「竹田駅」から徒歩15分
参拝時間／5:00～22:00
御朱印授与時間／9:00～17:00
神苑入苑料／大人800円※期間により異なる
URL https://www.jonangu.com

神社の方からのメッセージ

城南宮は古くから方位の災いを除く「方除の大社」と仰がれてきました。今も工事・引っ越し・旅行などの無事を祈る祈祷を受けられ、また人生の節目の厄除祈祷や車両のお祓いのために全国から多くの方がお参りされます。

定番の「方除御守」のほかにも珍しくておすすめなのが、風水にちなむ四神獣を刺しゅうしたお守り。それぞれ御利益が異なり、玄武は健康・貯蓄運、白虎は家内安全・商売運、青龍は発展・成功運、朱雀は繁栄・幸運などのお願いによいとされています。

絶対行きたい
オススメ神社 2

京都市
上京区

大将軍八神社
【だいしょうぐんはちじんじゃ】

星の神様がベストな方向に運を導く

本殿前の八角形の石には方位の意味をもつ八文字が配されており、八方からくる厄を除けてくれます。

御祭神の八神は方位の吉凶を司る星の神様。昔の人は家を建てるときや引っ越し、旅行など何かを始めるとき、まず吉となる方位や日時を調べました。理由は方位がよくないと厄災が降りかかると信じられていたため。そんな方位からくる厄や災いから守ってくれます。そのパワーは平安遷都の折、都を守護するために鎮座したという歴史に裏づけられています。

80体の神像が織りなす立体星曼茶羅《ほしまんだら》

「方徳殿」では国の重要文化財にも指定されている大将軍の神像を、北極星や北斗七星などの星座を配した星曼茶羅の世界をイメージして安置。その霊力に圧倒され倒れる人もいるのだとか。※通常は撮影不可

主祭神

大将軍神《ダイショウグンシン》

太歳神《ダイサイシン》　大陰神《ダイオンシン》　歳刑神《サイギョウシン》

歳破神《サイハシン》　歳殺神《サイサツシン》　黄幡神《オウバンシン》

豹尾神《ヒョウビシン》

ほかにも女性の守護、芸能上達などの御利益が……

墨書／奉拝、星神、大将軍　印／十六葉裏菊八重紋、八方位ー大将軍八神社、方除、大将軍社　●印には方位を表す八卦が記され、全方位の厄除けに

御朱印帳

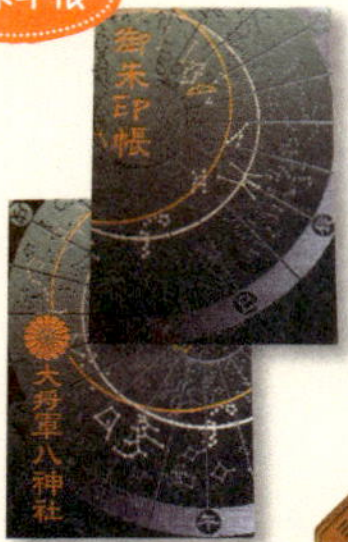

大将軍の星座と風水などでも用いられる八卦（はっけ）盤を組み合わせたデザイン。星好きにはたまらない！（2000円）

お守り

十二支それぞれの守護星をお守りに。「北斗十二支星守」（800円）

「八角風水守」（1000円）は、風水を表す八角形と裏に北斗七星の星座を織り込んで

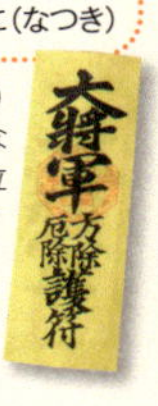

「護符」（800円）は玄関や鬼門など目線より高い位置にお祀りします

みんなのクチコミ!!

立体星曼茶羅は必見の価値あり。スピリチュアルな力に引き込まれる感覚に（なつき）

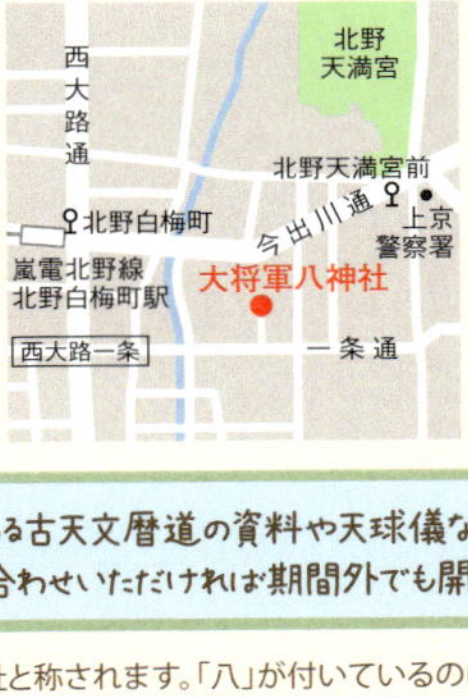

DATA

大将軍八神社

創建／794（延暦13）年
本殿様式／権現造
住所／京都府京都市上京区一条通御前西入西町48　電話／075-461-0694
交通／嵐電北野線「北野白梅町駅」または市バス「北野白梅町」「北野天満宮前」から徒歩5分
参拝時間／6:00～18:00
御朱印授与時間／9:00～17:00
方徳殿／10:00～16:00（5・11月1～5日のみ、期間外要問い合わせ）、拝観料一般500円
URL https://www.daishogun.or.jp

神社の方からのメッセージ

「方徳殿」では神像のほかに、陰陽師の安倍家に関わる古天文暦道の資料や天球儀などの御神宝を展示しており、星や陰陽道に興味がある人は、きっと楽しめるはず。事前にお問い合わせいただければ期間外でも開館しますので、気軽にご連絡ください。

創建当初、大将軍堂だったという社名は現在、大将軍八神社と称されます。「八」が付いているのは江戸時代、大将軍神をはじめ暦の吉凶を司る「八」神に素戔嗚尊（スサノオノミコト）とその御子「八」神（五男三女神）が習合したことが起源。京都の町を今も守護しているのです。

牛若丸の出立の地で旅の安全祈願

京都市上京区

首途八幡宮

【かどではちまんぐう】

幼少期の源義経（牛若丸）は、預けられていた鞍馬寺を抜け出し、奥州平泉へと向かいます。その道中の安全を祈願したのが、当時、内野八幡宮と呼ばれていたこの八幡宮。以来、出発を意味する「首途《かどで》八幡宮」と名を変え、旅人の安全を見守り続けています。新たな旅立ちを決意したときに参拝すれば、強力な御加護を頂けるはず。

お守り

「繭守り」（1000円、要予約）を神棚に供えると、繭から取れた絹糸が着物になるように、嫁入り前の娘の衣装が増えるとか

旅行の際には「首途八幡宮御守」（500円）が必携です！

授与品

八幡神の使いとされる鳩の「福鳩土鈴」（1000円、要予約）。奥州平泉の砂金にちなみ、金泥で神社名が書かれ、幸せと金運をもたらします

主祭神

応神天皇《オウジンテンノウ》

ほかにも交通安全、必勝祈願、金運などの御利益が……

みんなのクチコミ!!

根付型のお守りが充実していますよ（美由紀）

墨書／西陣 櫻井　印／鳩、首途八幡宮、首途八幡宮　●向かい合った2羽の鳩が「八」の字をかたどっています

DATA

首途八幡宮

創建／不詳　本殿様式／神明造

住所／京都府京都市上京区智恵光院通今出川上ル桜井町102-1

電話／075-431-0977

交通／市バス「今出川浄福寺」または「今出川大宮」から徒歩4分

参拝時間／自由

御朱印授与時間／書き置きのみ

URL http://www.nishijin.net/kadodehachimangu/

幕末の志士に背中を押してもらおう

京都市東山区

京都霊山護國神社

【きょうとりょうぜんごこくじんじゃ】

維新の志士を祀るため政府によって創立された、全国で初めての神社。参道は「維新の道」と名付けられ、境内には坂本龍馬、中岡慎太郎、桂小五郎らが眠ります。京都の町並みを見渡せるこの地で、現代日本の礎を築いた偉人に思いをはせてみましょう。物事を成し遂げようとする、強い意志が湧いてきそうです。

坂本龍馬と中岡慎太郎の像が、日本の未来を真っすぐに見つめています

お守り

着物のようなデザインのお守り（500円）には、龍馬の家紋が

維新の道の先には、維新の歴史を学べる霊山歴史館があります

主祭神

護国大神《ゴコクノオオカミ》

みんなのクチコミ!!

維新の道は結構な急勾配あり！　足元に気をつけて（聡子）

御朱印帳はP.26で紹介！

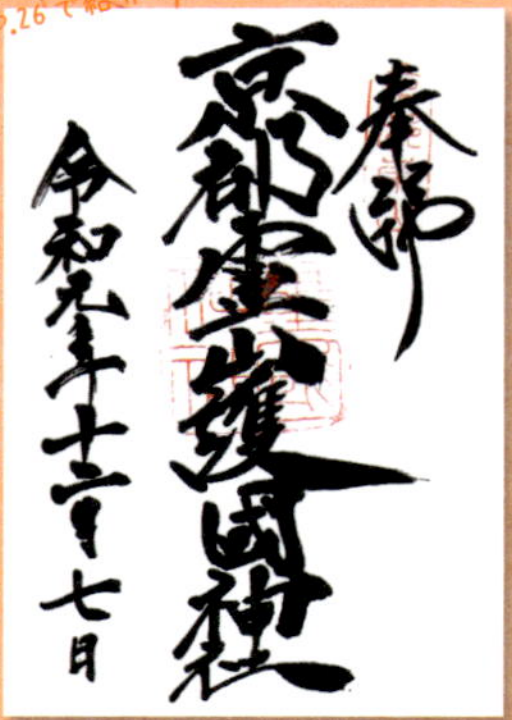

墨書／奉拜、京都霊山護國神社　印／京都東山、護國神社　●力強い筆字には、志士たちの力が込められているかのようです

DATA

京都霊山護國神社

創建年／1868（明治元）年

本殿様式／流造

住所／京都府京都市東山区清閑寺霊山町1

電話／075-561-7124

交通／市バス「東山安井」から徒歩10分

参拝時間／9:00～17:00

御朱印授与時間／9:00～17:00

URL http://www.gokoku.or.jp

サッカー上達祈願はこちらで！

京都市左京区

京都熊野神社【きょうとくまのじんじゃ】

京都熊野三山のひとつで、京都でいちばん古い熊野神社です。熊野神社のシンボルといえば、3つ足の八咫烏《やたがらす》。八咫烏は日本サッカーの象徴でもあります。蹴鞠《けまり》が流行した平安時代、蹴鞠の上達を願って貴族が熊野詣をしたというので、その御利益はお墨付きといえるかもしれません。

御朱印帳はP.25で紹介！

印／奉拝、八咫烏、京都、熊野神社、熊野神社　●八咫烏の印が押されたもののほかに、梛の葉の印が押される御朱印もあります

お守り

八咫烏をあしらった「サッカー守」（700円）は、SAMURAI BLUEの袋入り

「熊野牛王宝印（くまのごおうほういん）」（800円）は、誓約書などとして使われてきました。パワーのある烏文字が描かれた護符です

護符

主祭神

伊弉諾尊《イザナギノミコト》　伊弉冉尊《イザナミノミコト》
天照大神《アマテラスオオミカミ》　速玉男尊《ハヤタマノオノミコト》
事解男尊《コトサカノオノミコト》

ほかにも縁結び、健康長寿などの御利益が……

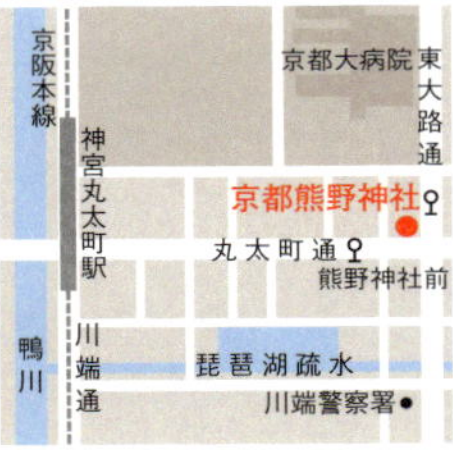

DATA
京都熊野神社
創建／811（弘仁2）年
本殿様式／三間社流造
住所／京都府京都市左京区聖護院山王町43
電話／075-771-4054
交通／京阪本線「神宮丸太町駅」から徒歩7分、または市バス「熊野神社前」から徒歩1分
参拝時間／9:00～17:00
御朱印授与時間／9:00～17:00

みんなのクチコミ!!

本殿は下鴨神社の本殿を移築したもの（芹）

良縁と交通安全をWでお願い

京都市左京区

須賀神社【すがじんじゃ】（交通神社）【こうつうじんじゃ】

須賀神社の御祭神は仲のよさで知られる夫婦神で縁結びの御利益が。さらに節分当日と前日は境内で「懸想文売り」が良縁のお守り「懸想文《けそうふみ》」を授与します。交通神社は日本で唯一の交通安全の神様が祀られます。御祭神は道の安全をまもる3柱の神様で、運転や旅行の安全に御利益があります。

授与品

節分限定の授与品。中には和歌・恋文が入っています。開けて読んでもOK。人に見せず引き出しに入れておくと美人度アップ、衣装が増えて良縁に恵まれるそう（1500円）

昔、貧しい公家の内緒のアルバイトはラブレターの代筆業で、街で覆面をして売り歩いたのだとか。これにちなみ烏帽子・覆面・水干姿で身なりを隠した「懸想文売り」が、節分祭に境内で懸想文を授与します

限定御朱印はP.18で紹介！

墨書／奉拝　西天王　印／須賀神社　●「西天王」とは、創建時は平安神宮境内の西天王塚にあり、「東天王社」（現在の岡崎神社）に対し「西天王社」と呼ばれていたことから

墨書／奉拝　印／丸印に社紋と交通神社 京都　●交通神社は1964（昭和39）年に須賀神社から3柱を分祀して創建

須賀神社の主祭神

素戔嗚尊《スサノオノミコト》　櫛稲田比売命《クシナダヒメノミコト》

交通神社の主祭神

八衢比古命《ヤチマタヒコノミコト》　八衢比売神《ヤチマタヒメノミコト》
久那斗之神《クナドノカミ》

ほかにも厄除け、招福、商売繁盛、旅館業の守護などの御利益が……

DATA
須賀神社（交通神社）
創建／869（貞観11）年
本殿様式／不明
住所／京都府京都市左京区聖護院円頓美町1
電話／075-771-1178
交通／市バス「熊野神社前」から徒歩5分
参拝時間／自由
御朱印授与時間／9:00～17:00

みんなのクチコミ!!

肉球模様が入った犬猫の交通安全用お守りを、愛犬の首輪に付けてます（MANA）

京都市上京区

強大な厄除け御利益で身体健全に

晴明神社

【せいめいじんじゃ】

写真提供：晴明神社

人々の苦しみ・悩みを取り払うことに尽力した陰陽師、安倍晴明公の屋敷跡に建てられています。清らかな霊力に包まれた境内には病気を治すといわれる「晴明井《せいめいい》」、厄を吸い取る「厄除桃《やくよけもも》」など強力なスポットが多数。悩みや心配ごとにこわ張る心を解きほぐす、前向きなパワーを頂けます。

お守り

澄んだ心と安らかな日々を守ってくれるネックレスタイプの「みずかがみ守」（1500円）

厄除け＆集中力UP

魔除け・厄除けの果実といわれる桃の力を味方に。「厄除守」（1200円）

晴明公の念力で湧き出たといわれる「晴明井」の水には、病気平癒の御利益が

印／京一條戻橋、晴明社、晴明桔梗印、晴明神社　●「晴明社」の字は晴明公の直系である土御門晴雄（つちみかどはれたけ）卿が揮毫し奉納した書を版に起こしたもの。「御朱印紙」方式で、御朱印の紙を頂く形です（初穂料500円）

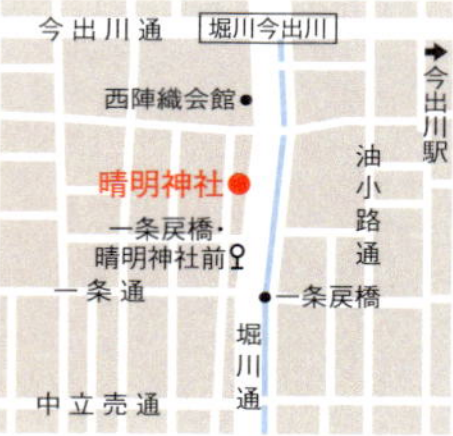

DATA
晴明神社
創建／1007（寛弘4）年
本殿様式／流造
住所／京都府京都市上京区晴明町806
電話／075-441-6460
交通／地下鉄烏丸線「今出川駅」から徒歩12分、または市バス「一条戻橋・晴明神社前」から徒歩2分
参拝時間／9:00～17:00
御朱印授与時間／9:00～16:30
URL https://www.seimeijinja.jp

主祭神
安倍晴明御霊神《アベノセイメイゴレイシン》

ほかにも病気平癒、家内安全などの御利益が……

みんなのクチコミ!!

五ぼう星や桃、キキョウの紫色など、魔除けの意味をもつアイテムが配置されていて、悪いものを浄化してもらえた気がします（MIZUMO）

京都市中京区

真田幸村の知恵を授かる

高松神明神社

【たかまつしんめいじんじゃ】

創建1100年を迎える古社です。境内の祠にお祀りされている地蔵尊は「幸村の知恵の地蔵尊」と呼ばれています。天才的な戦術で知られる武将真田幸村が大切にしていた地蔵尊なのです。地蔵堂の台石をさすり、その手で子供の頭をなでると知恵を授かるといわれています。

絵馬

諸願成就の「真田絵馬」（800円）には真田家の紋と旗印の六文銭が配されています

境内に3基ある純白の鳥居は珍しい存在

真田幸村の念持仏と伝わる地蔵尊は年中公開され、お参りすることができます

限定御朱印はP.18で紹介！

墨書／奉拝、高松殿旧跡開運厄除の神、高松神明神社　印／地蔵尊の印、幸村（信繁）の念持仏、桜、高松神明神社之印　●高松殿は醍醐天皇の皇子源高明の御殿を指します

DATA
高松神明神社
創建／920（延喜20）年
本殿様式／神明造
住所／京都府京都市中京区姉小路通釜座東入津軽町790
電話／075-231-8386
交通／市バス・京都バス「新町御池」から徒歩2分、または地下鉄烏丸線・東西線「烏丸御池駅」から徒歩5分
参拝時間／自由　御朱印授与時間／9:00～17:00 ※不在の場合あり

主祭神
天照大御神《アマテラスオオミカミ》　八幡大神《ハチマンノオオカミ》
春日大神《カスガノオオカミ》

ほかにも開運厄除けの御利益が……

みんなのクチコミ!!

手水舎が水琴窟になっていて、手水鉢からきれいな音が聴こえます（まさみ）

空の神様にお参りし、運気も上昇気流！

創建者の二宮忠八が私財を投じて建立。空と航空機の安全を祈る聖地といわれる神社。

八幡市

飛行神社

【ひこうじんじゃ】

レア御利益

世界で唯一、空の神様を祀るその名も飛行神社。空にまつわるさまざまな御利益を授かれると、旅行はもちろん海外留学、CAやパイロットを目指す人、航空機やロケットなどの開発者にとっての聖地です。日本航空界のパイオニア、二宮忠八が空の安全と航空業界の発展を願って1915（大正4）年に創建しました。古代ギリシャ神殿のような社殿がフォトジェニック！

鳥居は航空機と同じステンレス製

航空機の部材と同じステンレスでできた鳥居は、木や石の鳥居にはない独特の質感。境内には、大阪湾で引き上げられた零式艦上戦闘機（ゼロ戦）を展示しています。

主祭神

饒速日命《ニギハヤヒノミコト》

ほかにも交通安全、合格祈願、開発祈願、事業繁栄などの御利益が……

墨書／飛行神社　印／プロペラの社紋、飛行神社　●プロペラをイメージした珍しい社紋は、航空機好きにはたまらない！　大空への夢と愛情がこもっているようで、見るたびにあたたかい気持ちになれます

境内の飛行神社資料館には創建者作の貴重な模型や資料を多数収蔵。偉大な発明家の思いを感じられます（開館時間／9:00〜16:00）

ゴルフボールの飛行安全（？）を祈願した「孔球守（ゴルフまもり）」（1000円）

みんなのクチコミ!!

「神飛行機おみくじ」がユニーク。引いたおみくじを折って紙飛行機を作り、輪っか目指して飛ばして御利益を頂くもので、つい夢中になります（マコト）

御朱印帳

表は本殿と拝殿、裏面に創建者考案の玉虫型飛行器が描かれています（御朱印込み2500円）

お守り

「航空安全守」（各1000円）は旅行と航空の安全を祈願したお守り。裏には二宮忠八が設計・開発したカラス型飛行器のイラスト入り

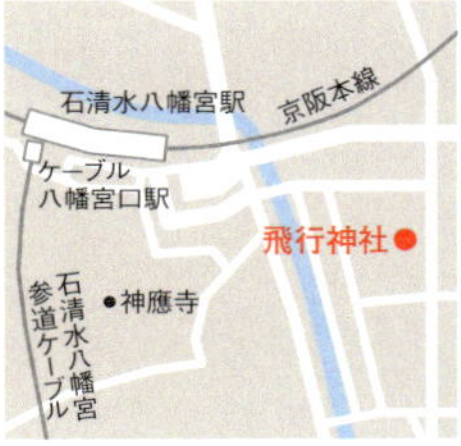

DATA

飛行神社

創建／1915（大正4）年
住所／京都府八幡市八幡土井44
電話／075-982-2329
交通／京阪本線「石清水八幡宮駅」から徒歩5分
開門時間／9:00〜16:30
御朱印授与時間／9:00〜16:30
資料館拝観初穂料／大人300円、学生（小・中・高生）200円
URL https://www.hikoujinjya.com

神社の方からのメッセージ

御朱印の授与は通常、資料館受付の授与所にて毎日9:00〜閉門時間まで行っております。ただし、時々清掃や作業のために閉めていることがありますので、入口左のインターフォンでお呼びいただければ対応させていただきます。

創建者の二宮忠八は独学で飛行原理を発見し、日本で初めて動力付き模型飛行機の実験に成功しました。ライト兄弟より10年先を行く研究をした飛行機の発明家です。新しいことへの挑戦や、移転など転機としたいときにも背中を押してくれそう。

日本で唯一の油の神様

大山崎町

離宮八幡宮【りきゅうはちまんぐう】

平安時代、離宮八幡宮の神職が搾油機を考案したことで貴重な灯明《とうみょう》用の油の生産拠点となったこの地は、大きく繁栄します。室町時代には油座《あぶらざ》(組合)を結成し、九州から中部地方までを勢力下に治めるまでに。荏胡麻《えごま》油による地域の繁栄を支える神様として全国の産地で信仰されています。

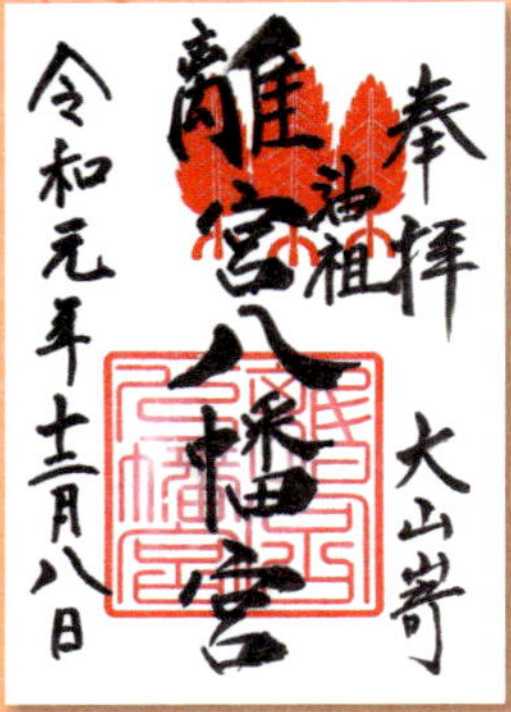

墨書/奉拝、大山嵜、油祖、離宮八幡宮　印/三本杉、離宮八幡宮　●離宮八幡宮は「油祖」と称されています。神紋は三本杉です

授与品

「御神油」(1300円)は、なんと荏胡麻油！　おみやげに喜ばれます

お守り

油にちなんだ「油断大敵お守り」(各800円)は、いかにも御利益がありそう。カラーバリエーション豊富です

DATA

離宮八幡宮

創建/859(貞観元)年
本殿様式/三間社流造
住所/京都府大山崎町大山崎西谷21-1　電話/075-956-0218
交通/JR京都線「山崎駅」から徒歩3分、または阪急京都線「大山崎駅」から徒歩5分
参拝時間/8:00～17:00
御朱印授与時間/8:00～17:00
URL http://rikyuhachiman.org

主祭神

八幡大神《ハチマンオオカミ》　酒解大神《サカトケノオオカミ》
姫三神《ヒメサンシン》

ほかにも商売繁盛、必勝祈願などの御利益が……

みんなのクチコミ!!

体にいい荏胡麻だから、参拝すれば健康運もUPしそう(サチ)

志を立てる人を応援する

京都市東山区

靈明神社【れいめいじんじゃ】

仏教でしか葬儀ができなかった時代に、神道葬祭を断行し、神道墓地を開設。幕末の頃には勤王の志士の葬儀を執り行うようになり、坂本龍馬の葬儀もこの神社で行いました。志士ゆかりの志の聖地として、夢や志を立てて活動する人にパワーを授けて、あたたかく見守ってくださいます。

墨書/奉拝　印/靈明神社、社紋の桜、洛東靈山 靈明神社　●神職不在時には授与していません。確実に授与してほしい場合は事前連絡を

御朱印帳

坂本龍馬が描かれた「御朱印帳」(奉書タイプ2000円、鳥の子タイプ2200円)には世界平和への願いが込められています

お守り

坂本龍馬のように夢を実現しようと努力する人にパワーをくれる「龍馬御守」(1000円)

屋内の神明造の御靈屋には幕末の志士も祀られています。参拝には玉串料1000円が必要

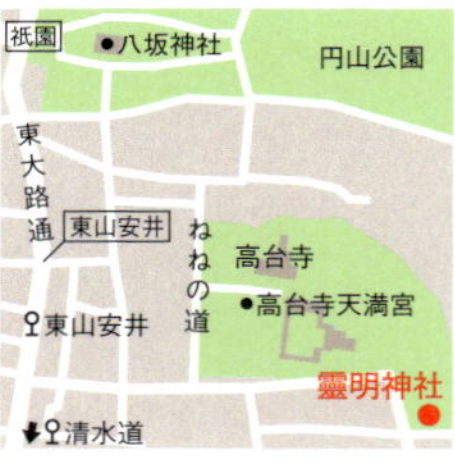

DATA

靈明神社

創建/1809(文化6)年
本殿様式/一間社流造
住所/京都府京都市東山区清閑寺霊山町25
電話/075-525-0010
交通/市バス・京阪バス「東山安井」「清水道」から徒歩10分
参拝時間/9:00～17:00
御朱印授与時間/9:00～17:00
※御朱印希望の場合は事前に連絡を

主祭神

天御中主尊《アメノミナカヌシノミコト》　菊理媛尊《ククリヒメノミコト》
遠玉男命《ハヤタマオノミコト》　事解男命《コトサカノオノミコト》

ほかにも商売繁盛などの御利益が……

みんなのクチコミ!!

参道の名前は「幕末志士葬送の道」(ゆみえ)

Expert's technique

ツウに聞く！御朱印の頂き方

御朱印ファンのなかには自分なりのこだわりをもって集めている人がいます。ここでは御朱印ビギナーの参考になるこだわりや経験談をご紹介します。

御朱印帳には記名しよう

御朱印帳をお預けして、番号の札を受け取り、その番号が呼ばれたら御朱印帳を取りに行くという方法が大きな神社でよく取られています。御朱印帳は似たようなデザインも多いので、混雑した授与所では、うっかり受け取り間違いをしてしまうことも。受け取ったら、まず自分の御朱印帳かどうか真っ先に確認しましょう。名前を書いておけば安心です。

Y・Tさん　52歳

気になる神社は事前に電話連絡

宮司さんがおひとりで御朱印を書かれている神社では、ご不在だと、御朱印の授与を受け付けていない場合もあります。どうしても御朱印を頂きたい神社の場合は「〇月〇日にお伺いしたいのですが、おいでになりますか？」と電話してから行くようにしています。

K・Yさん　32歳

御朱印帳はいつも持ち歩く

旅先はもちろん、仕事でちょこっと外出した先などで、気になる神社があったら必ず参拝しています。神社との出会いはご縁です。せっかくなので御朱印も頂けたらうれしいですよね。ですから御朱印帳はいつも持ち歩いています。専用の袋に入れて大切に扱っているので、かばんに入れておいても汚れることはありません。

T・Nさん　37歳

参拝前にSNSをチェック

最近はFacebookやInstagramなどで情報発信をしている神社も。神社の方ならではの目線で発信される情報は、参拝するだけでは見逃してしまうようなお話も多く、とても楽しいのでマメにチェックしています。

Y・Nさん　35歳

混雑を避けてゆっくり参拝を

御朱印ブームもあって、授与所が混雑していることがよくあります。ただ、大きな神社の場合はお昼前後に団体旅行の参拝者が集中しがちなので、その時間を外すと比較的ゆっくり参拝できるかも。午前中の10:00までや、午後なら15:00以降が狙い目です。

O・Kさん　26歳

御朱印巡礼が楽しい

京都が発祥とされる「七福神めぐり」や、西大路通り東西の神社7社をめぐって御朱印満願の際には干支置物が授与される「西大路七福社ご利益めぐり」、祇園祭限定で頂ける各山鉾町の御朱印めぐり（→P.21）など、京都にはたくさんの御朱印巡礼があります。季節ごとの企画もあり、いつ訪れても新鮮です。

E・Mさん　38歳

授与場所には注意を！

「御朱印授与所」「御朱印所」という看板を掲げている神社も多いですが、専用の授与場所が見つからないときは「社務所」を訪ねます。ただ、小さな神社は、神職のご自宅と社務所が一緒の場合もあるので、遅い時間やお昼どきは遠慮したほうがよいと思います。次に御朱印とのご縁を頂ける機会を楽しみに待ちましょう。

M・Mさん　67歳

ひとつの神社専用の御朱印帳を作る

京都には季節や月ごとに限定の御朱印を頒布している神社が数多くあります。宇治上神社（→P.118）では、通常御朱印のほかに、季節限定、1日の授与数限定の御朱印があり、宇治の四季を感じられる色彩鮮やかな和紙に金字の御朱印（→P.19）が頂けます。1冊にまとまった御朱印を見ていると満足感でいっぱいです。

S・Tさん　26歳

読者の皆さんからのクチコミを一挙公開！

御朱印&神社Information

『地球の歩き方 御朱印シリーズ』の編集部には愛読者の皆さんから、
神社の御朱印や御利益について、さまざまなクチコミが寄せられています。
本書掲載の神社のリアルな情報をご紹介します。

本書掲載神社のクチコミ！

粟田神社【あわたじんじゃ】

御朱印に書かれる字がとても美しいです！鍛冶神社と相槌稲荷神社の書き置きもこちらで頂けます。

20代・女性

末社の鍛冶神社で日本刀をデザインした御朱印が頂けます。刀剣女子は必見です！

20代・女性

神社の詳細は▶P.69

地主神社【じしゅじんじゃ】

京都最強ともいわれる恋愛スポットだから、恋愛の御利益がすごいです！

20代・女性

神社の詳細は▶P.55

ほかクチコミ多数

石清水八幡宮【いわしみずはちまんぐう】

運がよければ鳩をモチーフにしたかわいい御朱印が頂けます。12月に行ったらタチバナの実を頂きました。

50代・女性

神社の詳細は▶P.66

城南宮【じょうなんぐう】

訪れたのが梅とツバキの季節だったので、その時期の限定御朱印を頂くことができました。

50代・女性

神社の詳細は▶P.132

ほかクチコミ多数

御金神社【みかねじんじゃ】

神社で購入した財布に、なかなか当たらないライブの申し込み用紙控えを入れて置いていたら、見事当選！　しかも、とてもよい席でした。その後もちょこちょこ懸賞やプレゼントに当たっています。

40代・女性

1月に参拝したらキラキラ輝く豪華な御朱印を頂きました。見開きサイズです！

30代・女性

神社の詳細は▶P.48

愛宕神社【あたごじんじゃ】

愛宕山の山頂にあり、2時間ほどの山登りが必要ですが、御朱印の「登拝」の文字に疲れも吹き飛びました！

60代・男性

神社の詳細は▶P.86

宇治上神社【うじかみじんじゃ】

季節ごとに異なる美しい色紙の御朱印があります。

60代・女性

神社の詳細は▶P.118

出雲大神宮【いずもだいじんぐう】

空気が澄んでいます。「天下の名水」といわれる御神水の真名井の水は、本当にきれいです。

40代・女性

神社の詳細は▶P.87

藤森神社【ふじのもりじんじゃ】

京都市の民俗無形文化財に指定されている流鏑馬で有名な神社です。御朱印帳は気品のある紫がきれいで気に入っています。

40代・女性

神社の詳細は▶P.77

白雲神社【しらくもじんじゃ】

御朱印の大きな琵琶の押印は、とても珍しいと思います。

20代・女性

神社の詳細は▶P.97

西院春日神社【さいいんかすがじんじゃ】

御朱印帳がとてもかわいいです。黒地に白い鹿と藤が刺しゅうされています。

20代・女性

神社の詳細は▶P.110

月讀神社【つきよみじんじゃ】

こぢんまりとしていますが、自然に囲まれた神社です。縁結びに御利益があるそうです。

30代・女性

神社の詳細は▶P.57

晴明神社【せいめいじんじゃ】

平安時代に活躍した陰陽師、安倍晴明が祀られています。御朱印には晴明が呪符などに使用したとされる五ぼう星のマークの印が。

50代・男性

神社の詳細は▶P.136

新熊野神社【いまくまのじんじゃ】

神社名が「からす文字」で書かれたユニークな御朱印が頂けます。

60代・男性

神社の詳細は▶P.107

ほかクチコミ多数

安井金比羅宮【やすいこんぴらぐう】

なかなか過去のトラウマから逃れられませんでしたが、お参りしたことでトラウマを断ち切ることができ、救われました。

20代・女性

3月に安井金比羅宮を訪れたら、5月には縁が切れました。

40代・女性

神社の詳細は▶P.55

平安神宮【へいあんじんぐう】

この場所でお見合いをし、結婚にいたりました。

80代・男性

神社の詳細は▶P.48

満足稲荷神社【まんぞくいなりじんじゃ】

狐の御朱印がすてきなのはもちろん、雄々しい青銅色の神狐にも出合えます！

20代・女性

神社の詳細は▶P.78

元祇園 梛神社【もとぎおん なぎじんじゃ】

特別な御朱印がたくさんあります。社殿がふたつ並んでいて、正面に向かって左側が元祇園 梛神社、その隣にあるのが隼神社です。

40代・女性

神社の詳細は▶P.115

由岐神社【ゆきじんじゃ】

御朱印の墨書と、菊と桐の押印のバランスがとてもよいです。

40代・男性

神社の詳細は▶P.79

五條天神宮【ごじょうてんしんぐう】

医薬の神として信仰されてきた神様を祀っているからか、医療関係の方々が多く参拝するそうです。私も定期的に訪れます。

40代・女性

神社の詳細は▶P.109

お寺シリーズ

御朱印でめぐる
関東の百寺
〈坂東三十三観音と古寺〉
定価1650円(税込)

御朱印でめぐる
秩父の寺社
〈三十四観音完全掲載〉改訂版
定価1650円(税込)

御朱印でめぐる
高野山
三訂版
定価1760円(税込)

御朱印でめぐる
東京のお寺
定価1650円(税込)

御朱印でめぐる
奈良のお寺
定価1760円(税込)

御朱印でめぐる
京都のお寺
改訂版
定価1650円(税込)

御朱印でめぐる
鎌倉のお寺
〈三十三観音完全掲載〉三訂版
定価1650円(税込)

御朱印でめぐる
全国のお寺
週末開運さんぽ
定価1540円(税込)

御朱印でめぐる
茨城のお寺
定価1650円(税込)

御朱印でめぐる
東海のお寺
定価1650円(税込)

御朱印でめぐる
千葉のお寺
定価1650円(税込)

御朱印でめぐる
埼玉のお寺
定価1650円(税込)

御朱印でめぐる
神奈川のお寺
定価1650円(税込)

御朱印でめぐる
関西の百寺
〈西国三十三所と古寺〉
定価1650円(税込)

御朱印でめぐる
関西のお寺
週末開運さんぽ
定価1760円(税込)

御朱印でめぐる
東北のお寺
週末開運さんぽ
定価1650円(税込)

テーマシリーズ

寺社の凄い御朱印を
集めた本から鉄道や船の印を
まとめた1冊まで
幅広いラインアップ

御朱印でめぐる
東京の七福神
定価1540円(税込)

日本全国
この御朱印が凄い!
第弐集 都道府県網羅版
定価1650円(税込)

日本全国
この御朱印が凄い!
第壱集 増補改訂版
定価1650円(税込)

一生に一度は参りたい!
御朱印でめぐる
全国の絶景寺社図鑑
定価2497円(税込)

日本全国
日本酒でめぐる酒蔵
&ちょこっと御朱印〈西日本編〉
定価1760円(税込)

日本全国
日本酒でめぐる酒蔵
&ちょこっと御朱印〈東日本編〉
定価1760円(税込)

鉄印帳でめぐる
全国の魅力的な鉄道40
定価1650円(税込)

御船印でめぐる
全国の魅力的な船旅
定価1650円(税込)

関東版ねこの御朱印&
お守りめぐり
週末開運にゃんさんぽ
定価1760円(税込)

日本全国ねこの御朱印&
お守りめぐり
週末開運にゃんさんぽ
定価1760円(税込)

沿線シリーズ

人気の沿線の
魅力的な寺社を紹介。
エリアやテーマ別の
おすすめプランなど
内容充実

御朱印でめぐる
東急線沿線の寺社
週末開運さんぽ
定価1540円(税込)

御朱印でめぐる
中央線沿線の寺社
週末開運さんぽ
定価1540円(税込)

聖地シリーズ

山・森・水・町・島の
聖地として
お寺と神社を紹介

御朱印でめぐる
全国の寺社 聖地編
週末開運さんぽ
定価1760円(税込)

御朱印でめぐる
関東の寺社 聖地編
週末開運さんぽ
定価1760円(税込)

www.arukikata.co.jp/goshuin/ 検索

地球の歩き方　御朱印シリーズ 21

御朱印でめぐる京都の神社　週末開運さんぽ　三訂版

2024年12月31日　初版第１刷発行

著作編集 ● 地球の歩き方編集室
発行人 ● 新井邦弘
編集人 ● 由良暁世
発行所 ● 株式会社地球の歩き方
〒141-8425　東京都品川区西五反田 2-11-8
発売元 ● 株式会社Gakken
〒141-8416　東京都品川区西五反田 2-11-8
印刷製本 ● 開成堂印刷株式会社

企画・編集 ● 株式会社カピケーラ（佐藤恵美子・野副美子）
執筆 ● 株式会社カピケーラ、杏編集工房（中島彰子・岸田久代）、
小川美千子、川口裕子
デザイン ● 又吉るみ子〔MEGA STUDIO〕
イラスト ● ANNA、湯浅祐子〔株式会社ワンダーランド〕
マップ制作 ● 齋藤直己（アルテコ）
撮影 ● 榎木勝洋
校正 ● ひらたちやこ
監修 ● 株式会社ワンダーランド
編集・制作担当 ● 今井歩

●本書の内容について、ご意見・ご感想はこちらまで
〒141-8425 東京都品川区西五反田 2-11-8
株式会社地球の歩き方
地球の歩き方サービスデスク「御朱印でめぐる京都の神社　週末開運さんぽ　三訂版」投稿係
URL▶ https://www.arukikata.co.jp/guidebook/toukou.html
地球の歩き方ホームページ（海外・国内旅行の総合情報）
URL▶ https://www.arukikata.co.jp/
ガイドブック『地球の歩き方』公式サイト
URL▶ https://www.arukikata.co.jp/guidebook/

●この本に関する各種お問い合わせ先
・本の内容については、下記サイトのお問い合わせフォームよりお願いします。
URL▶ https://www.arukikata.co.jp/guidebook/contact.html
・在庫については　Tel ▶ 03-6431-1250（販売部）
・不良品（落丁、乱丁）については　Tel ▶ 0570-000577
学研業務センター　〒354-0045　埼玉県入間郡三芳町上富 279-1
・上記以外のお問い合わせは　Tel ▶ 0570-056-710（学研グループ総合案内）

※本書は株式会社ダイヤモンド・ビッグ社より 2020 年５月に初版発行したものの最新・改訂版です。
発行後に初穂料や参拝時間などが変更になる場合がありますのでご了承ください。
更新・訂正情報：https://www.arukikata.co.jp/travel-support

学研グループの書籍・雑誌についての新刊情報・詳細情報は、下記をご覧ください。
学研出版サイト　https://hon.gakken.jp/
地球の歩き方　御朱印シリーズ　https://www.arukikata.co.jp/goshuin/

＼感想を教えてください！／

読者プレゼント

ウェブアンケートにお答えいただいた方のなかから抽選で毎月3名の方にすてきな商品をプレゼントします！詳しくは下記の二次元コード、またはウェブサイトをチェック。

URL https://www.arukikata.co.jp/guidebook/enq/goshuin01